U0959735

[英国] 迈克尔 · 英伍德 著　刘华文 译

海德格尔

牛津通识读本 ·

Heidegger

A Very Short Introduction

译林出版社

图书在版编目（CIP）数据

海德格尔／（英）英伍德（Inwood, M.）著；刘华文译．—南京：译林出版社，2013.4（2023.7重印）
（牛津通识读本）
书名原文：Heidegger: A Very Short Introduction
ISBN 978-7-5447-2978-9

Ⅰ.①海… Ⅱ.①英… ②刘… Ⅲ.①海德格尔，M.（1889～1976）－哲学思想－思想评论 Ⅳ.①B516.54

中国版本图书馆 CIP 数据核字（2012）第 133463 号

Heidegger: A Very Short Introduction By Michael Inwood
Copyright © Michael Inwood 2000
Heidegger: A Very Short Introduction was originally published in English in 2000. This licensed edition is published by arrangement with Oxford University Press. Yilin Press, Ltd is solely responsible for this bilingual edition from the original work and Oxford University Press shall have no liability for any errors, omissions or inaccuracies or ambiguities in such bilingual edition or for any losses caused by reliance thereon.
Chinese and English edition copyright © 2013 by Yilin Press, Ltd
All rights reserved.

著作权合同登记号 图字：10-2014-197 号

海德格尔 ［英国］迈克尔·英伍德 ／ 著 刘华文 ／ 译

责任编辑 何本国 陈 锐
责任印制 董 虎

原文出版 Oxford University Press, 2000
出版发行 译林出版社
地　　址 南京市湖南路 1 号 A 楼
邮　　箱 yilin@yilin.com
网　　址 www.yilin.com
市场热线 025-86633278
排　　版 南京展望文化发展有限公司
印　　刷 江苏凤凰通达印刷有限公司
开　　本 890 毫米 × 1260 毫米 1/32
印　　张 10
插　　页 4
版　　次 2013 年 4 月第 1 版
印　　次 2023 年 7 月第 13 次印刷
书　　号 ISBN 978-7-5447-2978-9
定　　价 39.00 元

版权所有 · 侵权必究
译林版图书若有印装错误可向出版社调换。质量热线：025-83658316

序言

陈嘉映

很多学者不建议学生读导论，要读就读原著。我的看法不尽相同。当然，我同意，导论绝对无法代替原著，有心钻研者，必须以读原著为主。哲学著作并非意在提供一个真命题集，它倒更像一件作品。单说伟大思想家们各自不同的写作风格，就已经提示大量的思想内容。探索的进程，其意义殊不少于探索的结果。不过话说回来，读书人并不都以钻研为志，钻研者也有程度不同。精研黑格尔的学者，可能也想了解胡塞尔，尽管他不打算钻研胡塞尔。没有谁靠读科普成了科学家的，但大科学家有时也读科普。为此，我们应该像感谢优秀科普作家一样感谢优秀的导论作者。

导论也有种种风格。考克尔曼（J.J. Kockelmans）写《存在与时间》导论，几乎全用海德格尔本人的语汇，甚至海德格尔自己的例子，更多是要给出这本书的一个提纲。迈克尔·英伍德（Michael Inwood）的这本《海德格尔》则不同，他比较大胆地表述自己的理解，用不同的语汇、不同的例子来重述海德格尔的思想。这样写，冒的风险要大些。不过值得一试。任何思想，包括伟大思想家的思想，都不能始终停留在自己的语言和风格中，它总要不断以这种那种方式与别样的语言、别样的思路连接起来，才能保持其生命。当然，我并不处处同意作者对海德格尔的重述或解释，像海德格尔那样深刻难解的哲学家，我想，谁写一本导论都会与别人所写的大不一样。不过，我觉得他对海德格尔思想的整体理解是可信的，他让这些思想对普通读者变得较为浅易，却并不曾让这些思想变得俗陋。这是导论写作难能之处。

我读下来，觉得这本导论有两点主要的不足。其一，作者虽常常尝试用新的方式重述海德格尔的思想，但似乎没有提出很多开拓性的新理解。其二，全书集中在《存在与时间》一书，此外有一章绍述《艺术作品的本源》，极少涉及海德格尔中后期思想。读者来读一本以"海德格尔"为题的导论，难免因此感到挺大的遗憾。

最后，在学术著作滥译成风的今天，我愿特别提到，这个中译本的译文不错，虽不够精细，但可信，也流畅。

2008年10月17日

目录

书目参照说明[①]

引用《存在与时间》的所有出处都对应于德语版《存在与时间》的页码。这些页码在由J.马伽利和E.罗宾逊所翻译的英文版《存在与时间》(牛津,1962)中都有旁注。这本著作的书名缩写为“BT”。《海德格尔全集》各卷由美因河畔法兰克福的维多里奥·克劳斯特曼出版社自1975年开始陆续出版。本书在引用该全集时卷数是用小号罗马数字标出,后面给出页码。(德语版的页码在译本中都进行了再次标注。)所引用的各卷包括[其中(a)为演讲最初发表的时间,(b)为在《海德格尔全集》中出版的时间]:

iv　《荷尔德林诗的阐释》:(a) 1936—1968;(b) 1981,1944年第1版,1971年增订

xvii　《现象学研究导论》:(a)1923—1924;(b) 1994

xx　《时间概念史:导论》,T.基谢尔译(布卢明顿,印第安纳,1985):(a) 1925;(b) 1979

① 在本书译文中,正文提及相关作品时,凡出自《海德格尔全集》的,依原文用罗马数字表示其所在卷数;海德格尔的其他作品以及其他人的作品,则以中译名替代原文的缩略名。——编注

xxi	《逻辑:关于真理的问题》(a) 1925—1926;(b) 1976
xxii	《古代哲学的基本概念》(a) 1926;(b) 1993
xxiv	《现象学之基本问题》,A.霍夫施塔特译(布卢明顿,印第安纳,1982)(a)1927;(b) 1975
xxvi	《逻辑的形而上学基础》,M.海尔恩(布卢明顿,印第安纳,1984)(a)1928;(b) 1978
xxix-xxx	《形而上学的基本概念:世界、有限性、孤独》,W.麦克尼尔、N.沃克译(布卢明顿,印第安纳,1995)(a) 1929—1930;(b)1983
xxxi	《论人类自由的本质:哲学导论》(a) 1930;(b) 1982
li	《基本概念》,G.E.艾尔斯沃思(布卢明顿,印第安纳,1993)(a) 1941;(b) 1981
lviii	《现象学的基本问题》(a) 1919—1920;(b) 1993
lx	《宗教生活现象学》(a) 1918—1921;(b) 1995
lxi	《对于亚里士多德的现象学阐释:现象学研究导论》(a) 1921—1922;(b) 1985
lxiii	《本体论:对真实性的解释》(a) 1923;(b) 1988
lxv	《哲学论稿:事件论》(a) 写于 1936—1938;(b) 1989

海德格尔的其他著作用下列缩写标明,不属他的著作则会特别说明:

Arendt	H.阿伦特,"八十岁的海德格尔",《纽约书评》(1971 年 10 月 21 日)
CM	E.胡塞尔,《笛卡尔式的沉思:现象学导论》,凯恩斯译(黑格,1973)(著于 1929 年)

CT　《时间的概念》,W.麦克尼尔译(牛津,1992)(1924 年所作演讲)

ER　《根据的本质》,T.马利克译(埃文斯顿,1969)(1929 年第1 版)

HEP　"荷尔德林与诗的本质",D.斯科特译,《生存与存在》, W.布罗克编(芝加哥,1949)(1936 年在罗马所作的演讲)

IM　《形而上学导论》,R.曼海姆译(纽黑文,1959)(1953 年初版,但根据 1935 年以来的演讲所著)

Löwith　卡尔·洛维特,《我在 1933 年前后的德国生活:一项报告》,E.金译(伦敦,1994)

MWP　"我的现象学之路",《论时间与存在》,J.斯坦博(纽约,1972),74—82。("我的现象学之路"最初发表于 1963 年)

N i　《尼采:作为艺术的权力意志》,D.E.克雷尔译(纽约,1979)(初版于 1961,但根据 1936—1937 年的演讲所写)

OWA　"艺术作品的起源",马丁·海德格尔《诗歌、语言和思想》,A.霍夫施塔特译(纽约,1975)("艺术作品的起源"首次发表于 1950 年出版的海德格尔著《林中路》)

PR　《理性的原则》,R.利利译(布卢明顿,印第安纳,1991)(1956 年所作的演讲,初版于 1957 年)

Wolin　《海德格尔的歧论:批评读本》,R.沃林编(坎布里奇,马萨诸塞,1993)

我有时会对上述作品中的翻译作一些改动。

第一章

海德格尔生平

他是(有可能除了维特根斯坦之外)20世纪最伟大的哲学家。他是(有可能除了黑格尔之外)最名不副实获得“哲学家”称号的人,因为他是把空洞的措辞伪装成深邃言语的大师。他又是一个不可救药的德国乡巴佬,还一度是一个轻信别人又妄自尊大的纳粹分子。他对纳粹进行过严厉的批评,虽然这在当时不可避免地需要遮遮掩掩。他对我们这个时代的痼疾以及我们殷殷期待的疗治这些痼疾的药方进行过鞭辟入里的分析。这些论断中的每一个都是海德格尔的一个侧面,都有或多或少的根据。能引发这样一些对立反应的人究竟是一个什么样的人呢?

马丁·海德格尔1889年9月26日出生于德国西南部巴登州梅斯基希小镇一个贫穷的天主教家庭。父亲弗里德里希帮人看酒窖,还为当地教堂做司事。1903年,马丁在一笔奖学金的资助下去了康斯坦兹读中学,住在一家天主教堂办的寄宿宿舍里。当时这样做就是为了准备以后当牧师。1906年他转到弗莱堡的一所中学就读,教会为他免费提供食宿。据他自己讲,他就是在这里读了现象学运动先驱之一弗朗茨·布伦塔诺的《论亚里士多德学说中“存在”的多重含义》(1862),引发了他对哲学的兴趣。后来他还读到了卡尔·布莱格的《论存在:本体论论纲》

(1896),这本著作中摘录了大量亚里士多德和中世纪其他哲学家如阿奎那等人的著述("我的现象学之路",74)。1909年海德格尔从中学毕业,成为一名见习耶稣会会士,但工作不到一个月便因心脏病,另外或许还有缺少职业精神的原因而被辞退。随后海德格尔进入弗莱堡大学学习神学和经院哲学。1911年发生在海德格尔身上的一场危机使得他不再把神职当做自己的主要志向,而是转向了哲学、伦理学和自然科学的研究。就在这期间,他开始研究现代哲学,尤其是埃德蒙·胡塞尔的《逻辑研究》。胡塞尔是现象学运动的主帅,他致力于系统研究人类有意识的精神过程,而不考虑这些过程非精神的原因和结果。海德格尔1913年以题为《心理主义的判断学说》的博士论文完成学业。在博士论文中,他运用胡塞尔的观点,批判了从人类心理学角度对判断的逻辑观念进行的尝试性分析。1915年海德格尔的任教资格论文《邓·司各特的范畴和意义学说》使他获得弗莱堡大学的教职。

海德格尔的学术生涯被第一次世界大战打断了。1915年他应征入伍,但被认定不适合打仗,于是被分配到邮政和气象部门。1917年他与新教教徒埃尔弗里德·彼得里结婚,婚后不久就有了儿子约格。1919年1月,他宣布与"天主教教义体系"决裂。1918年从军队退役之后,他担任了弗莱堡大学无俸讲师和胡塞尔的助教,胡塞尔于1916年当上了这所大学的教授。海德格尔令人眩目的智慧和洞见使他声名鹊起。他关于亚里士多德、圣保罗、圣奥古斯丁、现象学、日常经验世界和人类的演讲,为他赢得了哲学界"无冕之王"(阿伦特语)的美誉。1923年他搬到了马尔堡大学做副教授,在这里他与神学家鲁道夫·布尔特曼成了朋友,并且与汉娜·阿伦特建立了持久的友谊。(他与卡尔·雅斯贝尔斯在1920年建立了友谊并保持通信。)在马尔堡大学他把讲座内容延伸到了亚里士多德的《修辞学》、柏拉图的《智者篇》、前苏格拉底时期的希腊哲学、时间、真理、阿奎那、康德、莱布尼茨。不过,这时他已有十年没出书了。1927年春天,他的伟大作品《存在与时间》出版了,发表在胡塞尔主编的《哲学与现象学研究年刊》上,同时以单行本形式发行。按海德格尔的说法,在这个时间出版该书,目的是为了满足政府所规定的马尔堡大学全职教授的聘任要求("我的现象学之路",80)。次年,他接替胡塞尔担任弗莱堡大学的教授。他在1929年所做的就职演讲的题目是"什么是形而上学?"。在接下来的那个冬天里他围绕这个题目作了更详实的论述(虽然,他的讲述方式很有特点,在讲授"形而上学的基本概念"时大部分时间都在讲明显属于题外话的关于无聊和昆虫的问题)。也是在这一年,他与恩斯特·卡西尔展开了一场关于康德哲学的公开辩论,还因此发表了《康德与形而上学问题》。他的讲座内容还包括唯心主义者谢林和黑格尔、柏拉图《理想国》中关于洞穴的比喻,以及前苏格拉底时期的哲学家阿那克西曼德和巴门尼德。1930年,他拒绝了柏林大学聘任他担任教授的邀请。海德格尔对德国南部的当地生活非常热爱,迷恋那里的小镇和粗犷的风景。他的大部分写作都是在他1923年建于托特瑙堡的一座山间小屋里完成的。他不喜欢大都市以及那里的社会文化生活。

1918年至1933年魏玛共和国时期的德国文化活动很活跃,但同时经济萧条、政治动荡。1930年9月,阿道夫·希特勒创办的民族社会主义德意志工人党(NSDAP,但一般称做"纳粹")成为德国第二大党派。1933年1月30日,希特勒被任命为右翼联盟总理。之后,他以2月27日的国会纵火案为借口,仓促通过了授

图 1　梅斯基希镇公所和市场广场

予纳粹党绝对权力的法令。1934年6月30日,他又以恩斯特·罗姆叛乱为借口，谋杀了其对手罗姆的冲锋队员和其他异己党员，例如反对资本主义甚于反对犹太人或布尔什维克主义的“左翼”纳粹党员格雷戈尔·斯特拉瑟尔。(约瑟夫·戈贝尔早期是斯特拉瑟尔的拥护者,但他1926年为希特勒所鼓动,参与到赢取银行家和实业家支持的活动中。)1934年8月2日,希特勒被宣布为“德意志帝国领袖”。20世纪20年代,海德格尔几乎不问政治,而到30年代初他逐渐开始同情纳粹主义。1933年4月21日他被弗莱堡大学教职工推选为校长,5月1日加入了纳粹党。5月27日他发表了题为“德国大学的自我主张”的就职演说,演说虽非特别温和,却并没有反犹内容,这一点令人注目(不过,他的确将劳动、服役和求知视为同等重要的学生义务)。海德格尔在担任校长期间与新政权合作，同时也力图缓和后者残忍的一面。他参与了1933年11月德国退出国际联盟的公民投票活动。1934年4月,他因与师生及党内官员发生龃龉而辞去校长一职。尽管没有退党,但他也并不积极投身政治了。后来,海德格尔宣称自从罗姆暴动之后,他对纳粹主义抱有的幻想便破灭了。

20世纪30年代海德格尔几乎没有发表作品，但他继续授课,尤其是讲授艺术。1935年,他在弗莱堡发表了题为“艺术作品的起源”的演讲。1936年海德格尔前往罗马,开始讲授关于荷尔德林的系列讲座的第一讲。荷尔德林是一位神秘哲学诗人,18世纪晚期曾是黑格尔在图宾根神学院的室友。在罗马,海德格尔见到了卡尔·洛维特，他曾经的一位犹太裔学生。洛维特称,海德格尔对纳粹仍然怀有忠诚(洛维特,59—61)。同一年,海德格尔开课讲授尼采。这一课程一直持续到20世纪40年代早期,后来成书并于1961年出版。海德格尔的朋友们认为这些讲座对纳粹主义有着隐晦的批判，他试图挽救尼采，不让尼采再被用来支持种族主义信条和行径。与此同时，海德格尔受到盖世太保的监视。从1938年开始，海德格尔的思想中技术的作用占有越来越重要的分量。他表现出这一兴趣是在他1938年于弗莱堡所作的题为"形而上学对现代世界图像的奠基"的演讲中，也出现在一场关于恩斯特·云格尔的"劳动者"一文专题讨论课的讲义中。（云格尔既不是纳粹分子，也不是反犹太分子，但是他的诸如"全面动员"这样一些观念被纳粹利用了。）海德格尔这一时期的讲座经常提及政治事件和当时的二战。他总是把它们同"存在的遗忘"以及技术联系起来。他认为，一厢情愿地想建立一个几千年长盛不衰的世界性帝国，这种只求长存不求实质的偏好与希腊人那样的真正"缔造者"相去甚远。一个帝国的建立主要不是依靠"独裁者"或"专制政体"，而是源自"现代性的形而上学实质"，一种凌驾于自然之上的意志（li. 17及下页）。对纳粹主义的这一断言是在1941年夏天作出的，当时的希特勒政权正处于鼎盛时期。

1944年秋天，海德格尔（忍辱）被征召加入了国民军（即"人民风暴"，有些类似于"英国国家卫队"或"老爹军"），沿着莱茵河挖反坦克战壕。1945年初，他回到梅斯基希处理自己的手稿以确保它们安然无恙。6月，也就是德国纳粹政府最终垮台的两个月后，海德格尔去了弗莱堡，出现在"去除纳粹委员会"面前。法国占领军中的一些军官与海德格尔取得了联系，并为能使他和长期以来崇拜他的让-保罗·萨特见面作过多次安排。这一计划并没有实现。但他与萨特有书信来往，还和法国最忠实的海德格尔崇拜者让·波弗莱结下了友谊。1946年他被禁止上讲台，这项禁令一直持续到了1949年。不过，他可以保留自己的图书馆，并被大学授予了荣誉退休教授的名誉。这项决定获得了弗莱堡大学当局和法国政府的支持，这一支持部分是根据他的老朋友雅斯贝尔斯的一份报告作出的。

海德格尔的写作生涯和讲坛生涯又重新焕发了活力。他面对一小群听众作了“诗人何为？”（1946）的演讲，以此来纪念里尔克逝世二十周年。他还发表了写给波弗莱的信——“关于人道主义”（1947），在其中他将自己的哲学同法国存在主义拉开了距离。1949年12月，海德格尔为不来梅俱乐部作了四场演讲，其中题为“物”的一场是他1950年在巴伐利亚艺术学院所作的。他又恢复了和老朋友的交往：阿伦特于1950年来拜访他，他同阿伦特以及雅斯贝尔斯的书信来往也恢复了。1953年他再次到巴伐利亚艺术学院演讲，这次的题目是“技术问题”。他的游历范围比先前更广了。1955年他到瑟里西拉瑟勒发表了题为“什么是哲学？”的演讲，随后又在普罗旺斯地区的埃克斯市发表了“黑格尔与希腊人”（1957）的演讲，并在那里与勒内·夏尔成为了朋友。1959年在他七十岁生日那一天，梅斯基希授予他荣誉市民的称号。1962年他首次访问希腊，1967年又再次访问这里，并在雅典科学和艺术学院作了题为“艺术的起源和思想的使命”的演讲。从1966到1973年，他先后在法国普罗旺斯的勒托尔和德国的采林根区举办了一系列研讨班。在1966年接受德国《明镜》周刊采访时，他试图为自己在纳粹时期的行为作出解释。这次采访在他逝世后十年才以“只有一位神才能拯救我们”为题发表。这一标题是他在接受采访中引用的荷尔德林一首诗中的句子：“在我的少年时期/一位神常常拯救我/让我免受成年人的呵斥和棍棒。”

二战后，海德格尔不断地发表著作，其中很大部分都是他以前演讲的修订稿。他在生命最后的日子里协助编辑了自己的著作全集，包括他的演讲稿以及早先出版的著作。他公开表示，希望每次讲座中的思想都不会被遗漏。全集中的一卷于1975年出版，其中收入了他自1927年夏天开始在马尔堡所作的关于“现象学基本问题”的一系列讲座。（这一版本还不完整，原计划收入约一百卷。）海德格尔于1976年5月26日逝世，5月28日下葬于梅斯基希的一处墓园中，与他的父母为邻。人们举办了一场天主教弥撒来追思他。主持追思会的牧师是他的侄子海因里希·海德格尔，他引用了《耶利米书》第1章第7节：“耶和华对我说：‘你不要说“我是年幼的”，因为我差遣你到谁那里去，你都要去；我吩咐你说什么话，你都要说。’”

海德格尔的一生是一个关于流浪者回归的迷人故事，但他的故事之所以比任何其他人的都有趣，是由于他身为思想家的缘故。正因为他是一位重要的哲学家，人们才会不放过他所从事的政治活动的细节，更不用说他的宗教信仰和私生活了。我们下面就来看看他的哲学思想。

第二章

海德格尔的哲学

海德格尔到底有没有创作出堪称第二伟大的作品？如果有，是哪一部？对此他的崇拜者并没有达成一致。成书自关于尼采的系列讲座或题目为《对(事件)哲学的贡献》的这本书，其初稿写于1936至1938年间，但直到1989年才出版；另外还有其他一些作品，都常被提名作为候选。但人们一致公认的是他写就了一部伟大的著作，这部著作就是《存在与时间》。

如果说《存在与时间》还不足以与柏拉图的《理想国》或康德的《纯粹理性批判》相比的话，那它至少可以同黑格尔的《精神现象学》相提并论。《存在与时间》是海德格尔迄今最有影响的著作，它不仅对哲学家，而且对神学家、心理学家以及社会学家都产生了重要影响。它是海德格尔花了十年时间阅读、演讲和思考的结晶，并给他的后期作品指明了方向。即使这些后期的作品与《存在与时间》大异其趣，但如果离开了这本书，它们就无法得到理解。同时，《存在与时间》也是迄今为止最难读懂的著作之一。用来创作这本书的结构和语言都给读者带来了巨大的困难，尤其是不以德语为母语的读者。

这本著作的论点概括地讲就是:追问“什么是存在？”这一曾经被提出但早已被遗忘的问题非常重要。为了探究这个问

图 2　学生时代的海德格尔，摄于 1899 年前后

题，我们需要考察某个存在或实体。很明显，我们所要选择的是人的存在或"此在"（Dasein），原因在于正是存在提出了这个问题，并且也正是存在对存在有着前概念性的理解，这种理解如果慎重使用的话，可以引领我们找到对于上述问题的答案。因此，该书的第一部分讨论的是"准备性的此在基础分析"，认为此在实质上就是"在世"的此在，其存在就是"烦"（care）。在第二部分，海德格尔引入了一个只是隐含在第一部分中的主题，即此在的时间性。此在从本质上说具有时间性：它向前眺望自己的死亡，用良知和决心审视整个生活，它在本质上是历史性的。此在的存在与时间性紧密相关。《存在与时间》原本还有第三部分，用来思考存在之作为存在的问题及其与时间的关系，一种更不依赖此在的状态。这个所谓的第三部分从来没有面世，不过在这本书第7版（1953年）的前言中海德格尔向我们提及《形而上学导论》（1953年出版，不过是在他1935年所作的系列演讲的基础上写成的），书中他对比了处于一端的存在和处于另一端的成为、显现、思和应然。（他在一本《存在与时间》的页边注释中把《现象学的基本问题》（1927，1975）说成是对缺失的第三部分的替代。但这部著作本身就不完整，只写了原计划的二分之一多一点点。）《存在与时间》原计划第二部分写三篇，分别谈论康德、笛卡尔和亚里士多德。（海德格尔喜欢逆向回溯哲学史：揭开一位哲学家的面具是为了显现他所暗中承继的早于他的哲学家的面孔，这副面孔又接下来作为一副面具被揭开……）这一部分也没有出现，不过他的其他著作和演讲揭示了这本书原本打算纳入的内容，展现出的关于第一部分缺失内容的画面反而比我们业已看到的更为清晰。

即使对《存在与时间》这么简要的论述也提出了不少问

题。“存在”的问题是什么以及为什么提出关于它的问题很重要?“此在”是什么以及它与存在的问题有怎样的联系?此在是如何又为何存在于世的?时间和时间性对此在及其存在为何如此关键?海德格尔在《存在与时间》中缺失的那一部分中打算讲些什么?如果讲的话,与他后来的著作中所讲的内容是否相关?诸如此类的问题以及其他问题将在接下来的章节中谈及。

第三章
存在

为什么要讨论存在？“存在”这一术语可以形成很多对比。首先，它与“知识”和“科学”相对。与海德格尔同时代的以及更早的哲学家们，尤其是那些自称的康德的追随者们，主要关心的是认识论或知识论，所提出的是诸如“我们可以认识什么？”以及“科学的基础是什么？”这类问题。海德格尔对认识论很反感，原因在于它“只是耽于磨刀，却从不用刀切割”（lviii.4）。知识，尤其是科学的系统知识，涉及到一方面是认识者和另一方面是作为认识对象的客体或一系列客体之间的关系，也就是认识关系。海德格尔对认识论的质疑与以上两个方面三种因素都有关。

首先讲一讲认识者。它是什么？是完全专注于对其主题进行不偏不倚地理论认识的主体？还是一个有着私心杂念的活生生的人，处于特定地点和特定时间，除了其科学认识的客体之外还与其他很多东西存在千丝万缕的联系、对它们持有纷繁复杂的态度？其次，我们来看看认识关系。为什么要讲认识？认识行为只是我们同世界发生的很多关系中的一个；它不是我们与世界中的事物所建立的第一个关系，而是在一个人的一生中很迟才会发生，并且还是偶尔为之；它也不是（比如说）面对自己的配偶或对待自己的前门钥匙时所采取的最明显的态度。认识是如何同对待事物的这些别样态度相关联的？认识由什么构成？我们倾向于把认识看成是具有同一性的事物，好像对电子的认识跟对历史事件的认识在方式上别无二致。或者说，如果我们注意到并非如此的话，我们就会像笛卡尔那样被诱使去提出一个认识的理想形式，这个形式将保证得出关于物质粒子的大小和运动千真万确的结果。但是，这种形式对于(比如说)历史事件没有用，因此历史事件也就被排除在可认识的客体之外。如果拒绝这条路线，我们就会意识到认识一系列实体的路线部分取决于那些实体的性质或存在。我们认识历史事件用一种方式，而了解电子则用另一种方式：我们不会靠细查历史文件去了解粒子或者到实验室去了解拿破仑。这是因为，历史事件是不同于电子的实体。因此，在论述知识之前，我们应该先考虑已知客体的性质或者说存在。

客体或实体种类繁多：数字、植物、星体、动物等等，不一而足。某一种类的实体通常是一门特定学科的研究专区。天文学家研究星体，植物学家研究植物，等等。如果哲学家研究存在而非知识，那么他是否也应该研究星体和植物，他与科学专家的不同之处仅在于所掌握知识的广泛性和普遍性上、同时他还带着与广泛相伴的肤浅？答案是否定的。那样不仅会把哲学家降低到海德格尔不会容忍的地位，而且也会遗漏一个关于科学客体的更重要、更基本的问题。我们用这种方式怎样划分实体世界呢？世界并不会自然而然地用科学的现成性被塑造出来并呈现给我们。当一对情侣手拉手走过星空下的草地，他们不会把自己和周围的环境看成是分离出来供地质学家、植物学家和气象学家研究的客体，哪怕他们自己本身在生活中从事着某项专业研究，比方说，他们是地质学家。诸门学科及其研究对象的范围从来没有像如今这样泾渭分明。即使在不久以前，科学家有时仍然会重新界定他们所研究课题的性质：为它重新划分范围，构想关于其内容的新的概念，开创认识研究对象的新思路并舍弃旧的路线。只是把存在的观点投射到实体之上，这种投射又是任何一种科学研究的根本基础——这样做的科学家是什么样的科学家呢？

然而，这样我们又有了另一个问题。如果一位科学家——至少是一个沉思的、富有创新精神的科学家——也去思考他所研究的主题的存在问题，那么哲学家还剩下什么可以做呢？为什么不干脆留给科学家去做？海德格尔主张，这是因为科学家仅仅关注诸多存在"区域"中的一个；作为科学家他会忽视投射发生的背景、留给其他科学研究的客体以及我们所熟悉的赖以日常之用的物件，而这些都完全没有进入理论科学领域。至于如其所是的存在的性质，或者对存在的非正式的总体性理解，这种理解可以使科学家专注于存在的一个区域，这些就更不用说了。

存在的各种意义

海德格尔有可能已经说服了我们，让我们把焦点投放到实体而非对于实体的知识或各门科学上面。但在海德格尔这里，"存在"不仅与知识，也与"存在者"或"实体"相对。为什么研究存在而不是存在者？我们很早以前就知道，动词"存在"(to be)有很多用法或含义：存在者、述谓者，以及表示同一性的"是"(is)。为什么我们要将这一问题看做是对于科学来讲至关重要，或者看成是主要的、大概也是唯一的真正哲学问题呢？科学家可以确认有些实体**存在**着(存在性的“是”)及它们是**什么**(述谓性的“是”)。那么他或者作为哲学家的他关于存在还能做些什么呢?海德格尔认为,存在并非是一个如其表面所呈现的那种单薄而又索然无味的课题。为了了解为什么如此,我们得看看海德格尔从布伦塔诺论亚里士多德的书中以及亚里士多德本人的著作中所找到的“存在的各种意义”。

亚里士多德认为,动词“是”(to be)在几个方面都存在着歧义。当我们说某物是(如此如此或这般这般),我们可能指它实然地是或或然地是。(在亚里士多德看来,实然性在逻辑上要先于或然性。)另外“是”有时又相当于“为真,符合实际情形”。然而,更重要的是,“是”的意义随着它应用于其上的实体范畴的不同而不同。亚里士多德提出了十个范畴,其中最基本的是本体,其他诸如性质、数量和关系等项目的存在则有赖于本体范畴。世界上万事万物都分属于以上非此即彼的范畴,因而它们是实体的类或属。但是,按亚里士多德的观点,它们是最高等级的属。存在者作为一个整体并不能构成一个属,因为“存在”有着歧义:这一点显而易见,我们可以试想一下,比如一匹马这样的本体只是**存在**着,而马的棕色这样一种属性则是**属于**马的颜色,它的存在取决于它所属的本体的存在。一个意义含糊或模棱两可的术语不能界定一个属:马作为一种动物,构成一个单属,但如果我们将“马”这个词按其全部意义进行理解,就会涵盖木马、“衣马”[①]、鞍马以及作为动物的马,我们谈的就不再是一个真正意义上的属,而只是由一个歧义性的名词聚集起来的互不相干的实体集合。“马”与“存在”的区别在于,马的不同

① 即晾衣架。——译注

图 3 海德格尔在1912年春

意义之间并不是从根本上联系在一起的，而是通过历史偶然性和表面相似性相联系，但“存在”的不同意义则是系统地并从根本上联系在一起，具有亚里士多德曾经提到的“类比”的同一性。一切事件中的存在，尽管含义各不相同，都足以被结合起来构成一个独立的研究课题，而“马”的不同种类却不能做到这一点——尽管存在并非像马那样构成一个类属。

在其随后的研究史中，存在不断地获得意义上的增益和精细化。例如，在中世纪，作为本质的存在和作为存在的存在就得以区别开来，这一点在亚里士多德那里并没有很清晰地出现。这些已经足够说明海德格尔存在问题的背景。在存在包含不同的类型这一点上,他跟亚里士多德是一致的,即使他们对“存在”意义的理解并不完全一致。因此,在“那个”存在(**那个**某物是或存在这样一个事实)以及“什么”存在(那是什么)之外,他又引入了第三个术语:“如何”存在,即某个实体存在的模式、方式或类型。例如,如果我们暂且停留在亚里士多德范畴的界限之内,首先我们就会看到马的存在这样一个事实,其次还有马拥有的、在总体上将它区别于其他动物和其他实体的那些特征,最后是它的存在方式,即马是一种物质,而不是属于其他范畴的一个实体。或者,我们来分析亚里士多德范畴之外的一个例子:数学家研究数字的“什么”时,会提出诸如是否每一个偶数都是两个奇数之和这样的问题,而哲学家会就数字的存在、怎样存在以及存在的方式提出问题(参见xxii.8,43;xx.149)。像胡塞尔那样,他或许会回答说,数字既不是物理上的实体,也不是心理上的实体,而是“观念性”胜于“实在性”的实体。这样,它们存在的方式就是观念性的而非实在性的。

海德格尔 vs. 亚里士多德

既然亚里士多德与其后继者就存在这一问题已经作过那么多研究,海德格尔还能做什么呢?海德格尔常常建议哲学家不要接受那些已经僵化成教条的学说,即使它们恰巧是正确的;哲学家应该回到这一学说源起的地方,重新予以思考。但是,这种重新思考毫无例外会在一定程度上对这一承继下来的学说进行修正。于是,海德格尔便在几个方面与亚里士多德展开争论。尤其是,亚里士多德暗示,尽管他提出了诸多范畴,但作为存在的所有真实存在的实体都是一致的,万事万物——上帝、人、植物、动物、雕像和凿子——都具有属性、数量、关系等等。所有的实体都被视为“现成在手的”(vorhanden),是客观描写的合适客体。海德格尔在《存在与时间》中指出,并非所有的实体都属于此类。例如,一把锤子,用适当的眼光来看,首先是我们所使用的一样东西(工具),如果谈得上描述它,适当的描述应是“很沉”或“刚合用”,而不是从它的体积和物理特性上加以描述。情人送给他的爱人的礼物是花,而不是植物,不是植物学研究的对象。甚至那些看起来对不同实体作出了区分的哲学家,经过更加细致的研究,我们也能看出他们把这些实体类型都归化为同一个模式。例如,笛卡尔非常鲜明地将思维的物或实体(res cogitans)和延展性的物或实体(res extensa)区分开。但是笛卡尔不仅将工具的存在和行星的存在同化在一起——二者实质上都是延展性的物,而且,尽管不甚明显,他还将思维的物的存在与延展性的物的存在同化在一起,因为二者都具有作为物的本质属性,尽管它们各自的本质属性有所不同。我们是不是不能说在或存在着的万物以同样的方式在或存在,存在着就意味着成为谓词的承担者(或是“变量的值”),抑或明显地以不同方式存在的实体承载着不同的谓词呢?海德格尔的回答是,并非一切事物都是谓词的承担者,如果认为一切事物都是,就是在暗中引入存在的同质化。

为什么哲学家会对实体的存在予以同质化? 海德格尔暗示,其中一个原因可能是他们集中于单个实体或实体类型,排除了实体所处的环境。例如,如果人们忽视了全神贯注用锤子敲钉子的木匠,就更容易将锤子视为“现成在手的”,把它看做具有某些属性的物或看做谓词的承担者。我们不仅要考虑世界之内的实体的存在,而且还要考虑它们所处周围环境的存在,并最终从整体上把握世界的存在。我们也需要注意如其所是的存在,注意这样的存在为什么会分化成不同的类别。

不过，海德格尔并没有马上考虑作为整体的诸存在或如其所是的存在。他转向了对人的存在,即此在的研究。

第四章
此在

哲学家们有充分的理由将人置于研究的中心。追问“我能认识什么?”的认识论者想必会讨论认识者的状态。对于像胡塞尔这样的现象学家,在探究作为“先验”自我、主体或意识的一方与作为其客体的另一方之间的关系时，人显然是研究的中心。(海德格尔常批判这些哲学家对于主体的存在言之甚少。)但如果我们论及存在与存在者，人似乎并没有处于特权地位。他仅仅是诸多存在者中的一个。为什么我们要从一个具体实体开始,尤其是从此在开始呢？的确,亚里士多德认为,要研究存在,就得从研究存在的示例性类型,即物质开始;从那一类型的示例,即上帝开始。但是,海德格尔反对亚里士多德以此建立起来的本体论与神学之间的联系;他至少没有明确地提出,此在是一种示例性的或图式性的实体。他的确说过的是,是此在提出了“什么是存在?”这一问题。但我们在这里要插上一句:无论什么问题都是被此在问到的。我们是不是要假定,即使回答“长颈鹿有什么交配习惯？”这样的问题时也需要首先探究一下问这个问题的那个人的存在？从某种意义上说的确如此。因为要提问或为回答任何问题作准备,我们首先都要对问题的主题和寻找答案的方向有初步的理解,哪怕是很模糊的理解。在这种情形下，我们至少要知道“长颈鹿”这个词的意思可以在词典或百科全书中查到；如果这一问题能够引起我们的兴趣，我们想了解的肯定比这要多一些。然而，我们对长颈鹿的初步了解就它本身来说不是一个令人感兴趣的课题，在它给予我们初步的导向之后，与我们所问及的问题也没有很大的相关性。

同样地，此在对存在也有初步的了解。否则，我们就不能理解“什么是存在？”这一问题，也不会试着回答它。事实上，所有的人，即使是那些不会提出这一问题的人，都对存在或多或少有些了解，否则他们就无法与存在者打交道，甚至与他们自己也无法打交道。（海德格尔在他出版的著作中没有考虑到婴儿，但他毫无疑问会首先讲到，有能力通过与实体交流进行学习的婴儿必定已经对存在有着潜在的、一定程度上的理解；其次，他会说只有与我们所理解的完全成熟的此在进行对比，我们才能理解“**阙失**”成人期的婴儿。）这种理解并非像哲学家所热切期望的那样，是对存在的一种显性的概念性陈述，它也不需要是完美无瑕的理解。各种各样的错误它都有可能犯。但是，在对我们的初步认识有了了解之后，我们无法即刻就放弃这个理解，去探询真正的客体，指望通过直面存在纠正我们的初步了解中的错误——在分析长颈鹿时，我们却可以做到。因为，存在者的存在不像长颈鹿交配的习惯那样是容易被限定的、明确的或独立于我们之外的。存在无处不在：万物都存在着——人、锤子、城镇、理论、行星和星系。存在又不存在于任何地方：它并不是一种内在于任何实体的、易于辨识的的特性；即使能够被辨认，我们也需要从对它的初步认识那里不断获得引导，并且无论我们对其作怎样的调整，我们都不能为了与存在直接相遇而完全抛弃存在自身，或为了避免与存在相遇而检验存在。存在者的存在、其他实体的存在以及此在本身的存在都没有独立于此在：理论、问题、工具、城市——所有的这一切连同它们的存在及其存在方式都依赖于它们被提出、被询问、被使用、被栖居和被解释这一事实。此在本质上是存在于世界的，并不是简单地指它与世界上其他的物一样占据一块地方，而是说它不断地解释和参与其他实体及它们所处的背景，即“环境”或“我们周遭的世界”。从某种程度上讲，之所以存在着一个单一的世界而非一个实体的集合，仅仅就是因为此在如是而为。此在不是万物中的一员；它是世界的中心，把世界的脉络牵引了起来。因此，海德格尔在选取此在作为研究起点的时候，并没有只集中于一种实体之上而把其他实体排除在外；此在和它周围的整个世界同在。

为什么是“此在”？

“此在”被海德格尔用以同时指人以及人所具有的存在方式。它来自德语动词dasein，意思是“存在着”或“在那儿、在这儿”。作为名词的Dasein被其他哲学家如康德用来指实体的存在，但海德格尔用它专指人。他还强调这个名词的词根意义，即“在那儿”或“在这儿”。Da在日常德语中根据上下文的不同，有时会被译成“这里”，有时会被译成“那里”。[海德格尔有时建议，“这里”(hier)是作为说话者的我所处的位置，“那里”(dort)是他或她，即说话人所谈论的对象所处的位置，da是你，也就是我的说话对象所处的位置(xx.343)。但他一般会把此在看成是我而不是你。]Sein这个词的意思是“存在着”，作为名词是取抽象意义的“存在”。海德格尔有时(并非总是)会在存在这个词的中间加上连字符，变成“Da-sein”，来强调“存在于这(或那)里”

之意。

为什么他用这种方式谈论人？人的存在与世界上其他实体的存在有显著的不同。“此在是为存在本身而存在的存在体。”[①](《存在与时间》,191)跟其他实体不同,它没有确定的本质：

> 此在的本质在于它的生存。所以,在这个实体身上所能展现出来的各种性质,都不是某个实体现成在手的“属性”。这一实体“看起来”如此这般,它本身就是现成在手;这些性质在各种情况下总是去存在的种种可能，仅此而已……因此我们用“此在”这个名称来指这个实体的时候,并不在表达它是“什么”(如桌子、椅子、树),而是在表达其存在。
>
> (《存在与时间》,42)

此在的存在之所以是个问题,部分是由于其存在“总是我的”,部分由于此在应该用人称代词“我”或“你”代称。那些仅仅是“现成在手”故而不适合被称做“我”或“你”的实体,其存在对实体来说是无关紧要的。既然它们无法像此在那样负载起自身的存在,若想成为万物中的一种,它们就得有一种确定的“什么”。但人的存在无论是什么样子都是其决定或已经决定了的:“此在总是作为它的可能性而存在。”(《存在与时间》,42)此在

① 本书中《存在与时间》的引文内容,在翻译时多参考或援引陈嘉映、王庆节合译,三联书店2006年4月版《存在与时间》(修订译本)的译文,以下不再一一说明。——译注

从两个方面违背了亚里士多德的本体论：首先，它不是有着本质属性和各种属性或"或然性"的某种物质。其次，此在的潜力或可能性先于其实在性：此在不是一个确定的实在之物，而是各种存在方式的可能性。

"存在还是不存在，这是个问题"

我们很自然地会想到哈姆雷特。此在是决定存在与否的实体。但哈姆雷特并不是说，人仅仅是能决定自身存在与否的某物。他为什么就不能再拥有一些像"桌子、房子或树"所具有的那种确定的属性呢？的确，除了这种决定存在与否的能力之外，他还必须有另外的特征。没有什么东西仅仅包含那种能力，正如它不可能仅仅把存在作为唯一的特征一样。人在任何情况下都不可能拥有决定是否存在的无限能力。他可以选择死亡，但不能选择出生，也不能选择在某一情形而非其他情形下出生。海德格尔说，人是被"抛到"这个世界上的。但此在一旦被抛，只要它对自身所是不满，那么除了选择自杀之外，它还有对自身存在的其他控制能力。（海德格尔在《存在与时间》中并没有提及自杀，但从xx.439中很明显可以看出，他视自杀为对死亡可能性的不合适或"非本真"的反应。）因此，我能决定的不是存在与否，而是怎样存在。我们在此对诸如"它如何存在？"和"存在的方式、风格和方法"这样的表述有不同的用法。到目前为止，我们假定实体有且仅有一种存在方式，但现在我们发现此在的存在方式涉及在多种存在方式中选择一种的能力。我可以选择成为牧师、医生或哲学家。对"我是什么？"恰当的回答不是以对自己不偏不倚的评价形式出现，而是以关于我打算怎样存在的决定出现的，哪怕这个答案仅仅是对已作出的决定的确认。为表明这一特质，海德格尔指出此在独立于所有实体之外地**存在**或拥有**存在**。动词existieren（存在着）和名词Existenz（存在）同它们英语的对应词一样，源于拉丁文，字面意思为“突显出来”和“突显”。此在突显出来，生成自己的存在方式，并采取不同于其他任何实体的方式。此在的这一特征很关键，因此海德格尔决定让我们弃用在前面考察其他实体的存在时使用的“诸范畴”，而使用“生存论性质”（Existenzialien）来说明此在之存在的基本特征（《存在与时间》，44）。

图4　1953年，海德格尔与曼弗雷德·施勒特尔在慕尼黑学院会议上

说此在不涉及“什么”以及“属性”，它所包含的完全是“可能性”，这难道不是一种夸张的说法？或许是我毕竟太笨的原因，难以成为牧师、医生或哲学家。我可能秃顶，不仅不是出自我自己的选择，而且没有重新长出头发的可能性。大多数人在身体、生物结构方面与其他生物迥异，他们改变这种情况的可能性非常有限。有的哲学家指出，人的区别性特征在于其理性，他们将人定义为理性的动物。海德格尔并没有想当然地认为此在可以成为任何它想要的样子。我的所作所为会受到环境的制约：“生存性总是受现实性的制约。”（《存在与时间》，192）但我身边的环境和状况不仅仅是“现成在手的属性”：我总可以以不同的方式对它们作出反应。如果我秃顶了，我可能拒绝接受秃顶的事实，继续坚持说我满头头发；我也可能沉溺于秃顶的事实中不可自拔，直至被它逼得近乎绝望；我可能戴假发；可能完全不在乎；或者可能高兴地接受秃顶的事实，洋洋自得，或许还会借助秃顶成功地成为情人或演员。我选择哪一种方式，并不完全取决于秃顶这一事实，而是由我自由选择的。

非本真性与所谓的“常人”

但这真的是我自由选择的吗？秃顶这一特征对个人影响很大，也不是件令人愉悦的事情，会引发特定的反应，这一事实取决于并非由我制定的社会习俗，对其所产生的诸种恰当反应也取决于此。戴假发是一个可接受的反应，但企图剃光每一个人的头发，从而使自己不再是一个例外则是一种不能接受的反应。我想，“一个人不能做这种事”，这样我就排除了这个选项，以至于我都不会考虑这样做的可能性。就我因为“常人”、“某人”或“我们”不会做这样的事而拒绝或没有考虑某些选项来说，我的状况就是一种“非本真性”而不是“本真性”。我让“别人”，甚至是无名的“常人”来替我作决定。

海德格尔用来表示“本真”的词是eigentlich，在德语中的意思是“真的”或“合适的”，从这个词他创制了Eigentlichkeit这个词，即“本真性”。“非本真的”即为uneigentlich——通常意义为“非字面义的，比喻的”。“非本真性”对应的是Uneigentlichkeit。此在有时是本真的，有时不是。海德格尔是否认为只有本真的此在才是真正的此在，才是真正意义上的人的存在，非本真的此在就不是在真正意义上属人的呢？并非如此。他将eigentlich与形容词eigen即“自己的”联系起来，这一形容词用在诸如“有自己的房间”、“有自己的主见”以及“做自己的主人”等语境中。具有本真性就是忠实于**自己**，成为**自己**，做**自己**的事。

那什么是非本真性呢？如果不是我自己的思想，不是我自己的身体，那会是谁的呢？“自己的”常相对于“其他(另一)人的”，eigen相对于fremd，即“陌生的，其他的”。我可能会模仿他人或其他一组人——如海德格尔、我的配偶，或我学术上的同事——他们怎么做我就怎么做，他们怎么想我就怎么想。但海德格尔认为，在更多情况下我服膺于“**常人**”的所做和所想。他在这里使用了一个简单的德语人称代词man，即“某人”，如“某人还自己的债”，尽管在德语用man的地方，英语更常用“我们”、“他们”、“你们”或“人们”。海德格尔把这一人称代词变为有定名词即das Man，指那个“人”或“常人”。“常人”就是他人，但只要我所做、所想和所感跟他们一样，这个“常人”也包括我自己在内。它不定指他人，它是每一个人又不是每一个人。我用英语写作，因为这是**人们**做的事情。我在丧礼上哀伤，是因为**人们**都会这样做。只要我服膺于“常人”，我就不再是作为个体的自己了，而是“**常人自己**”：“日常此在的自我是常人自己，区别于**本真性的自我**。”（《存在与时间》，129）只要此在做事仅仅是因为**人们**也这样做，那么此在就是非本真性的。只要此在自己拿主意，不脱离自己的身体，或是保持真我，那么它就是本真性的。本真性当然不一定指的是怪僻。怪僻可以是非本真性的，而服从标准性的惯例也可以是一种本真性的选择。

非本真性绝不是一个绝对意义上的缺陷，它是我们大多数人在大多数时候所处的一种正常状态。况且，若没有它，我们根本就无法作任何决定。如果我没有掌握英语，我就不可能决定写书。鉴于我的对象读者懂英语，我根本不会考虑用古希腊语而非英语来写，不会考虑是从右到左写还是从左到右写，也不会考虑把单词“坏”的意思当做“好”来用。另一方面，用英语写作并不要求我去重复别人用过的句子和短语，重复“陈词滥调”以及固有的表达法；如果我这样做，而不是努力去表达我自己的观点或寻找合适的（即使到目前为止还未被用过的）表达法去代替它们，那么我的本真性就未得其所。然而，不管我的非本真性是否恰当，都会出现一个问题：鉴于我的非本真性，能说我自己的存在是由我决定的吗？海德格尔的答案是，如果我是非本真的，如果我将自己的决定让给“常人”去作，我已经潜在性地在决定这样做了。至少我总是有可能收回自己的选择；这样做不一定很容易，但至少是可能的。如果我能自己决定摆脱非本真性，那么如果没有做到，也还是取决于作出了不去摆脱的决定，尽管这个决定是潜在性的。于是，此在的非本真性并不意味着此在不“存在”，即超越了它自己的存在。

此在与身体

那身体呢？难道它不是一个人人都拥有的、确定而又无法逃避的“什么”吗？我的身体当然不仅仅是一个“什么”：我可以决定用它做很多事，也可以对它做很多事。只要人活着，他们都会拥有身体，都会有既不能被移走、也不能被完全改变的人体的中心生物核。从海德格尔对此在的论述中可以很清楚地看出此在是附身的，它既不是一个毫无附着的自我，也不是完全意义上的心理主体。但他很少提及身体。假设我打算描述人体，我怎么进行描述呢？我用以描述它的语言可能不会在本质上暗示它是一个可以走路、谈话、用锤子击打等等一副活人的身体，而是用将其类同为一具尸体或其他动物身体的语言。但海德格尔反对说，如果我们这样看身体，我们就得加入一些东西使得它成为完整的、区别于尸体和其他动物的人——例如灵魂，或理性——这样我们就失去了人的完整性，或我们至少还得解释这一完整性是怎么来的。并且，如此思考人体也是一个复杂而不自然的过程。我们并不会将自己和他人看做首先是类似于石块和岩石的扩展的身体，然后是活的生物体，再然后是动物体，最后是人。至少在成年的时候，我们开始将自己看成完整的人，需要一些抽象思维才能将我们视做动物或身体。由此，哲学家也应该首先考虑此在而不是其身体，也就是考虑不仅会问“什么是存在？”也会问“我的身体是什么？”的完整意义上的人。然而，当我们转而思考此在的时候，我们会发现，只要我们的身体无恙，我们通常都不会注意或关心它们。G.E.摩尔曾举起他的双手宣称“我知道我有两只手”。但一般我们都不会对我们的手作这样的宣称，或根本不会将注意力投向它们。我们会关注手上的工作以及手中的笔而不是握笔的手，甚至更会把注意力放在正在用来书写的纸，或者还有可能是我们所写的东西上面。身体是不起眼的。它就在那里，但它在此在所作所为的背景而不是前景中。它既不是外加给此在的，也不是此在外加的对象。如海德格尔描述的那样，此在本质上需要某一类型的身体，而不是一种灵魂或自我，可以想见地存在于无身体附着的状态中，抑或是存在于一个与典型的人体迥异的肉体中。此在，其本质和能力——就像一个软件——密切地与其硬件，即身体交织在一起。然而，对海德格尔来说，软件是第一位的，硬件居其次。

此在与精神

海德格尔有充分的理由将人作为此在、追问者、选择者和自我生产者来展开思考；不管怎样，这也就是我们的出发点，无论我们是生物学家、历史学家还是工匠。但我们也许会表示异议，因为此在只是人诸多方面中的一面，不仅仅是生物学方面，还有其他诸如心理学或是德国哲学家通常称之为“精神”(Geist)或“精神性的”方面——各种科学、理论、艺术作品，甚至我们所创造的社会和政治结构。海德格尔是否忽略了所有这些？他并没有忽略。它们被悉数囊括在内，只是是以此在的存在方式被包括进去的。海德格尔不承认有任何纯粹内在的心理域存在，也不承认存在逻辑性实体和数学性实体的理念域。他谈论的此在的“存在”涉及一种坚定的实在主义，这种实在主义即使没有摈弃诸如逻辑、心理学和认识论，也降低了它们的地位。即使是处于最深层情态或情感中的此在，也总是与世界和其中的实体打交道。科学理论，甚至是逻辑和数学中的公理，都是此在的存在方式，亦即其在世的存在方式。

第五章

世界

海德格尔从此在的“一般日常性”开始考察。并非所有此在的能力都是在一般的日常性中运用的。它并不作出重大的决定,也不从总体上思考它自己的死亡。首先它并不像哲学家那样,概念性地反思自己的状态。为了对自己研究哲学的能力提供说明,甚至于为了反思日常的状态,海德格尔必须超越一般的日常性。但哲学家也是人,跟其他人没什么两样,他大部分的时间都处于日常性的状态中。如果认为此在一直不停地处于哲学探究中,那就是一个严重的错误。不管什么情况,处于一般日常性中的此在与其更为高级的形态有着诸多共同点。

不论是一般日常性中的此在还是其他状态中的此在都是在世的。石头、树木、奶牛和锤子也是在世的。此在在世的方式也跟它们一样。但此在的在世还有另一层意思,甚至是奶牛这样的其他实体不具有的意思。与石头、树木或奶牛不一样,此在会意识到并熟悉这个世界,还可以意识到世界上的其他东西,并且也有自我意识。它之所以如此是因为它“对存在的理解”。它不是自我封闭的主体,只对自己的精神状态感兴趣。假使真是这样,它就会有一个确定的“什么”,这样就不会甚至不需要是在世的。如果此在有自己确定的本质,并且至少部分地不是自我构成的话，它就可能不需要一个赖以栖身的世界。但事实却是，此在只要存在或者至少以其独特的方式存在，就需要与一个充满着实体的世界打交道。

此在的世界是什么样子的呢？它基本上并非是一个由自然实体构成的世界。此在的世界里最直接和最明显的居民，除了此在本身之外，就是它日常所使用的工具和设备了，例如锤子、钉子及用来做鞋的皮革。工具和设备放在作坊，即此在的直接的周遭世界里。但这个世界又指向自身之外的更大的世界，指向购买鞋子的另外一个此在，以及提供皮革的那些人。这又反过来指向了自然，不是自然科学家所谓的自然，而是作为皮革来源的奶牛以及奶牛吃草的草地。胡塞尔后来称之为世界，即我们自然而又正常地生活在其中的世界，也就是Lebenswelt，或"生活世界"。但海德格尔简单地称之为世界（Welt），比直接的"我们周围的世界"（Umwelt）更广阔的世界，一个劳作的世界。

哲学家通常倾向于忽略这层意义上的世界。他们认为此在所处的世界是由广延的自然实体组成的。笛卡尔在其《第一哲学沉思集》一书的第1版开头部分就怀疑生活世界的实在性，比如他面前的火、身上的披风、手中的笔和膝上的纸。当他在书的后面部分克服了这一怀疑，又重新恢复了对外在世界的信念的时候，这个世界则是一个数学物理的世界，一个由他认可的可量度的广延事物组成的世界，而不是由火、披风、笔和纸组成的普通世界（Umwelt）。但即使是想不偏不倚地描述这个世界的哲学家，也容易犯描述错误。像胡塞尔这样的现象学家，会通过"首先从所有的'意指'谓词进行抽绎，将自己纯粹地限制在'外延实体'（resextensa）上"（《笛卡尔式的沉思》，47），来描述用以下的方式经验桌子这样一件事情。我围绕桌子走的时候,它向我展示了不同的侧面,尽管这些侧面彼此之间形状和颜色不同,但由于它们都系统地联系在一起,因此我通过“保留”或回忆我已经看到的桌子的各个侧面,最终将它们“合成”或拼合成如其客观上所是的桌子的概念,即一个棕色的、长方形的、由四条腿支撑的面。海德格尔在早期于弗莱堡所作的关于本体论的讲座中(lxiii.88—92)对此进行了完全不同的阐发。我看到的不仅仅是**一张**桌子,而是**这张**桌子,**这间**屋子里的这张桌子。这张桌子可以用来写字或吃饭。我看到的是有所用的东西,并非首先看到的是作为广延物、只有到了后来才将其看成是有所用之物的它。我几乎没有注意到桌子的几何维度或根据指南针测量出来的空间方位。我会看到它的位置摆得好不好,比如说,是否离灯光太远不宜展卷阅读。我会注意到桌子上的划痕,并不是因为划痕影响了桌子颜色的协调,而是孩子们对它造成的损坏。我会回想过去,然后记起就在这张桌子旁我们过去常常讨论政治问题,或在它旁边我写出了第一本书。

在这段阐述中,海德格尔在思索一个世界,或者说思索这个世界的一部分,而没有像工作中的工匠那样积极地与世界打交道。但这两种情形有着重要的相似之处,也有着不同点。首先,这里完全没有在根本上涉及理论性认知,甚至连必要的涉及都没有。工匠不会将手中的锤子视为有特定几何和物理属性的实体,海德格尔也不会这样看桌子。锤子和桌子这二者都是首先被看做可以使用的物体,与人类的目的相联系:锤子是用来锤打的,桌子是用来吃饭或写作的。

其次,锤子和桌子都没有被看做是和周围环境中的其他实体隔离开来的。锤子的用途是用来钉它旁边的钉子,或者将皮革做成鞋子等等。桌子离窗户太远，它是我所听到的窗外的人们平常吃饭用的，也是我曾用来写作摆放在架子上的那本书的。房间或作坊里的不同实体都相互涉及。这样它们就共同构成了一个有意义的整体——一个完整的作坊或者房间——而不是实体的一种任意集合。以这些方式彼此涉及的物体，如果作为某种用途，就会极为明显和容易地构成一个"意指"的领域——海德格尔称之为"有待上手的"(zuhanden)，与那些只是"现成在手的"(vorhanden)实体形成了对比。作坊与房间都不是自我封闭的环境。作坊与它所含之物涉及自身之外的顾客、奶牛和草场。房间也会涉及做桌子的木匠、食品供货商、印书的出版商等等。在每一种情形中，与我们直接相邻的周遭世界都会指向外面一个更大的世界，但这个更大的世界依然锚定在此在及其需要和目的之中。

第三，这两种情形都涉及了时间与空间，但是胡塞尔赋予它们的角色不同。胡塞尔首先感兴趣的是几何图形，既有连续呈现在我们眼前、经由不同视角观察到的桌子的侧面构成的形状，也有我们把这些侧面拼合而成的实际桌子的形状。时间对胡塞尔来说首先是我们关于桌子的经验方面的时间意识。当我第一次见到桌子的时候，我所经验到的不是桌子的整体，而是从以前观察桌子时所取的角度形成的一个侧面。如果我以前见过桌子，当我绕着桌子走的时候就会预期到我的经验将会属于哪一类，从而"先期获得"我随后的经验。当我继续绕着桌子走的时候，这些预期或"预持"就会被我实际经历的经验"兑现"。但如果我即刻就忘记了先前所经历的经验，抑或是没有"保留"我过去的经验并且不具有当下的这个经验、不能先期获得即将到来的那个经验，这一切就基本没有用处。记忆的保留和预持使我能够意识到我的经验的时间性流动，也使我能够把这些经验看做一张客体性桌子的经验，其实际形状并不精确地等同于对它的任何一次经验。尽管胡塞尔的分析给海德格尔留下了印象，但在海德格尔看来，时间和空间发挥着不同的作用。我们在桌子身上所自然关注到的不是它精确的形状和尺寸，而是它的大小是否合适、摆放的位置方不方便我们使用它。它的大小能不能容得下全家人一起坐下吃饭？它是否离灯光或书架太远而不利于写作？房间内的物体要适得其所。作坊内的物体也如此。钉子、皮革和锤子都放在工作台上够得着的地方。作坊内的鞋匠可以透过窗户看到窗外路的一头伸向镇中心，另一头伸向他姐姐居住的邻村。他不知道这两个地方与他相隔的确切路程，但他知道去镇中心的路程很短，而去邻村的路程要费些时间，每次他到那里的时候都已经感到饿了。（希腊的农民通常以路上抽烟的数量来表示从一个地方到另一个地方的距离。比如说，邻近的村子有两根烟的距离，而一次长途的步行需要抽一整包烟的时间。）对海德格尔来说，时间也是一种“意指性”的事物。桌子向前指向了它将来的用途，向后指向了过去的事件——孩子留在上面的划痕，他伏案所写的书等等。全神贯注用锤子钉鞋的鞋匠也是如此，向前他隐隐约约看到将要完成的鞋子，还看到了需要订购的新一批皮革，而朝后看到的或许是他的年轻时代，当时教他手艺的是父亲，并且从父亲手里他把这间作坊继承了下来。

但是，这两种情形之间有一个重要的不同。当海德格尔观察房间的时候，他注意到桌子上的划痕，清楚地回忆起曾在桌子旁吃饭、写作和谈话等等。与此不同的是，当鞋匠专注于钉钉子时，并没有明确注意到或在意他的工作台、坐着的凳子以及身边的一堆钉子。他不一定在考虑客户、原料供应商和草场里的奶牛。这些东西对他来说都在**那里**，他潜意识里意识到它们，但它们是不明显和不惹眼的。或许他是用眼角的余光看见它们的，并没有注目于其上。这种可能性是存在的，因为这些实体相互涉及，构成了一个意指网络。凳子、工作台、身旁的钉子，甚至是锤子本身，只要是各适其所，准备好了在他的工作中发挥自己应该发挥的作用，就都会保持不显眼的状态。要是它们中的某一个出了问题，鞋匠就会注意到。例如，锤头脱落或凳子垮了，它们就会变得显眼。或者，他的皮革不见了，用完了，或者没有放在合适的地方，那么与先前相比皮革就会变得显眼起来。

以上情况对于鞋匠本人也是如此。在海德格尔看来，胡塞尔的“自我是在持续的明证性中为自身存在的自身”(《笛卡尔式的沉思》,66)这种说法是不正确的。当鞋匠专注于工作时，他的注意力集中在锤子所敲击的钉子或正在制作的鞋子上。他几乎没有意识到自己，甚至连自己的身体都意识不到，更不用说“自我”了。如果身体出了什么问题，他可能会关注自己。否则，对他而言，他自己就如同身旁的钉子和鼻梁上的眼镜那样不显眼。过去的哲学家将事物变得非常显眼，这是个由来已久的错误：“当对物体的指向被当做意识的基本结构时，在世的存在的特征就会被描述得过于明晰和显眼。”(xvii.318)

因此，对于日常的此在而言，世界及世界中的事物一般是不显眼的。这引发了一个问题。哲学家与日常的此在并不是不同的类属，他们怎么可能超越一般的日常性，从而注意到日常的此在没有注意到的方面呢？海德格尔之所以视自己为现象学家，是因为他将通常不显眼的事物明晰化，但他做到这一点并不是依靠非日常性的实验或深奥的论证。海德格尔察觉到并用概念的形式表现出来的东西,在某种程度上讲是那些一经他指出就会对每个人变得显而易见的东西。但海德格尔为什么能首先注意到呢?反过来讲,我们不妨认为,海德格尔所指出的东西非常显明,而其中的奥秘在于以前的哲学家都忽视了它。海德格尔的这一任务很复杂:他不仅要分析此在,说服我们相信此在的正确性,还得解释为什么他——与日常的此在不同——能够作出阐述,以及为什么其他的哲学家做不到,尽管他们自身也并未一直陷于日常性中。

在世的存在

此在与世界并非两个各自独立变化、截然不同的实体。他们是互补的。我们如果以某种方式虑及其中一个,也就会以某种方式虑及另一个,或者说至少要排除掉其他一些考虑方式。如果我们用笛卡尔的方式看待这个世界,把它看成是一个广延事物的集合,我们自然地就会把自我视为思考物。反过来说,我们如果将自我视为思考物,也就会自然地视自我所处的世界是由现成在手的广延之物组成的。如果我们不接受这一阐述,而是将世界视为一个意指网络,我们就对此在采取了不同的观点。此在对其周围事物的态度是一种切实而周全的关注,而不是不偏不倚的思考。海德格尔并不否认有那些不负责任的鞋匠,不用心干活,或者一个通常很勤快的鞋匠今天由于头疼而干活不专心。即使我们平时所谓的缺乏关注也是一种关注——此在从来都不会像石头、树木或奶牛那样缺乏关注。但是,此在的态度并不仅仅践于行。实践与理论、行动与知识之间通常意义上的差别,是一种超越了日常此在水平之上的构建物。此在也认识事物。它会知道锤子的用途;知道怎样使用锤子;知道皮革存放在哪里;知道作坊周围的路。当然它不能说出自己是怎样认识所有这些的,也不能将它的认识用语言表达出来。有些事物践行容易言表难。但此在不仅践行事物,而且还能认识事物。如果它不这样做,海德格尔意义上的世界就不会存在。没有人会使用或从来没有人知道怎么使用的工具不能构成一个互指性的意指网络;它们可能就像默默躺在无人居住的沙漠里的那些石头。

此在不仅了解作坊里的那些物件,知道如何使用它们,而且还知道其中的世界以及这个世界中的道路。我们可以借助使我们能够在熟悉的小镇找到路的方向感,来有效地说明海德格尔的观念。我们不容易讲出我们是怎么做的,也不太容易给一个陌生人指出清晰的方向,但我们却能够轻松地为自己找到路。我们不需要根据路两边的房子和巷子判断出一条熟悉的路线,费尽心思地找到自己的路。我们朝目的地径直走去,常常不会留意沿路周围的环境。我们一般用不着地图。事实上,地图对于完全没有方向感的人来说几乎没什么用;即使在地图上找路,也需要有方向感才能把地图与我们周围的环境对上。这不仅仅是一种类比。因为,海德格尔强调,此在的世界是空间的世界。这种空间意义不是笛卡尔和牛顿(甚至莱布尼茨)世界中的空间意义,他们的世界是冷冰冰的,有着中立的坐标轴。它是一个有着方向性的世界——上下、左右、前后以及东南西北。它是一个事物有远有近,而距离并不是只按英里或公里丈量的世界;对于中间隔着一条没有桥的河,或是横亘着没有道路的山这样的距离,尽管近得连乌鸦也能飞过去,却也是遥远的。像眼镜那样靠近的东西也可以遥远得不能看见。这是一个万物各得其所的世界,不是一个纯粹欧几里得的世界,在后者之中物体可以占据任何适合其尺寸的地方。

先天

这种在世存在怎么可能？此在难道只是白板一块，世界提供给它什么它就接受什么？海德格尔并不这样认为。既然此在与世界是互补的，世界的特征就可以用此在的特征来解释，这其中最基本的特征就是先天性(a priori)。此在的大部分所知当然是在其生涯中较晚的时候习得的。一个此在能够使用文字处理机，并可以熟练操作键盘，但它可能对板球知之甚少，或对鞋匠铺里的细节了解不多。另一个此在可能了解板球或者制鞋工艺，对文字处理机则一无所知。但无论多么地隐晦或不明确，我们对工具和设备都会有所知，知道"工具使用的场合"是什么，板球的球场、鞋匠的作坊和作家的书房有何相同之处。即使一个具有完全不同的文化背景的人，对我们的行为和工具完全不熟悉，如果他被带到我们这个世界，也会认出他所看到的作坊，而不会把它看成仅仅是乱七八糟堆在一起的实体，哪怕他对做鞋的细节一点也不了解。(xx.334)理解何为工具以及放置工具的世界是什么样子，这是此在对存在最为本质的理解的一部分，缺了这一部分，此在就不成其为此在。

或者我们不妨再谈谈空间性。此在并非简单地从周围的世界获取方向感。此在是空间的，世界因此也是空间的。一个在梅斯基希或弗莱堡能够轻易认出路来的此在，当然不能立刻将它的这一能力应用到马尔堡、柏林、洛杉矶或戈壁沙漠。如果来到以上任何地方，它就会迷失方向，即使它可以辨认出具体的建筑、街道或沙堆，也找不到自己的方位。但此在的这种方向迷失正是其内在空间性的标志。它很快就会给自己定向，用熟悉的空间方向来观察新的环境。

与他者在一起的存在

海德格尔就我们与他人的关系也作了类似的阐述。哲学家,尤其是(但并不仅限于)诸如胡塞尔那样认为人类起码了解其自身心智状态的哲学家,会用如下的方式呈现出我们对他人的意识。首先我意识到自己的存在和其他与人无关的实体。我了解自己的体型、外貌和我自己身体的作为,同样还注意到我所具有的内心体验。然后我注意到有其他实体跟我自己的外貌类似,受同样的刺激后,也会作出在广义上讲差不多的举动。接下来哲学家就要弄清楚我如何可能——易于理解并正当有效地——把类似于我的心智状态赋予这些存在。难道是通过移情?那么移情又是怎么可能发生的呢?

海德格尔认为,看待此问题的这一方式是十分错误的。它既忽视了此在对存在的理解,也忽视了此在的在世存在。只要此在存在,它就"同他者在一起"。它既了解自身或其他实体,也了解另外一个人是谁。它不需要在了解一个人的体貌细节后才发现那就是一个人;我们通常不需要意识到他人的外貌细节特征,就能意识到他们的存在,意识到他们在做什么以及他们对我们的态度。即使周围没有他人——例如,作坊空无一人,或无人居住的沙漠——这些他者虽不在场却显在着:"即使此在是孤单一个,它也是在世性地同在(being-with)着的。"(xx.328)海德格尔并不仅仅是在描述我们对于他人经验上的现象特征。他相信,他是在描述此在的结构特征。单一的此在是不完整的。它没有属于自身的本性可以安身其中,只好自己去决定如何存在。可是,此在所做或所是的几乎一切都是需要他人的,比如需要原材料供应商、需要商品买主,或者需要有人倾听、需要有人阅读。此在的世界是一个公共的世界,一个它自己和别人都可以进入的世界。

情绪

在这些情形中海德格尔并没有谈及此在的知识。“知识”这一术语表明某物总体上过于明晰且理论性较强。他宁愿用“理解”这个词——理解如何做事、理解这个世界、理解他人,从总体上讲,也就是理解存在。但在解释什么是理解之前,他先谈到的是**情绪**。

情绪常被认为是精神性的东西,是我们内心的情感,在我们与世界打交道的过程中扮演一个充其量是受压制的角色。但海德格尔并不这么认为。处于某种情绪就是以某种方式看待这个世界。它会实质性地影响我们与世界打交道的方式,以及对世界中的实体作出反应的方式。情绪与情感不同。情感涉及的是特定的实体。我对某事很生气,我常生某人的气。但如果我处于一个暴躁的情绪中,尽管我也许比平常更容易对具体的事情动怒,但我不一定要对某一件事感到暴躁。如果情绪指向任何事情,它们指向的就是世界而非世界的实体。焦虑、无对象的愁虑(Angst)或厌烦(借用海德格尔的例子)笼罩着整个世界,它们不同于面对具体的威胁所产生的恐惧或对某个具体事物的厌烦,比如对一位部长演讲的厌烦。情绪几乎不能为我们所掌控。我可以控制我的行为,决定做什么,遏制自己想做某事的冲动。在某种程度上我可以控制自己的情感:我可以克制自己不去羞辱令我生气的事物,我也可以去考虑其他的事情而让自己慢慢消气。但是情绪想来便来,想去便去,不由我们来牵引。它们不针对具体实体，所以我不能通过操纵具体的实体来消除我的沮丧情绪；不论我将注意力转向哪一个具体实体，它们都笼罩在这种情绪下面。海德格尔用下面这一个不寻常的词表达这种情绪：Befindlichkeit；该词的大致意思是“怎样找到自我”，“怎样被找到”或“近况怎么样”，它通常被译成会引起误解的“心理状态”。德语中更常用的表示情绪的词Stimmung也有给乐器“校音”的意思，海德格尔利用了这层联系：处于某种情绪就是以某种方式校音或调音。

但情绪真有海德格尔所认为的那样重要吗？我们大多数人在大多数时间里都处于一种莫名的情绪中。即使情绪不好，我们处理日常事务的方式同我们情绪好的时候也差不多。那什么是日常事务呢？拿前面我们讨论过的例子来说，为什么海德格尔观察桌子以及摆放桌子的房间的方式同工匠在作坊里观察它们的方式一样，尽管海德格尔并没有像他那样工作？是因为房子里只有他一个人吗？并非如此。或许隔壁房间的人正在进行热烈的交谈或正在打牌。即使他真的是一个人，他也可以利用这个机会读书或草拟一份写作计划。是不是因为他比别人更理解或更不理解他所处的环境？不是。从相关意义上讲，房子里的工匠和其他人同海德格尔所理解的并无二致。他们有时也会审视自己周围的环境，尽管不能像海德格尔那样恰如其分地描述出来。这肯定是因为海德格尔处于一种（比如说）忧郁性怀旧的状态之中。他没有情绪谈话、打牌、阅读或写作。如果有人哄骗他或者他不顾这种情绪硬撑着去参加这些活动，他当然也可能很快摆脱目前的情绪。但不是所有的情绪都可以很轻易被驱散或克服的：

图5　海德格尔与乔治·布拉克[①]在瓦朗日维尔，摄于1955年

我走到一个邻近的小镇；坐在街上一条长凳上，我陷入了深深的踌躇中。这是罪恶感给我带来的最严重的恐惧。在长时间的沉思后，我抬起头；但是看到，似乎天上的太阳都不愿意将阳光照射到我身上；似乎街上的石头，屋顶的瓦片都一致反对我。在我看来，它们都联合起来要将我驱逐出这个世界。它们憎恨我，认为我不适合与它们待在一起，因为我违背了耶稣基督的教诲，犯了罪。啊，我身边的每个人都是那么幸福。他们坚定不移，保持他们的地位。但我却离去了，迷失了自我。

约翰·班扬：《功德无量》

① 乔治·布拉克（1882—1963），法国立体画派大师。——译注

但也有人反对说,很少有人会长时间陷入这种无能为力的情绪中。我们难道不能忽视这种情绪,因为它对在世的存在不重要?即使我们可以做到,也并不代表这种情绪不重要。因为如果忙碌的工匠或沉思的海德格尔不处于或不可能处于班扬所描述的这种情绪中,他们也肯定处于其他情绪中。此在从不会没有情绪,就像它不会无所关心一样。处于一种一般的、日常的且表面上看起来没有情绪的状态其实也是一种**情绪**,尽管我们没有现成术语或简短的定义来描述它。配乐对于揭示电影所展现的世界常常至为关键,它会传达电影的情绪——满足、兴奋、焦急的盼望或一般的日常性。但只是在电影中情绪需要音乐来表达。我们则不需要特别的帮助就会给世界带来我们自己的情绪。

无论如何,将班扬的情绪称之为无能是否恰当呢?这种情绪如果持续下去,会妨碍我们制鞋、写书,也会妨碍我们过乏味的日常生活或作重大的决定。这并非我们平常所认为的对任何一种大多数人都会犯、远不止班扬本人才会犯的罪恶的恰当反应。大多数人都会很高兴没有处于这种情绪之中。但是,大多数人也都不是哲学家,能像海德格尔那样具有如此之高的境界和十分投入的意志。因为海德格尔相信,这样的情绪揭示了我们平常没有意识到的事物。它们以日常事务不可能实现的方式照亮了这个世界和我们在世的存在。当工匠发现一件工具丢失了的时候,他就会瞥见他的世界,瞥见这个世界的世俗特征;他在明显的不在场的部分中注意到了整体。但班扬的这种情绪对于揭示这个世界更为有力、更令人难忘:它揭示了这个世界的世俗性,并且通过对比也揭示了这个世界日常的不突显性。海德格尔认为,这种情绪(或者至少那些不太极端的情形如厌烦和愁虑)是哲学家见识的重要来源。但是,它们并非理所当然地专属于哲学家。非哲学的、平常的此在也倾向于出现这些情绪,于是情绪在海德格尔解释此在如何成为哲学家的努力中发挥了一定的作用。

不过，光靠情绪并不能揭蔽这个世界。为此我们还需要理解。

理解

此在每天都在理解世界、世界上的事物以及此在本身。在这里，我们再次发现日常的此在与哲学家之间有着一种联系，因为海德格尔也想理解和阐释此在、世界以及它们的存在。(他在《存在与时间》的导言中将他的研究称做是阐释学的,亦即阐释性的——有点像对文本的阐释,但并不完全像。)海德格尔的研究是对此在日常作为的继续,但又不是简单的继续。因为海德格尔想对他的理解对象作出概念性的阐述,而日常的此在只是进行前概念性地理解。它的理解同理论性的认知不同。相反,认知对我们想要了解的内容预设了先验性的理解,正如海德格尔对存在意义的概念性阐述也先期预设了对存在的先验性**理解**。因此,理解并没有与其他诸如了解或解释这一类接近事物的方式形成对比。理解由所有这一切方式所预设,因为它部分地构成了我们的在世存在。

与其说此在所理解的是它所置身其中的环境当中的某个具体的个体,还不如说它是在理解整个环境以及它自身在其中所处的位置。但此在并不仅仅是像一个人理解他完全置身其外的陌生文本或文化那样理解它的环境。它理解环境的方式是向后者呈现一系列的可能性。如果不这样理解,它就不可能将环境理解为“意指性的”。尽管海德格尔谈到了理解把此在“筹划”到诸种可能性上，但在他的心里并没有什么如“筹划”或规划那般明确、审慎；他所想的只不过是，“此在只要存在着，就总是会筹划着，也总是会从可能性来理解自我”(《存在与时间》,145)。鞋匠将其作坊看做一个对他而言有着无限可能性的场域，并且可能正在思考接下来要做什么。即使无忧无虑晒日光浴的人，也在利用诸如继续躺在原地、下到海水中抑或续杯子里的饮料这些可能性来理解自己。此在“一直大于它的实际存在”(《存在与时间》,145)，总是(除非处于睡眠状态)在继续存在的各种可能选项中权衡。人不是仅仅在外界的刺激下才行动的被动生物；他总是时刻主动地行事。

阐释

比理解更显在的是阐释。阐释(Auslegung)在德语中还有“展开”之意。我所阐释的不是我所处的整体环境，而是环境中具体的个体，还有我自己。我将某物阐释为某物，比如阐释为锤子；我主要是通过它的用途来阐释的，比如这里锤子是用来钉钉子的。尽管阐释不集中在整体环境方面，但它预设了对环境的理解。除非我事先对钉子、木头等等有所了解，否则我就无法阐释锤子。同理，除非我事先对工具和设备有先验性的大致了解，我才能把某物理解为锤子。海德格尔坚持认为，在我把某物阐释为锤子时，我并非首先把这个实体简单看成是现成在手的，看成上面嵌着一块铁的一段木条，然后把它阐释为一把锤子。我从一开始就隐在地把它理解为有待上手的(Zuhanden)，理解为工具：

> 可以说，我们在阐释时并不是一下子就把一种“含义”赋予某些现成在手的赤裸裸的事物，我们并不是把某种价值标签贴在它身上。当在世的某物被以此种方式遭遇时，所关涉的这个某物就已经有了通过我们对世界的理解所揭蔽出的因缘，而这一因缘就是由阐释开显出来的。
>
> （《存在与时间》，150）

在海德格尔看来，任何阐释都涉及“先有”（Vorhabe）、“先见”（Vorsicht）和“前概念”（Vorgriff）（《存在与时间》，150）。阐释者首先有自己阐释的对象；例如，海德格尔在阐释此在之前，对此在就有了初步理解。阐释者从某个角度观察物体；海德格尔通过参考此在的存在来考察此在；阐释者有前概念，即用他所提出来的对客体的阐释所表述的概念；海德格尔会用诸如“存在”这样的概念来阐释此在。所有的阐释，不论是日常的还是哲学的，都会涉及这样一个“先结构”。

第六章

语言、真理、烦

阐释无须用语言表述。但如果某物出了故障、运行失常或最初无法获得，抑或需要向新手作出说明时，我就极有可能在阐释此物时做到清晰明确。然而，语言源自阐释以及它所开显的意义和意指："语词附生在含义上。"(《存在与时间》，161)词语和它们所指涉的实体并非来自两个迥异的领域：词语本质上指称实体，相应地，实体本质上负载意义，并且产生出词语。在海德格尔看来，语言的基本形式为Rede，即言谈或话语。言谈是与某人就某事交谈。但言谈并不一定仅仅涉及断言，甚至实际上不涉及任何断言；除了断言之外，问题、命令等等都能揭示世界。言谈不一定非得是语法完整的句子："这个太重了，换一把！"也是完全恰当的言谈。沉默同说出的声音一样也是谈话的一部分：有人递给我另一把锤子，他不必解释说"不，那一把不好使——试试这把！"断言从言谈中产生了出来。如果我不说"太重了，换一把"，却说"这把锤子太重了"，而最后则说成"这把锤子很重"，言谈就逐渐从工作场所中的具体言语场景脱离了出来。一把锤子不再被视为有待上手的，视为被使用或被弃用的工具，与其他工具一起放在它的位置上，而是被看做现成在手的，其承载的特性已经与其他工具中断了联系。结果，我们最后采用的句式就像“雪是白色的”一样，这类句子作为意指性话语程式更常出现在逻辑教科书而非实际的言谈中。这类断言被看做是真理的栖身之处。当且仅当对应于世界中的事实或此类实体时，它们才为真。

真理

但是，海德格尔最为惊人的学说之一就是对这种真理观的反驳。他声称，真理即揭蔽或开显。此在本身就是真理的基本处所：“除非此在存在并且一直存在，否则就不会有真理。”（《存在与时间》，227）当然，他并没有谴责或放弃作出断言，因为断言是哲学家全部素质中的基本组成部分。像“锤子很重”这样一个断言涉及三个方面（《存在与时间》，154及其后）。首先，它点出了锤子这个用具。它点出锤子之为锤子，因而与用来阐释的“作为”相关联。但锤子现在是当前在手之物，脱离了与其环境的关涉。其次，它谓述了锤子之重。第三，这个断言将断言内容传达给他人。那么断言为什么不是真理的基本处所呢？

正如所示，当且仅当断言符合事实时它才为真。这给了海德格尔质疑该理论的两个理由。如果这个理论是正确的，首先就要有一个断言来符合一个事实，其次要有个事实让这个理论来符合。但是，这两项都无法充当由该理论指派的角色。首先，什么是断言？也许就是一串单词；或者是说话者头脑中要传递给听者的一系列想法；或是一个观念上的、逻辑的实体，一个超时间的命题。但这些类型的实体中的任何一个，包括词语—声音、观念以及命题，都是用把断言看成本身为在手之物的特定方式，被强加在原始话语场景上的人为建构物；它们中的任何一个都不会自然而然地将自身呈现给一般的说话者和听者。我不会断定关于锤子的观念的某个方面，我的听者也不把我的断言当做是与某个观念相关。一般来说，我意识不到我说出的确切的词语，更别说我发出的声音了。我的听者也不会听到这样的词语；他会注意到锤子以及锤子之重，并且有可能难以确切地想起我说的词语。不管在何种情况下，词语已经拥有了意义，并且由此隐在地涉及它们声称所符合的实体。如果断言真的独立于事实，并且要么与事实相符要么不相符，那么我们也许就应该只是简单地将其当做声音来看待。但海德格尔说，我们并不是只听到纯粹的声音：

> 我们首先听到的绝对不是噪音或者各种声音的混合，而是嘎吱作响的马车、摩托车。我们听到行军中的纵队、北风、啄木鸟啄木的嘟嘟声和火焰燃烧的噼啪声。要经过非常复杂的技艺和思维训练，才能听到纯粹的噪音……同样地，在我们清楚地听到别人的讲话时，我们首先理解的也是所说所话，或者更准确地说，我们事先就已经跟说话者在一起，与谈话所涉及的实体在一起了……即使在言语比较模糊，或者说的是异族语言的情况下，我们近似先听到的仍是尚不领会的词语，而不是各种音素。
>
> （《存在与时间》，163及下页）

难道说因为词语具有独立于它们所应用其上或指涉的事物的意义，我们就可以说与事实对应的就是有意义的句子或命题？不对。一个词，比如说“锤子”或者“文化”，它并不具有单一的确定意义或内涵。它的意义取决于它于其中被使用的世界，并随之变化。海德格尔在其关于尼采的讲座中对此进行了引人注目的表述：

> 现实语言的生命包含多层意义。如果把生动而充满活力的词语降级为意思单一固定且按机械顺序编排在一起的符号，就意味着语言的死亡以及此在的僵化和毁灭。
>
> （《尼采》144；参见 xxiv. 280及下页）

意义中没有哪一部分是事先包装好，足以独立于世界以及世界中的实体，从而对应或无法对应于世界的。词语及其意义已经承载了这个世界。

如果我们转向另外一个方向去寻找断言可能对应的世界的那些部分，比如说沉重的锤子，我们会再一次失败。锤子纠缠在与其他实体的各种关联之中，而且在世界中有它自己的位置。这些是被作出断言的人和听取断言的人隐性地知道的，否则他们就无法断言、倾听或者理解。这个世界主要并不是由断言揭蔽的，而是由此在的情绪和理解来揭蔽的。因而此在才是真理的基本处所。

海德格尔讲的是真理？

海德格尔作了断言。比如，他声称，断言不是真理之基本处所。这个断言以及他作出的其他断言是真理性的吗？他所摈弃的理论以及类似的理论就是谬误？若真是这样，如何理解海德格尔的断言就是正确的，而他的反对者的断言就是错误的？错误性对于海德格尔来说并非就与真理性相对应，对于那些把两者首先置于断言之中的人来说也是如此。如果我断言说“锤子很重”而你说“不，锤子不重”，我们其中就有一个人是在断言一个错误。但是，为了让这一点成为可能，我们两人必须达成这样的一致：有一只锤子在那里，并且在更加一般的意义上讲，居于同一个世界中。谬误只有相对于真理并在对真理具有共识的情况下才可能产生。不管怎样，谬误确实存在。但是，海德格尔并不认为一个句子与事实不符就是谬误。谬误更应该是指对事实的遮蔽或扭曲，其形成并不仅限于通过作出错误断言、通过省略或非言语行为这类方式。（正如麦考利所说："其中每一个具体事件都为真的历史，有可能在整体上是谬误。"）相对而言，真理包含对事物的揭蔽。它包含着对事物的阐发或启示。真理是程度问题，是或多或少的问题，而不是非此即彼的问题。阐发永远不是完整的，也从不会是完全缺失的。（参见xxvi.95："每一门哲学，作为人类所属事物，都内在性地失败了；上帝不需要任何哲学。"）因此，海德格尔很少把他自己的观点说成是真的，相应地，也很少把其对立者的那些观点说成是错的。他发出的光芒只有这么远，而他的反对者也从未完全处于——或者把我们完全置于——黑暗之中。更多时候，他认为他的反对者不够"创意"或"原始"（ursprünglich），因为他们不够接近事物的"本源"（Ursprung）或者根基。他们所发出的光芒也不能照得很远。当然，他们可能还会遮蔽事物，不仅用错误的光芒呈现事物，而且把光芒照向错误的方向。

海德格尔没有把对立者的观点指责为错误，还有另外一个原因。此在是寓于（此）真理中的，否则它就不可能存在于这个世界。但它也存在于非真理中。不只是因为存在物需要通过此在来揭蔽或阐发——并且一直都是以不完善的方式来进行，而且还因为此在有着曲解自身以及其他存在的实质倾向。一个哲学家也是此在，因而也易于作出同样的曲解。哲学错误不是纯粹的错误;哲学家犯错是因为此在犯错。哲学家的错误揭蔽了此在的一个基本特征。

沉沦

为什么此在会犯错? 这显然有很多原因。因为此在首先浸没于世界万物中,它倾向于把自身当做一个事物,当做有待上手的,或更有可能当做像它所要面对的事物那样是现成在手的。[海德格尔把这称做是"将对世界的理解本体性地反照回对此在的阐释"(《存在与时间》,16)。]出于同样的原因,此在倾向于忽视那些明显的事物,即太接近于显在的事物;不仅会忽视它自身的本质,还会忽视它自身的在世存在,而对于它所要面对的实体却不是这样。另外,此在服膺于"常人"的威力,它做、说、感觉和思考事物只是因为那是"常人"所做、所说、所感或所想。与此相关的是哲学家们——当然不仅仅是哲学家们——的倾向:屈服于传统、接受继承下来的概念、信条以及看待事物的方式,而不是让事物接受充分的独立审视。海德格尔将这些分明的犯错方式归属于Verfallen,即"沉沦",也就是从自我跌落到世界中去。

在《存在与时间》中,沉沦一词是通过论述断言的进一步发展过程来引入的。断言实质上是可以传达给别人的。断言的发出者是在断言所关涉的实体在场的情况下作出断言的。但是当断言从一个人传给另一个人时,就被那些对该断言的原初证据不熟悉的人们所接受,而这些人只是因为此断言是"常人"所说这个原因便接受它并传给别人。言谈(Rede)已经变成了闲谈或闲聊(Gerede)。闲聊的一个近亲便是好奇,在德语里是Neugier,字面意思即"猎奇欲"。好打听的话匣子总是伺机寻找最新的新闻。一个人看和读"一个人"或"常人"被要求已然看到或读到的东西。闲聊和好奇心会带来歧义或两面性——德语中的Zweideutigkeit这两层意思都有。当大家什么都聊的时候，就无从分辨谁真正地理解了什么——或许只有一种情况例外，那就是真正了解这件事的某个人却并不闲聊这件事。当问题真正敞开时，就以已解决的方式提出来。但是歧义和两面性也在消极地影响我们与他人的关系："戴着一副'彼此支持'的面具唱着'相互反对'的戏。"(《存在与时间》,175)所有这一切以及更多的情形都是根源于沉沦：

> 此在首先并通常寓于它所操劳的"世界"。那种"沉隐于……"的状态多半具有在"常人"之公共性中消失这一特征。首先，此在总是已经从自我跌落，这是成其为自我的一种真正能力，并且已经沉沦到"世界"中去。"沉沦"到"世界"中意味着沉隐于相互存在之中，只要后者是由闲谈、好奇心和歧义引导的。
>
> (《存在与时间》,175)

说此在已经从自我跌落下来，并不是说它在这之前处于一种非沉沦的状态。此在**总是已经**从自身落进世界，正如我总是已经交纳了个人所得税而从未拿到我的全部薪水一样(即使没有个人所得税这一类的东西，我也拿不到我**所谓的**全部薪水)。

海德格尔对于"沉沦"的论述是非常生动和吸引人的，但是也带来了一些疑问。他现在坚持认为我们所处的一般日常状态是一种沉沦性和非本真性的状态。但是怎样才能合理解释生活为闲聊、好奇和歧义所引导的作坊里的工匠呢？这也许对记者和他们的读者、文化消费者以及哲学家说得通。这位诚实的工匠也许会传播与他的手艺没有关系的闲言碎语,或是对邻居的风流韵事好奇,并且对他们讲一些模棱两可的话。但是做这些事并不是他每天生活和工作日程中的重要部分。那么为什么沉沦是他的存在中不可或缺的部分呢?这里有两点原因。首先,这个工匠“切近并且大部分地”浸淫于他的日常工作中,除偶然的情况以外并不会退后一步来整体性地审视他的生活和状态。其次,他所工作于其中的世界是公共性的而非私人性的世界。这个世界从他人或者更确切地讲是从无名的“他们”那里获取意义,而不是单单从他自身获得意义。他做某个型号的鞋子是因为**他们**的要求。他用皮革和锤子来做鞋,因为**人们**都这么做鞋,而且这些用途也是社会赋予锤子和皮革的。所有这些都有道理:就他所知,没有更好的方式来做鞋子了;并且鉴于他是一位有能力的鞋匠,他制作的鞋子也有市场,他要转行的话那就是愚蠢的行为。(他也许会用他的锤子砸碎竞争对手的脑壳,但这不会使他更本真或将他从沉沦的状态中抬升起来,因为,锤子可用来杀人也只不过是一种受到承认的看法,尽管这个用途是为大众所反对的。)这就是此在的日常状态,并且在海德格尔看来,这种状态离闲聊、好奇和歧义并没有几步远。

沉沦性和非本真性错在哪里了呢?从某层意义上讲,它们完全没错。它们是人类困境的必然特征;我们不能跨出我们所处的状态去用一个外在的标准衡量它。但从另一层面上讲,海德格尔认为它们会导致错误。浸淫于世界,或者浸淫于世界上的事物,会让我们认为自己是现成在手的,是会思想之物,是一个工具、一架机器或一台电脑。如果我们嗜好闲聊,我们就会将断言从它在世俗性意指中的锚定地抽离出来,并将其看做自主的“判断”。从这些方面讲，此在对存在的理解是一个不可靠的指引。但这些错误本身并非必然是由“常人”的闲聊强加给我们的。“常人”可能会说人是机器、断言是“判断”，但那是单独的一类错误根源。如果我们相信人是机器（或“主体”），因为这是在我们应对外部世界的过程中人展现自身最显著的模式，那么我们无须“常人”来告诉我们这些。另一方面，“常人”所说的可能是对的。简单接受“常人”的所言也许是不体面的、无助于加深理解的，不符合哲学家的职业特点，即将目光限定在学说，或者至少限定在学术会议或近期刊物上传播的那些问题上，而这些问题可能是恰当的，所给出的回答也可能是正确的。无论如何，过去那些伟大的哲学家们——亚里士多德、笛卡尔、康德——也会走错路。不过，他们当然不会因此就比海德格尔少半点本真，或者对闲谈或“常人”少半点拒斥。海德格尔似乎将一个人的信仰的真理性，同这个人自己的“本真性”以及他对其信仰的坚持融合在了一起。他并不是第一个这样做的人。柏拉图也认为哲学不仅仅是获取知识的有效工具，而且还是一种有极高价值的生活方式，亦即让人睁开审视真理的心灵之眼的生活方式。

沉沦和真理

如果我们回顾一下海德格尔关于真理的论述，就可以针对其中一些指责为他辩护。真理揭蔽和被揭蔽，是照亮外部的光线和被投射出的光线。那些只是接受或者传播当前闲言碎语的人，是无法放射出自己的光芒的，即使这些闲谈碰巧从某种意义上讲是正确的。相反，一位伟大的哲学家，即使他的观点是错误的，也在发射自身的光芒。海德格尔认为，他所犯的错可能源自没有经过足够的审视就接受了传统中的某个观念。但是无论如何，哲学家的思想不可能是全然错误的。哲学家的思想永不可能被简单地确定为对或错。正如海德格尔说他自己那样，哲学家的思想总是"在路上"，在流变中，却从来不在终点上。它们总是发出足够的光亮给我们指出正确的方向，即使这样会偏离哲学家本身。闲谈不能做到这一点。闲谈是迟钝的、自我封闭的。它会让我们"镇静"下来，认为事情得到了完全解决，让我们不愿看得更远。

海德格尔不是简单地拒绝其对立者的观点。他想揭示的是，哲学家们的错误源自此在本身的一个根本特征，即它的沉沦。为了做到这一点，他声称像工匠专注于自己工作这样的日常此在，也容易犯跟哲学家们一样的错误，而哲学家犯的错仅仅是日常误解中高雅一些的概念性版本。在下章我们将会看到，海德格尔认为亚里士多德对时间的论述——时间是由"当下"或瞬间组成的无休无止的连续体——不仅是一般希腊人的时间观，而且还是"流俗的"或者"庸常的"时间观念或对时间的理解："这种理解（时间）的庸常方式在传统时间观念所提出的阐释中已经很明显，这种时间观念从亚里士多德一直延续到柏格森甚至更晚。"（《存在与时间》，17及下页）我们为什么应该同意，哲学家的时间概念或者（比如）自我概念已经潜在地蕴涵于日常性此在对这些问题的前概念理解之中了呢？一位不进行哲学思维的工匠，显然不会用观念术语来思考诸如他跟其他事物一样也是事物，或者时间是当下组成的连续体这样的问题。这些想法从未出现在他的大脑中，而且即使这些想法呈现在他面前，他也不可能迅速同意。为什么我们应该说他隐在地把自己理解为物、把时间理解为当下的连续体呢？一方面，海德格尔认为日常此在对存在的理解必须紧密地对应于海德格尔对存在的观念性论述。如果工匠把自己**绝对性地**看成(比如说)一架机器,而且只把时间**绝对性地**看做是当下的连续体,而不是看做(比如说)做事情**所花的**时间,那么他就无法做好自己的工作,或者找到他在这世界上的位置。如果真是这样,日常性此在就完全受到了蒙骗,无法为存在的意义提供线索,或者说至少不能给出比亚里士多德或笛卡尔著作所给出的更多的线索。但是为什么会这样?这会阻止人们去相信海德格尔能够表明芸芸众生中只有他一个人是清醒的,而其他人都被蒙骗了。海德格尔自己也是此在,正如亚里士多德和笛卡尔一样。他需要一些线索以便指导他对存在进行概念论述;而且,如果这不只是他对存在的独特的个人化理解,能够引导他只产生自己对存在的独特的私人性概念,这一理解就一定是他同别人在很大程度上一起分享的一种理解。日常性此在就不会在对存在的理解中完全受到蒙骗。但是,它在前概念性层面上对存在的理解是完全正确、毫无瑕疵的吗?如果是这样,我们又该如何解释哲学家们在尝试将这种理解概念化时常常犯错误呢?如果哲学家犯了错,日常性此在在某个层面上也一定是犯了同样的错误。不这样认为就意味着把哲学家作为另类分开,把他们的理论视做同日常性此在(以及他们自己的)对存在的前概念性理解没有关联,尽管与没有哲学头脑的闲谈者的闲谈还有些类似。因此,海德格尔坚持认为我们所有人都处于沉沦状态。否则,哲学家所犯的错误就无法得到解释。

本真性的行话?

1964年,西奥多·阿多诺出版了一本批评海德格尔的书,题目为《本真性的行话》。题目所体现的抱怨是海德格尔所能体会的。行话是一种形式的闲谈，海德格尔却并不喜欢闲谈，因为闲谈是对脱离了思想、感觉和感知的语境的重复陈述，而思想、感觉和感知正是陈述产生的本原。那么，我们是不是就该接受海德格尔自己的哲学，把他的哲学当成我们自己的并且传递给他人呢？恐怕未必。那样的话就会成为闲谈和非本真。我们是不是只有到被激发起来进入本真状态时，才听从海德格尔的语言，开始进行我们自己的哲学探索？也不是。那样就类似于好奇了，是对新奇事物的渴望。我们要做的也许是这样：在我们遭遇海德格尔而受激发进入本真状态时，我们对待海德格尔应该像他对待亚里士多德、笛卡尔和康德那样，阐释并厘清他的著述，以此作为建立我们自己新思想的基础。[海德格尔用各种方法描述他研究其他科学家的方式：如阐释、“解析”（Destruktion）——很接近德里达的“解构”、“复述”，以及后来的“对话”。]

烦

此在迄今已展现出了多种特征。海德格尔给它的一般日常性下了这样一个定义：“在世存在是沉沦而揭蔽着、被抛而筹划着的，对于它来讲，无论是在同‘世界’一起的存在之中还是在与他者一起的存在之中，最为自我的存在能力都是一个问题。”（《存在与时间》，181）就其他特征为其派生物或作为其二级附加特征来讲，这些特征中没有一个是基本的或者“原初的”。与“世界”共在（也就是说同人类之外的其他实体打交道）并不先于与他人共在（亦即与他人之间的交往）。反过来，说与他人共在是优先的，而与用具共在等等只是从前者派生的二级特征，这也不对。或者回过头来讲，理解和情绪，亦即“心理状态”也都不是原初的；两者都同等地参与了我们对世界以及我们自己的揭蔽。它们就像海德格尔所讲的那样，都同样是原初的或者“等原性的”。另一方面，这些特征互相联系不可分割。不可能存在这样一种实体，它能够与“世界”共在却不与他者共在，或者说能与他者共在却不与“世界”共在。没有哪种存在有理解而没有情绪，或者有情绪而没有理解，以此类推。

我们该如何赋予这些关于此在的论述以统一性呢？如果把它的所有这些特征都视为根植于此在的基本状态烦（Sorge）中，我们就能做到。烦跟英文的care一样，通常也有两层意思：首先，表示对某事物的“关心”和“担忧”；其次，表示“照料”某物。海德格尔所使用的“烦”这个词两层意思都涉及了，但它的意义要比每一层意思都更基本。即使某个人就这类词的一般意义来讲是没有烦恼的、无忧无虑的或者心不在焉的，在海德格尔所谓的意义范围内，这个人仍然是烦着的、心有所虑的。正是因为此在的在世存在是烦，我们才会谈论它对诸如鞋子和锤子这些有待上手的事物的关心（Besorgen），才会谈论对别人的牵念（Fürsorge）。不过，有关心和牵念就有漠视、蔑视和仇恨；缺乏烦、关心和牵念的实体是诸如石头、树木和动物这类完全不具备这些能力的实体。烦有别于意愿、希望、努力或认识这些具体的态度。某个人不管愿意做什么事、希望做什么事以及努力争取什么东西，这个人事先都要烦。某个人要想获得知识，首先就得烦。在极度抑郁或者焦虑中，也是我们在清醒时最接近于缺乏烦的时候，这时我们会发现难以对任何事情产生意愿或愿望，甚至不会想要从我们的状态中解脱出来。

尽管烦体现了此在的整体，它仍然是复杂的。海德格尔将其定义为：“先于自身、已作为（与在世中相遇的他物）共在的存在。"(《存在与时间》,192)烦因此涉及我们先前遇到的三个组成部分。**此在先于其自身**。它是它的可能性,它暗自踌躇,想知道下面该做什么;它取决于某物。海德格尔将此与"生存"和"理解"紧密联系起来;而且正如我们在下章将会看到的,它还将此与"将来"也联系起来。**此在已经在世**。这与"被抛"和"事实性"——此在"总是先在"于一个特定的情形中,而且这一情形决定了它可获得的可能性——有关,还与揭蔽了我们将要看到的乏味的被抛性的情绪或"心态"有关,并与过去有关。**此在与在世中的实体同在**。它参与一项任务,比如说锤击,或者只是做白日梦。海德格尔将此与沉沦性联系在一起,并且,我们将会看到它还同当前联系在一起。烦这个概念因此囊括并重新整合了我们迄今对此在的了解,也潜在地事先指出了此在的时间属性。烦与世界的意指性相关。只有在此在为烦的情况下它才居于一个意指世界中,也只有居于一个意指性的世界中此在才为烦。

哲学的丑闻

海德格尔在结束《存在与时间》的第一部分时讨论了这样一个问题:外部世界是实在的还是非实在的?更确切地讲,他实际上是在排斥这个问题:"哲学的丑闻" 不像康德所认为的那样,是指无法证明外在于我的事物的实在性,而是指这样一个事实,即"人们一而再再而三地期待着、尝试着这样的证明"(《存在与时间》,205)。关于这个问题有两个相关的缺陷。首先,它对此在的看法不恰当,认为事物或这个"世界"外在于此在。其次,它对事物的存在和世界的存在的看法不恰当。首先来看看此在,此在和它的外部世界的界限在哪里?介于我的身体和它的周围环境之间吗?显然不是,至少对于这个问题的用意来说不是。表明我身外存在着事物并不是哲学的兴趣所在。一旦承认我的身体是存在的，也就已然承认了存在着一个外部世界。那么在我和世界之间，我的身体是不是被看做外在于我而非内在于我的某物？这样我就被看做是一个纯粹的、"非在世性的主体"。而这肯定是一个认识主体而不是行为主体，这种主体达及世界的方式是通过它自身的内在状态——印象、理念或是其他的什么。但我并非这样。我的存在是烦：我在一个熟悉的环境里烦恼着做这做那，我在本质上存在于这个世界中。我达及世界及其事物的过程没有理念或任何类似的东西作中介：我听到的是"嘎吱作响的马车"，而不是"纯粹的声音"（《存在与时间》，163），我看见的是树木而不是理念。

关于外在世界实在性问题的第二个缺陷是这样的：如果我的存在是烦而且我本质上是在世的，那么仅仅把这世界及其中的事物看做是实在的或"现成在手的"就不可能是正确的。将世界看成为实在性的，是一种次级的、派生性地看待世界的方式，对应于将此在看做是虚空的、非在世性的主体。这个世界是我以烦的方式与之打交道的意指性场域，而不是一个"外在客体的集合"。世界上的事物原本都是有待上手的，是待我们所用的器具。

没有此在的世界？

但故事并没有到此为止。也许我从来没有存在过。那又怎样呢？没什么大的不同。事物照常进行，跟现在没多少不同。但是此在也可能没有存在过，人类也有可能完全不会出现，就像按照推断，曾经没有人类存在时一样。（《存在与时间》，227；参见 xxvi. 216）在这样的"世界"里都存在什么呢？也许只有**存在**

者而没有**存在**：

> 各种实体与它们被揭蔽的经验、它们被发现过程的熟识度以及它们的特性被确认的把握度基本无关。但是存在只“存在”于对某些实体的理解中，诸如对存在的理解之类的东西原本就属于这些实体的存在。
>
> （《存在与时间》, 183; 参见 xxvi. 194）

没有此在就没有存在。真理也就不会存在，甚至牛顿定律都不会真确，即不会在海德格尔的意义上为真。（《存在与时间》, 227）“世界”也不存在了。但还是会有存在者或者实体，即没有存在的存在者。也许海德格尔想说的是，它们没有具体的存在模式。很明显，它们不能拥有此在的存在模式。它们也不可能像器具一样有待上手。难道它们不能像树和岩石那样现成在手吗？不能。这又是海德格尔理解事物的一种方式，尽管是次级的、派生性的方式。即使这类存在也涉及揭蔽和真理。

没有存在的存在者会不会或多或少就像科学家所描写的那样，是非意指性的粒子集合呢？但是一个科学家自己也是此在，具有此在所具有的所有特征和局限，被“抛到”一种无处可逃的境地中。我们能不能肯定，他在这个情形中所获得的发现（或者如海德格尔所说的“投射”）如实记录了没有此在的世界的样子？按照同样的思路，R.G.科林伍德引用J.W.N.沙利文的话说：“热力学第二定律只是因为我们无法处理一定限度下的极限值才会为真。如果我们的宇宙居住着智能型的细菌，它们就不需要这个定律了。”[《自然的观念》（牛津大学出版社，1945），24n. 1]科林伍德又说：“某种智能型有机体，如果其生命有着比人的生命更长的时间节律，它就会发现，这个定律为假的程度大于其不必存在的程度。”（同上，26）海德格尔对科学的回应与此相似，尽管不完全一致。他把科学看做是一种次级现象，仅仅作为此在的存在方式之一，是从更加日常性的存在方式中派生出的并且不可还原性地依赖于其他存在方式。尽管科学家使用设备而且对实验室的布局很清楚，但是假设我们同意——也许与海德格尔自己的观点相反——科学可以公正地论述此在不在场的情况下存在的样式，接下来会推导出什么呢？我们不妨这样讲：

1. 在此在不存在时，所有事物——如岩石、树木——仅仅是分子的集合。

我们也许还会继续说：

2. 即使面对此在，各种事物——如岩石、树木或锤子——仍是分子的集合体。

但是对于下列说法我们可能会有些迟疑：

3. 像锤子这类的事物，即使面对此在，也只不过是分子的集合。

或者说：

4. 事物，比如锤子，其实质（从本质上讲）就是分子的集合。

或者说：

5. 事物，比如说锤子等，是由此在赋予其意指性的分子集合。

3、4、5句并没有明显地延续1、2句的思路。海德格尔摈弃了第5句。这句与我们的现象经验格格不入，它的意思是说我们首先感知没有意指的分子，而后才把价值附加上去。但是本体论一定要反映现象学么？锤子难道就不能**仅仅**或者**实在性**地作为分子的集合存在，即使我们通常并不这样看？它不可能**只是**分子的集合，就像句3所申明的那样。被此在以锤子来理解或阐释的分子的集合，并不仅仅就是分子的集合而再也不会是其他什么了。此在会产生影响。在一个有着此在的世界里，某物或许会与在一个没有此在的世界里有所不同。它会不会**实在性**地或在其**本身**中就是分子的集合，并且只是表面上的一把锤子或者只是**为我之用**的？但我们为什么要这么说呢？（约翰逊博士说过："将圣保罗教堂敲打成一堆原子，请想象一下任何一粒原子；那肯定是没有任何用处的。但是，如果把这些原子集合在一起，就有圣保罗教堂了。"）事物之本身和它只为我们所用时的状态的区分，来自于我们对存在的理解，而不是来自于脱离了此在的事物性质。如果没有此在，就没有这些区分：每个存在都和其他任何存在是平等的，没有前景或背景之分，没有深邃和肤浅之分。我们没有资源可资利用来描述这样的情形：我们提出的每一次描述，都已经受到我们对存在的理解和我们自身所处的意指性世界的干扰。那我们为什么又会说，在我们所熟悉的承载着此在的世界里，锤子**本身**只是分子的集合，并且只**为我们**所用呢?这样做毫无道理。这不是从对一个没有此在的、无锤子的世界的合理描述中推断出来的。它毫无道理地优先考虑了科学家的理论研究,而没有优先考虑工匠的周全的关注。海德格尔正是基于这些原因才相信本体论和现象学重合在了一起。

第七章

时间、死亡与良知

在海德格尔对此在的一般日常性的论述中，时间只发挥了次要的作用，虽然此在先于它自身这一论断已经隐含了时间。但在导论中他告诉我们时间对存在的问题至关重要："所有本体论的中心问题植根于时间现象中。"(《存在与时间》，18)时间对此在的分析同样至关重要："此在的存在在时间性中找到意义。"(《存在与时间》，19)为什么时间如此重要？

为何是时间？

为什么是**存在**与**时间**？为什么不是存在与**空间**？或者是**真理**或**虚无**？海德格尔没有明确提出这些问题，但是给出了回答这些问题的很多答案。他认为存在传统上就被用时间来观照。"存在"在希腊语中是ousia，与之相关的parousia一词则是指Anwesenheit，即"在场"的意思(《存在与时间》，25)。因此，希腊人用时间性在场来观照存在。不过，这是不正确的。Parousia 只是由ousia衍生出的众多合成词中的一个。将ousia与表示在场的parousia关联，与将其同(比方说)表示不在场的apousia关联起来没有什么两样。在任何情况下，parousia都既可以表示时间性存在，也可以表示空间性存在，比如一个人出现在战场上。其实也

图6 1969年10月，海德格尔与埃尔弗里德在他们的小屋前

有理由认为希腊人，至少是希腊哲学家，把存在与时间性在场关联起来：比如说柏拉图把存在只赋予不变的、永恒（或是永恒**在场**）的形式或理念，而不赋予那些“成为”中的、发生的、消隐的或灭亡的事物。但海德格尔在这里没有给我们这样的理由。

他也注意到哲学家们通常会依据时间性来划分实体。他们把人、植物和讲话这些时间性实体同数字和命题这些非时间性实体区分开来，这些又同像神这样的超时间的实体区分开来。（《存在与时间》，18）但是这种划分只不过是一种“暗示”，即存在只与时间关联。毕竟，只要时机恰当，海德格尔随时都会摈弃传统；他没有权利在传统适合他的时候才去请求它的支持。在任何情形中，他自己都会摈弃对实体的这种划分。他摈弃它是因为他不相信存在着非时间性或超时间性的实体。无论是在海德格尔的世界里，还是在高于或低于海德格尔的世界里，都不存在超时间性的上帝。如果存在的话，也就会存在独立于此在的永恒真理（参见《存在与时间》，227）；而现在的事实是，揭蔽存在者的历史任务是由有限的此在而非上帝来执行。与海德格尔同时代的许多哲学家，其中包括胡塞尔，曾假设在物理现实的第一场域和心理现实的第二场域之外，还应有一个感知或意义的"第三场域"。但是海德格尔认为，这一假设"同中世纪对天使的猜想一样令人质疑"（xxiv.306）。非时间性的命题、意义和理论都不存在。这些就是此在存在的所有方式，就像此在一样有着历史性和时间性。因此，海德格尔在这里所使用的分类法正是他所摈弃的。

如果我们看看非哲学家的语言，情形也好不到哪里去。在少数几个段落中，海德格尔提出了"为什么我们不会同等程度地谈论存在和空间"这个问题。他在其中的一段里面写道，普通词汇涉及的空间隐喻要多于时间隐喻。（xxxi.119）"此在"本身就是一个空间词汇。（xx.344）这一点自是理所当然，因为此在既是空间性的也是时间性的，否则就不可能存在。

那为什么时间是特殊的？有一种回答是，此在在时间中生存有着比在空间中生存更为深层的意义。它诞生于一个具体的地点和一个具体的时刻，这个地点和这个时刻都不是由它自己选择的。如果说我的出生**地点**决定了我以后的教育和文化熏陶——比如说我的母语是英语或日语，那么出生地就当然是重要的。但我的出生地没有多少**内在的**重要性。即使它会影响我早年受到的养育，如果愿意，我也可以通过旅行和学习来弱化它的影响。然而，我的出生**时刻**给我的影响却不能这么轻易地被消除。如果我出生在1800年，我就不可能读到《存在与时间》这本书，假设人的最长寿命为一百一十五岁左右的话。我的出生日期限定了我在时间中所处的位置，并因此限定了我所可能选择的行动路径，而我的出生地却不可能这样对我在空间中的位置给予限定。

人需要自身生存的空间。在完全静止的状态中生活尽管可以想象，却绝对不是惬意的。但是，惬意的生活不一定就要四处游历。有人即使从未离开过自己出生的小镇或村庄，也一样可以活得很好。而生命则需要活到一个足够长的时间跨度。生活是由决定和活动组成的，完成这些的先决条件就是要有时间，并且关键的是还要花费时间，而不怎么强调空间：我会问现在或接下来做什么，却不会问在这里或在那里做什么。

本真与非本真之间的区别之一就是，本真此在并未浸淫于当前和即刻的过去和将来。本真此在向前看到它的死亡，向后看到它的诞生，并且越过它的诞生看到历史上的过去。为何是这样的？为什么不去走访遥远的地方，哪怕是在想象中？一种回答是：空间或地理上的旅行不能像时间意识或历史意识那样能使一个人对自己的生活作全面的考察。还有一种回答是：我现在所处的情境以及它所提供给我的可能性很大程度上取决于过去——包括我过去的生活和我所处文化的过去的历史，而与遥远的地方正在发生的事情基本无关（或者至少关联的方式不一样）。为了把握我现在所处的境况，我应当阅读（比如说）亚里士多德——对现今人们的思维方式仍有影响的人——而不是那些无法给我同样影响的当代外国作品。传统通过时间而非空间传递。（这就是为什么当评价一幅绘画作品或一部文学作品时，我们总想知道到底它能否经受"时间的考验"而不是它是否能经受“空间的考验”。)

因此，此在的生活所涉及的更关键的是时间而不是空间。但是，海德格尔对世界以及此在达及世界也感兴趣。两个有关时间的传统问题影响到这些方面。第一个问题让亚里士多德和圣奥古斯丁颇费思量。只有当前时刻当下存在着，而过去不再存在，将来还未存在。因此没有超越时间的事物或事件，没有在时间中持续的世界，只有即刻的世界的时间性片段以及其中的客体和事件的时间性片段。第二个问题让康德、胡塞尔和古代的思想家们感到困扰。我只能感知——看、听、触等——当下时刻有什么存在；或者，如果我们把光速和声速考虑在内，还能感受到刚过去的一瞬间的事物。那么，我们怎么能意识到过去、将来或一个在时间上持续的世界？这两个问题都特别与时间相关，而与空间没什么关系。我们不会被诱使去这样想：空间上离我们很远的事物不存在是因为它不在**这里**。我们的感觉，特别是视觉，从任何一个给定的角度向我们揭蔽一个或多或少延展的空间范围。

海德格尔没有明确说明这些问题，但他仍对它们感到困扰。他的解决方法之前在亚里士多德、奥古斯丁和康德的阐述中已有所预示(《存在与时间》，427及下页)，具体如下：此在在其意识中并未拘限于当下时刻，它既向前展望未来又回过头来追溯历史。此在是时间性的。正是此在的时间性使得世界在真正意义上才是时间性的，而且开启了“世界时间”，展露了一个持续的世界。人类不只是一个渺小的生物物种，在几百万个天体之一上面进化起来，不只是一个只存在于宇宙历史中微乎其微的一段的物种。海德格尔并未否认科学上的这些发现。曾经此在并不存在，尽管当时有存在者。但是，像宇宙这样的意指物乃是源于人类。正是此在派生出的这种意义才允许我们说，一些事情是有意义的而其他的则是琐屑的。此在进入世界是一件具有重大意义的事件。此后历史、意义、世界性，而且从某种意义上讲还有时间本身，都开始了。在海德格尔哲学里，此在接手了传统上本为上帝所承担的一些职责。此在的优势在于它是有限的、在世的和时间性的。不同于无限的、超时间性的、不变的神，此在面向世界也开启了世界。

海德格尔在《存在与时间》的第二部分并未直奔时间，而是从对死亡的论述开始。

死亡

海德格尔告诉我们，此在总是先于其自身，总是在准备着面对尚未实现的各种可能性。那么我们如何去从整体上把握此在呢？它似乎总是在躲避我们的把握，从不以实然和完整的面目把自身呈现给我们，实际呈现给我们的是尚未实现的可能性。但对于此在来说，存在着一个终极可能性，这一可能性会终止所有的可能性，那就是死亡。

这样一种引入死亡话题的方式也许有点牵强或者不自然。一个人无法对自身的生活给予完整的描述，即使他知道他会死，原因在于一般人并不知道自己何时或如何死，以及在死的同时他会做些什么。一个哲学家或许能对此在进行大致完整的描述，比如简单地说这样一句：此在总是先于自身的。他不需要明确说明此在具备哪些可能性，它又将如何实现这些可能性。只要说在它的生涯中的任何时候都有可能性就足够了。他肯定会提到死亡，因为死亡是此在的一个重要特征。但是，死亡的可能性并不是为了确保论述的完整性而作出的**唯**一重要的考虑，它只是此在的特征之一。“还有，”他也许会说，“我千万不能忘了加上这句：这不会永远持续下去，此在总有一天会死。”

但是，海德格尔有充分的理由引入死亡这个话题。首先，死亡并不仅仅是，甚至并不主要是发生在一个人生命尽头的一件事情。此在意识到它会死，在任何时刻都有可能会死，这就意味着“垂死状态”、它对自身死亡的态度或对自身死亡的“面向状态”都渗透在它的整个生活中，并决定了它的整个生活形态。对死亡没有预见的生活将是一种无休止延期的生活。如果说我面前拥有的是永恒的生命（并且体力和脑力永不衰退），为什么现在要找麻烦写这本书呢？无论是作为哲学家还是自传家的此在，如果没有死亡就无法对自身进行完整的描述，原因就在于死亡无时无刻都萦绕在此在的生活之中。

引入死亡话题的第二个原因是，死亡尤为清晰地分辨出了绵羊和山羊、本真和非本真。迷失在匿名的“常人”中的非本真同意“人会死”。这是他人闲谈中涉及的，并且是模糊地涉及的，比如把自杀看成是“做蠢事”。但是他们遮蔽了我自身死亡的永远在场的可能性，甚至遮蔽了我**自身**死亡的切近性。他们把垂死看做遥远的可能性，就像只会发生在别人身上而不是我自己身上——也就是说，只要我不抽烟、不参战或者不“做蠢事”。相反，一个本真的人总是意识到他自身死亡的可能性；在面对死亡时他会焦虑，尽管他不会害怕。他看着自己所处的境况以及境况所呈现给他的诸种可能性，并且借助意识，在它们中间作出抉择。意识到自己的死亡会将自己从“常人”的掌控中夺回：既然此在是要亲自去死的——垂死不是合作性的或共同性的事务——死亡就“把它作为个体**单独的**此在来要求它……把此在个体化为它自身”（《存在与时间》,263）。这赋予此在一种特别的自由，“朝向死亡的自由”（《存在与时间》，266）。

引入死亡话题的第三个原因是它为海德格尔对时间的论述作了准备。非本真性的、日常性的此在当然是“先于它们自身的”——它们也将获得可能性——但它们不期待或者不“奔向”死亡的可能性，就像本真性此在所做的那样。但是此在只是奔向死亡，而不是跨越死亡。死亡将终止它自身的诸多可能性。这就意味着“本源性”的时间是**有限的**，会随着我的死亡而终止。（《存在与时间》，330）**时间**永远持续，但**我的**时间在慢慢消逝。这是否暗示了我没有理由为我的生命投保以便在我死后供养我所爱的人？或者没有理由为我死后作品的出版作些安排？当然不是。这确实意味着，无论我死后要作什么安排都要在死前完成。

这个“将来关闭了一个人将会拥有的可能；也就是说将来本身被关闭了”（《存在与时间》，330）。但是过去却不能这样关闭；海德格尔无意声称时间自一个人出生始而以其死亡终这一倾向。如我们将要看到的，他主要是对历史感兴趣。但是历史也给了海德格尔考虑死亡的理由，因为死亡使历史成为可能。这里的死亡，不是我自己的死亡而是我们祖先的死亡。历史就是与死去的此在打交道。过去的此在在意识到自身的必死性的情况下做出了辉煌的事迹，而且有趣的是它跟我们自己不同，因为它已死，但没有消失。

垂死

海德格尔说，从存在论意义上讲，“（对死亡）分析的结果表明，任何本体论的特征描述都具有特定的形式性和虚空性”（《存在与时间》，248）。“实体性地”看待这些结果是说将它们

图7　1970年海德格尔在勒托尔

看做对此在作为生物体的Ableben，即死或亡的事实性声明。而“从本体论意义上”来看待它们的话，就符合海德格尔的精神意图，也就是把它们视做关于此在的存在以及关于它的Sterben，即此在之此在性垂死的哲学声明。海德格尔的结论是什么？它们包含以下几个命题：

1. 我肯定是要死的。
2. 我得自己去死。在一些特殊场合，他人会替我去死，就像他们会代表我去交电话费或者帮我去参加会议。但是迟早我是要自己去死的，不能让别人代替。
3. 我会死的事实并不只是经验意义上的可能性，甚或是经验意义上确定无疑的。如果有一个人似乎不知道死是什么，这肯定是因为他“在死亡面前逃遁”（《存在与时间》，251）。
4. 死亡会结束我的所有可能性，我死后不能再做任何事。
5. 我的死亡时间是不确定的。
6. 任何时候我都可能会死。
7. 垂死赋予了此在以完整性。
8. 死亡具有“非相关性”：死亡割断了一个人与其他人的所有关系。

其中有些命题，而不是所有命题，看上去是“形式性的和虚空的”。命题1和2能让人很容易接受，而且只是在它们有被遮蔽的倾向时才会特别有趣。它们并不是只适用于垂死：如果我并非快要死去，我肯定（比如说）会睡觉和撒尿，而这些我会亲自去做。命题3是值得怀疑的。通过归纳，我肯定会知道我将死去，根据是和我一样的前人的死亡以及我对自身年老的体验。海德格尔同意,“死亡”只在“经验意义上是确定的”,但他又说“就死亡的确定性来讲这又绝对不是决定性的”(《存在与时间》,257)。如果真是这样,“死亡”就必定与“肉体死亡”区别开来。如果说此在死亡的前提是它的肉体死亡,那么肉体死亡只在经验意义上是确定的这一事实要想成立,就需要有死亡只在经验意义上是确定的这个前提。海德格尔的意思并不是说,死亡和肉体死亡是完全区别开来的事件——就好像一个人的此在可能已死,但是他的肉体仍然是活蹦乱跳的,或者说在其肉体死亡之后仍作为此在活着。死和亡基本上是同时发生的,除了有可能在尼采和荷尔德林的情形中例外——在此二人身上,肉体死亡之前有一段长时间的疯癫。海德格尔的观点是,此在作为我的软件是首要的,而我的硬件肉体附属于它。因此在非经验意义上我知道我作为此在会死,但是从经验意义上讲我会作为一个生命有机体死去。这样并不就能推出死或亡**可以**离开对方单独发生,即使我能**想象**其中一方可以离开另一方发生。但是我怎么才能非经验性地知道我会死呢?

命题4也是有问题的。正如我们所看到的,我可以在生时对死后要发生的事作些安排。而且,对“来世”的信仰曾经——也许仍然——相当普遍。海德格尔声称他的“本体论”论述让这一可能性仍然敞开:

> 如果“死亡”被定义为此在的“终结”——也就是说,是在世存在的终结——这并未暗示在以下两者之间作出了任何存在论断言:是否“死后”仍然有另外一个可能存在,不论是更高级的还是更低级的,抑或此在是否会“继

续活下去”，甚至“活过”它自己，是“不死的”。

（《存在与时间》，247及下页）

海德格尔声言，他的论述也许会被任何人接受，不管他们信不信永生，并且还声称这个问题只有在我们对死亡进行观点模糊的论述之后才能恰当地讨论。但是他的论述真的能与永生相融合吗？如果此在在本质上存在于这个世界，那它又怎么能在从这个世界消失后仍作为此在存在下去？如果它不作为此在存在下去，它又会以什么身份存在下去呢？抑或此在死后在某种程度上继续在世，像鬼魅一样出现在世界上，或是进入了另一个世界？海德格尔几乎没有给这些信仰留下空间。不过，尽管不太站得住脚，它们表面上看来也还没有如此荒唐，以致对它们的否定是“形式性的和虚空的”。

命题5足够算得上正确。即使我决定在某个确定的时刻自杀，不一定我就会活到那个时刻，也不一定我就会实施我的决定，不一定炸弹会准时爆炸。命题6似乎是从命题5推出来的，但事实上并不是。举个例子，我不可能活过二百岁才死，尽管这是因为我肯定会在下一个百年之内死去；我什么时候死虽然不确定，但还是有限定范围的。命题6的主要问题不在于它说到的部分而在于它没**说**的那部分。尽管**有可能**（possible）我会在今晚十点或之前死，但这又相当地**不可能**（unlikely）。我如何规划自己的生活，这毫无疑问取决于我在某一时刻会死去这一确定性以及我何时死的不确定性。如果我知道我会永生，或者说知道我会在今晚十点死，我现在就不会写这本书了。但是同样地，如果我没有相当的把握认为我会活着将这本书完成，我也不会这么做（或者至少我不会为做此事签定一个合同）。为什么海德格尔会忽略或然性呢，既然它对我的生活的管理同可能性一样地重要？部分原因是他把或然性与针对作为生物物种的人的寿命所进行的统计联系了起来。(《存在与时间》, 246)它们针对的是亡而不是死。而且，即使统计学关涉的是我这一类人——英国中年男士、喜欢坐着抽烟斗的学者——它们并不关乎我本人的死亡，关乎的是我这**类**人的死亡。但是，很难看出对一个人的生活进行安排是如何不需要对这个人寿命加以估算的，不管这种估算是建立在对相对类似的其他人命运的观察上，还是基于一个人"对自身的感觉"。

海德格尔忽略或然性的第二个原因是，此在就是其可能性，此在自己可以决定如何存在。这是否表明我可以在任何时刻自杀？这似乎是不可能的。首先，人在任何时刻都可以自杀是不正确的，即使人在任何时刻死去是可能的。他引用了一句他认同的古话："人一旦出生，就立刻达到了可以死的年龄。"相当正确。人可能在婴儿时期夭折。但通常人在幼儿期不可能杀死自己。人在睡觉、酩酊大醉或戴着锁链时也不可能自杀。海德格尔再一次否认自杀是对死亡可能性的回应，因为它使可能性成为一种现实而不是保留它的可能性。(xx. 439)恰恰就是这个反对自杀的观点的不充分性表明他对自杀有根深蒂固的偏见，也表明他在提及死亡的持续可能性时没有把自杀考虑在内。如果死亡是一种可能，同时又不是通常意义上可以选择的可能，我们为什么不能说，在某个特定时刻或者在一个既定时间内死亡是可能的(possible)或者是不可能的(unlikely)呢？

命题7为海德格尔的一个观点提供了极好的论据：此在不凭经验就知道它会死。此在是烦；它必须执行各种计划并且分配给这些计划一定的时间来安排生活。如果说它有取之不竭的时间可供支配，它怎么能做到呢？它做不到，就像即使我拥有无限量的财富我也无法成为一名审慎的金融经理人一样。但是，一个审慎的生命经营者或金融经理人需要知道比海德格尔所给予的更多的东西。他需要知道的不仅仅是他的生命就要终结或者他的资源有限。他还需要大致了解他能活多久，或者他有多少财富。如果我不知道我是拥有一百亿英镑还是一百英镑，我就无法明智地管理我的资金。如果我不知道我能活一分钟还是五百年，我就无法审慎地经营我的生活。如果在事件的自然进程中人大约在二十岁成熟，并且他们前面还有五百年可以充满活力地活着，那么他们就会更加反对冒险，不愿意牺牲剩下的几个世纪去喋血沙场或征服山峰，相比之下我们则比较愿意舍弃我们剩下的几年或几十年。

海德格尔并未给予此在足够的知识来作为烦而存在。但是，此在作为烦存在所需要的不一定就是**知识**。如果我认为我有大约十万英镑可支配，我也许会审慎地管理我的资金——即使事实上我有十万亿甚至是无限量的财富，只是我自己不知道。同样地，如果此在**认为**它会在七十五岁左右死去，此在可能会作为烦存在，即使事实上它会活得更久或永生。不同于审慎的资金管理者，此在肯定迟早会意识到它能比预想的多活很久（除非它患有周期性失忆），虽然它从不需要确定自己是永生的。对烦来说，重要的不是此在**会**死，而是此在**相信**它会死。海德格尔不需要反对这一点：对他来说重要的是“垂死”，人面向死亡的状态，而不是一般意义上的垂死或死亡。

在死亡中团圆？

命题8与命题2和4相关。如果死亡终结了所有的可能性

(4),我就不能在死后再和其他人有积极的关系(8);也许会有人仍然爱我或思念我,但我不能再报之以爱和思念。如果我得亲自去死,而不是有人替我去死(2),那么在我死后或临终,我就不能通过代理或代表的关系再与其他人发生关联。但是命题8包含的不仅是这些。垂死不像爱,在爱中某个人会是爱的对象,即使爱得不到回应。它也跟下棋不一样,下棋(通常)需要两个人一起下。它更像单人下棋。即使当两个或更多的人一起死时,他们也像在同一房间里玩单人下棋游戏一样,或者像两个人在同一张床上睡觉(这里取字面意思)。我们也许会说每个人都是孤独地死去。我们不妨加一句:每个人都是独自睡觉。

临终通常是件孤独的事情。但它是必须如此的么?为什么垂死或者垂死的过程不能更像下棋或跳舞那样,每个人的行为取决于对方的行为呢?我们安排好同时向对方射击。一对恋人死于悲伤,因为两人都以为对方要死了。勇士们为守关隘而留下来面对死亡,但是每个人这么做的前提是其他人也这么做。这正如恋人们搂在一起睡着了,一个人这样做是在另外一个这样做的时候并且因为另外一个人也这样做。

然而,垂死的过程在死亡中,即在已死的状态中告终。人们死后不能像他在垂死时那样与他人相关。在这方面并非只有死亡如此。在没有梦的睡眠中,人不能像在入睡时那样与他人相关。我们通常只是从睡眠中醒来,并重新恢复跟他人的关系。但是,为什么即使这样死亡还是需要"把此在个体化为其自身"?有两个理由可以怀疑它的必要性。第一,虽然人在死后不与他人相联系,但人也不是一个孤单的个体,处于孤独隔离的状态下。死后,人与他人不发生关联,但并未与其他人隔离开来;人只是**不存在了**。第二,尽管一个死人不能**从自身的观点**来与他人相关联——因为他不再有任何观点——但对于死前的他和在他死后的其他人来说,他与在**死亡**中的他人似乎有着重要的关系。马拉松长跑中倒下的希腊人和在温泉关战役中倒下的斯巴达人被埋葬在共同的墓穴中;这样做在当时的人看来似乎很重要,因为这样就能纪念在死亡中或垂死过程中的战友情谊。如今正常的埋葬要求一人一墓,但是人们总是希望能被埋葬在确定的他人附近。海德格尔自己希望能葬在梅斯基希的父母身边。当他表达这一愿望时,对他死亡的预见并未将他个体化为无牵无挂的自我;他是弗里德里希·海德格尔和约翰娜·海德格尔的儿子,梅斯基希的本地人,死后跟乡亲们葬在了一起。这是非本真吗?当然,这跟他关心死后著作的出版一样都不是非本真的。但至少,海德格尔可能会回答说,看重对自己死亡的预见会迫使你考虑在重要意义上他人与**你自己**的那些关联。你不再会在**他们**的非本真中被消散掉,不会仅仅因为这是"一个人"要做的就满足于与家人埋葬在一起(或者同与你一同倒下的战友埋在一起)。我能不这样吗?按照风俗处置尸体要比按照风俗选择衣服更少些理由吗?海德格尔还是认为,至少在他生涯的这个阶段,垂死将此在个体化了:"从某种程度上讲,只有在垂死的时候我才可以绝对地说'我存在'。"(xx. 440)

本真的此在奔向自己的死亡。它会如何去做呢?答案在良知中可以找到。

良知

问题是这样的。如果此在奔向自己的死亡,那么它就能脱离"常人"的掌控,并且为它自身的存在方式作出本真选择,而不仅仅是接受"常人"所给予他的有限的可能性。但是,它是怎么做到的?“常人”早就为死亡作准备。**常人**告诉我不要担心,死是一种遥远的可能。因而此在仍然在“常人”的怀抱中。在这种情形下,此在实际上并没有良知,它对于自己是什么和要做什么不负责任,对任何事都没有负罪感。“常人”对事物负责,因为我是我所是的一切和我所为的一切,原因在于它是“一个人”的所是和所为。罪与责放在了“常人”的肩上。我甚至不去作任何实际的选择:我只要遵循“常人”所规定的惯例。

传统意义上的良知基于道德、根据指令实施什么行为或禁止什么行为。它常常被看做朝一个人呼喊的声音,有时被看做是上帝的声音,尽管并不是一成不变的。就这个意义上的“良知”来讲,陷入常人-自我中的某个人会缺乏良知。良知告诉**我**做什么和不做什么,我是一个独立的自我,而不是常人-自我。它也许会告诉我不要做**常人**做的事或者告诉我去做他人不做的事。如果我还没有避开常人-自我,我就无法拥有这种意义上的良知:我不把自己看做区别于他人的个体,从自己出发作出选择。海德格尔用了同一个词Gewissen,来指代传统意义上的良知和他所认为的具有更基本意义的良知,但是为方便起见,以下分别用平常书写的“良知”(conscience)和大写开头的“良知”(Conscience)来区分它们①。不是每个人都有传统意义上的良知,但是每个人都有**良知**。**良知**不会告诉我具体作出或避免什么选择,或者采取或省略什么行动,但是会呼唤我作出选择、采取行动并且为此负责。在我可以选择之前,我必须选择去作出选择。正是**良知**让我作出这个选择的。只有在我已经选择了

① 以下译文中用“良知”和加粗的“**良知**”来区分conscience和Conscience。——编注

作出选择，回应了**良知**的呼唤，我才具备了良知。如果我听到了**良知**呼唤，是因为我想拥有**良知**。每个人都有**良知**，而且它也会不断地呼唤每个人。但是不是每个人都会给予回应，而且没有人会在任何时刻都给予回应。这就是为什么良知的呼唤只会是时断时续的。

如果我完全受"常人"奴役，我怎么能听到**良知**的呼唤？**良知**的呼唤又是怎么来的？这呼唤不是来自于上帝，也不是来自任何第三者。即使来自那里，这一点对回答我们的问题也没有多大帮助。我们仍然可以问：为什么有些人听到了上帝的呼唤而其他人却没有？是不是上帝的呼唤对有些人声音大一些而对其他人声音就更轻柔呢？抑或是有些睡眠者比其他人睡得更死呢？若是这样，**良知**的呼唤就像一个只能叫醒浅睡眠者的闹钟的响铃一样。但是这声音并不是来自外部世界，它来自此在自身；此在呼唤此在。它可以来自于此在自身，因为此在从未完全或不可挽回地迷失在**常人**中。此在退回到那些**常人**的安全境地，多亏了"此在面对自身的逃遁——面对作为使之成其为自己的本真能力的自身"（《存在与时间》，184）。但是，此在必须瞥见它所逃离的事物。正是它对本真自我的残留意识，才使此在既能呼唤自身又能间或对呼唤作出反应。

负罪和虚无

当此在回应**良知**的呼唤时，它想过同时拥有良知和**良知**吗？它是否获得了传统意义上的良知？海德格尔似乎并未对此给予肯定的回答。**良知**的呼唤，跟良知的呼唤一样，向此在揭示的是它是**负罪**的。但是这个意义上的**罪**（Guilt，这里的大写字母G同样表明是海德格尔的特殊用法）并不是此在只是偶尔服从的某种事物。每个此在都是负罪的,但只有本真此在揭示了它的负罪,而且在完全意识到负罪的情况下做事。关于原初的、无法消除的负罪的观念不是海德格尔的原创。他有时会把它归到歌德身上:“正如歌德也同样说过,行为者总是不凭良知做事的(gewissenlos,字面意为‘没有良知’)。在我选择想拥有良知的时候我才能真正地按良知做事。”(xx.141)只是因为每个人都是**负罪**的,所以任何人都可能负罪。

为什么此在会负罪?以下有几个观点在发挥作用。此在**自己**作选择;它不能把对自身的责任转嫁到**常人**或其他任何人身上。此在从几种可能性中选择了一种;它必然会忽略一些有价值的可能性而倾向于它已选择的那个。任何选择都会有此在没有预见到或无意想要的后果,但是对于这些后果它同样要负责。本真性的选择有可能触犯由**常人**建立的规则。总而言之,当此在作选择时,也就是为了它的整个生命而不是接下来的两天选择一种存在方式时,它并没有什么最根本的理由作出这个选择而不是另外一个:“我们把‘负罪’的形式性存在观念定义为:一个被定义为‘非’其所是的存在者的存在-基础,作为虚无的存在-基础。”(《存在与时间》, 283)

为什么此在是虚无的基础?在它的一般日常性中,此在所作的决定是对它之前做过的事情的自然而然的跟进。比如说,我答应不迟于明天修好马丁的鞋,因此我必须在今天下午开始修这双鞋。即使我面临两难的困境——我应该让马丁赊帐吗?能赊的话可以赊多少给他呢?——也有一些现成的步骤可以用于解决这个问题。**常人**知道我在这种情况下应该干什么;我总是能按照他们说我应该做的去做。但是如果我选择的是整体生活的进程,情形就不一样了。我是否一直做一个鞋匠或者我是否应该成为一名牧师或进入政界?我过去的生活中没有什么能让我自然地去选择其中一项而不是另一项,因为我不是在一种事先确定的生活计划中来决定下一步该怎么走,而是在决定我的生活在整体上怎么走。咨询**常人**也没有用。常人很有可能会说放弃做鞋的决定是愚蠢的。但是无论他们说什么都不再相关。我在选择我自己的生活,而不是他们的,而我这么做的事实也暗示了我已摆脱了他们的控制。奔向我的死亡又转向我的出生已经取代了向常人-自我求助来作为决定事情的方式。但是,如此一来我的选择似乎就缺少外在的基础。我为自己所规划的生活是一种虚无。如果我反思可供我选择的选项,情形也不会更好。这不再是**常人**递给我看的一个菜单,而是一种事实。但是它受一种情形的制约:我不是自己选择。例如,我无法成为身披盔甲的骑士或者一名宇航员。与对事物的日常观点相反,**良知**呼唤的人生抉择似乎完全是偶然的。正如约翰逊博士所说的:"只依赖理性选择一种未来的生活模式而不是另一种,这要求使用造物主并不乐意给予我们的那些能力。"

决心

那么本真的此在做什么呢?它变得坚决、果断,即entschlossen,这个词语与表示"揭蔽"的erschlossen有关,而它本身在字面上就有"揭解、揭开"的意思。因而,"决心(entschlossenheit)是此在的揭示性(Erschlossenheit)的一种特别模式"(《存在与时间》,297)。决心以一种新的方法来揭蔽此在;此在从它的诞生到死亡对其生命作整体性的考察。它以一种新的方式揭蔽了世界和存在于其中的事物,包括其他人。因而它揭蔽的一系列可能性是不为日常此在所见的,迷失在那些

常人之中的。海德格尔对决心的描述受到了他对圣保罗、圣奥古斯丁以及马丁·路德信仰皈依所作研究的影响。保罗在去大马士革的路上见到圣光之后,尽管身处的是同一个世界,但是一切看上去都不同了。决心赋予此在的决定以命运攸关的重要性,尽管此在的投射是虚无的:路德说的不是"可能这是我应该做的",而是"我站在这里,我只能这样做"。此在坚定地振作起来,同时也敞开了自己。后来在《存在与时间》中,海德格尔用了Augenblick这个词——字面意思是"眼睛-瞥见",但是一般德国人将它用作"瞬间"或"时刻"的意思——表示"寻视的时刻",在其中决断的此在审视隐藏在其情形中的可能性并作出决定性选择。

决断的此在应作出什么选择呢?它的选择会是对的还是错的?有没有什么标准来判断它的对错?传统意义上的良知常被认为容易犯错。决心会犯错吗?海德格尔没有暗示它会,也没有暗示有任何方式可以离开用来作出选择的决心去评估这个选择。毕竟,本真的此在不可能只是遵循他人关于对错的说法,它也不会求助于已确立的道德准则。任何可能向它建议的准则或标准本身就是必须选择或摈弃的东西。

卡尔·洛维特记录了海德格尔一个学生讲的笑话:"我很决断,只有在我面对我所不知道的事情的时候。"(洛维特,30)这是不合理的。一个决断之人很清楚他不得不做什么,即使他像保罗那样只能等待上帝的指示。但是没有哪一件事是一个决断人不得不做的,也没有什么规则是我们或某个具体的人可以据以决定应该做什么的。海德格尔自己在追求哲学的过程中非常决断,但是他并不可以因此就推荐这条路给所有人甚或那些具备条件的人。海德格尔总是拒绝写伦理学方面的书。他暗示说,

“一项具体的道德规范”的存在并不取决于我们拥有一种“作为绝对约束性科学的伦理规范”(xvii. 85)。我们都知道,即使在没有哲学和道德规范帮助的情况下,一般我们也应该还债或者恪守诺言。但是临到要面对有关我们生活方式的重大抉择时,一项具体的道德规范不会有什么帮助:要么它无法对我们的问题给予毫不含糊的回答,要么它自身也有问题。但是一种“作为绝对约束性科学的伦理规范”也没有什么用处。这种伦理也会让事情悬而未决或者它本身也有问题。海德格尔对基本抉择的态度与他对真理的态度一样。与事实相符并不见得就是真理,在最基本的情形中也不存在什么标准用来判断一个观点的真假。最好的办法就是具备“源始性”,尽可能地回溯到源头,而不要顾及那些常人的当前智慧。因此,还是要作选择。对于生活中的基本问题没有什么客观正确的答案,也没有识别这些答案的决定程序。最好就是一个人要变得决断,从人群中抽身出来,着眼于自己的生命整体作出抉择。一个人的选择就像他的断言,总是在一个特定的情境下作出的。对我来说在这个场合的好选择对他人无论是现在或以后不见得就是好选择,即使对以后场合中的我来说也不见得如此。然而,对此又没有什么解决办法。于是,要想保证我现在做的事情——比如说写这本书——在二十年后得到我的同意,唯一的办法就是把这件事推迟到二十年后。

为什么要有决心?

一个此在注重**良知**的呼唤而且在有决心的本真中奔向死亡。而另一个此在并不这样。前者比后者好吗?如果好的话,为什么呢?为什么有决心要比跟着日常性随波逐流好呢?如果海德格尔当时提倡要有决心,那他就是在提出一种伦理。当然,就我们的行为来看,它不是一种明确的伦理。有决心的此在无须决定放弃做鞋而去过一种更令人兴奋的生活。但是如果它继续做鞋,做鞋时就会“伴随着冷静的焦虑,使我们直面个体化的存在能力,……一种在这种可能性中无法撼动的快乐”(《存在与时间》, 310)。他暗示说,这比你仅仅由于从来没想到过干别的事而一直做鞋好。

有决心**在道德上**并不就比没有决心好。它并不保证我们要在道德上表现得更好或我们更有可能这样做。(希特勒并不比耶稣和和苏格拉底少半点决心。)也不是说有决心在道德上就会内在性地优越于没有决心。有决心的好处在于,有决心的此在会揭蔽自身、自身的可能性以及整体性,而没有决心的此在就不会这样做。日常性沉沦的此在就像我们所看到的,会倾向于错误地阐释自身:“我们自身所是的实体从本体论上讲是最远的实体。”(《存在与时间》, 311;参见《存在与时间》, 15)(参见 lxiii. 32:“此在说及自己,以某种方式审视自己,但是它只是一个面具,它把面具放在面前目的是为了不让自己恐惧。”)我们需要审视有决心的此在才能看见此在实际的样子。但是这会引来不少问题。海德格尔是不是认为有决心的此在就是**实际意义上的**此在,而没有决心的此在却不是这样的呢?如果是这样的话,有什么权利这样认为?我们绝大部分人在大部分时间都是没有决心的。为什么会认为我们只在有决心时才能成其为自己?为什么只有有决心的此在才能看清自己的实际样子?如果没有决心的此在把自己阐释为其他事物中的一种或者是人群中的一员,为什么这么做会被认为是错的呢?有决心的此在也许不是一个**事物**,而没有决心的此在或许会是。

海德格尔的回答是这样的：有决心和没有决心、本真和非本真都是此在存在的方式。从这个意义上讲，没有谁比谁优先。但是，没有决心的非本真此在不能对它自身的境况或者对决心给予恰当的阐释。这正如当一个人睡着或者在做白日梦时，这个人**既**不能对睡觉和做白日梦**也**不能对清醒和警觉给予足够的阐释。要阐释"常人"中的日常性和消散性，就需要间离出或超越这些状态。海德格尔在一生当中都深受着柏拉图在《理想国》中所讲的寓言的影响：普通人是洞中的囚犯，看着墙上的影子；其中有些人逃到了洞上面的世界，在那里他们看到了真正的客体，后来又看到了太阳本身；他们回到洞里劝说其他人也逃跑。只有一个曾经从洞中逃脱的人才能对洞里的情形和洞外的情形进行准确的描述。类似地，只有有决心才能对没有决心和有决心作出正确的描述。要成为一名哲学家就必须要有决心。首先，这个人必须脱离日常性的包围。其次，他必须凌驾于现有的哲学境况及其身后的传统之上。如果不想只研究单调的常规哲学，他就不能只是接受哲学史上传承下来的观念、学说和问题。他得奔向自身的死亡，回溯过去，回到哲学传统的源头。这样他就是把握传统而不是被传统把握，他就把**常人**远远甩在了身后。或者正如海德格尔所说的："当一种研究工作，一方面像所有研究一样，其本身具有所揭蔽的此在的一种存在方式，另一方面又要使属于生存的存在之领会成形为概念，这种研究竟能不包含这种对此在本质性的筹划活动吗？"（《存在与时间》, 315）当然不能，就像不能期待此在在睡梦中进行哲学思考一样。

第八章

时间性、超验和自由

时间现在已经回到其自身之中。此在只有在时间中或经历时间才是有决心的。但是我们不应该说此在是“在”时间中或“经历”了时间。与世界一样,时间并不是此在存在于其中的容器。事实上,原初的并不是时间(Zeit),而是此在的及时性和时间性(Zeitlichkeit)。海德格尔的标准思路如下:原初的现象并不是世界、空间、时间或历史,而是此在在世界中的存在、此在的空间性、时间性或历史性。起初看起来像是由名词来表示的某个事物或物质,会成为用形容词或副词表示的此在存在的一种方式。此在处于事物的中心。“时间即此在。”(《时间的概念》,20)不仅如此,时间还是我的时间,一个个体此在的时间:“就时间在每一种情形中属于我的来讲,有着各种时间。时间本身是无意义的;时间是瞬时的。”(《时间的概念》, 21)如果不是海德格尔坚持认为此在并非一个“主体”的话,听起来似乎时间具有无以复加的主观性,似乎每一个有决心的行为者都有自己的时间,以自己的死亡告终,并与其他任何一位行为者的时间无关。但事情并没有那么糟。主体间的“世界时间”,对所有此在都一样的**那个**时间,作为派生性的现象而毫不失真地获得修复。

在《存在与时间》中至少有四种时间和时间性。首先是“源始"或"本真"的时间性,即有决心的此在的时间性。其次是非本真的时间性,即日常此在和/或沉沦此在的时间性。第三,世界时间,即我们在世界中遭遇事物的公共时间。最后是"庸俗"或"庸常"的时间,即从亚里士多德到柏格森的哲学家们所构建的时间,作为同质的、无休止的"当下"或瞬时构成的连续体的时间。这些时间概念中的每一个(除第一个外)在海德格尔看来都源自它的前一个概念。这也是他的思路的常规特点之一。他并没有(像胡塞尔或许会做的那样)从明显较为简单的现象出发——作为瞬间连续体的时间,或者在其他情况下,作为生命有机体或者仅仅是现成在手的东西——然后在此基础上构建更复杂的现象:本真时间性、此在或者有待上手的东西。他从比较丰富的、更为复杂的现象出发,通过不断地"修正"这个现象,并且在一些情形中还会剥离掉它的一些特点,来派生出较为简单的现象。比如说,非人类的动物会被"以褫夺方式"理解为缺少此在所具备的某些特点;此在不应该被看做是有着额外附加特征(比如理性)的动物。海德格尔基于现象学和本体论两个方面的理由沿着这个思路出发,从复杂到简单。我们不会自然地把我们自己看成是附加着理性的动物有机体,或者把我们的抉择时间看成是一个由同质瞬间组成的连续体,这个连续体被我们的决定赋予了意义。这种复杂体不是**合成**的:它不是通过较简单元素的合成建构起来的,也不能被分析成它似乎是这样的。从历史层面看,时间(或者我们的时间经验)开始并不是作为沉闷的当下-连续体进入世界的。它首先作为有决心的此在的时间出现,是致力于将秩序和意义强加给一个明显有着敌意或态度漠然的环境的此在。

本真的时间性

决断的此在奔向自身死亡，又回顾自身的曾在后才决定当前——本真当前，或者说Augenblick，即寻视——做什么。它之所以回顾过去，是因为除非它了解自己是如何走到现在的情境的，否则它就无法完全掌握现时的情形或决定如何应对。举个例子，我不能决定从此刻往后怎么写，除非我知道我在这本书前面都写了什么。即使继续下去没有任何问题也是如此。如果我的决定引起了更多问题，比如说如果我已经决定要重构这本书或者说因为一直以来的错误设想而陷入了混乱，我就需要研究我早先的写作，甚至更早一些的。然而，决断的此在回顾比这更早的过去。要回顾多远、到达哪里？回到1889年的梅斯基希？还是回到柏拉图所在的公元前4世纪？海德格尔偶然提到了诞生："此在以出生的方式存在着；它也已经在**向死存在**这个意义上以出生的方式死亡着。只要此在的存在是个事实，它的'终点'和'中间过程'就都是**存在**着的。"(《存在与时间》, 374)但是他提及诞生的频率没有提及死亡的频率高；他也没有暗示时间自人诞生始正如它到人死亡终。这是有原因的。人的有效生命自其诞生始到其死亡终。但是承载了一个人现时情形的过去并不一定是从他诞生时开始的。在作一些决策时，人会回溯到自己的诞生之时。在决定要埋在梅斯基希时，海德格尔必须回忆起他是在那出生的。但是有些决定牵涉到过去更广的时间范围。在决定要重新考虑存在的问题时，他需要回顾古希腊时期的哲学家们，而不仅仅是自他出生之后写就的哲学文献。当然，人所做的事情和制造的任何东西都可以在两个背景中加以考虑：**既**可以在自己的生活背景中，**又**可以在历史传统的大背景中。海德格尔的婚姻和他的安葬都属于婚姻和安葬的传统，也属于他自己的生活。《存在与时间》同样既可以被看做是海德格尔生活中的一个事件，也可以被看做是自公元前7世纪以来哲学传统的一个阶段。在决定婚姻或安葬地时，只强调自己的生活而把传统仅当做理所当然，这看起来是合适的。但是在决定如何写一本像《存在与时间》这样的书时，这样做并不是自然而然的。一个人自己的生活与决定到底**写不写**一本书是相关的。但是当一个人决定了要写一本哲学类的书，他自己的生活（包括诸如对获得使用权的预见）就退回到背景的位置，而哲学传统成为更突出的焦点。在奔向未来时，相反地，我不能超越自己的死亡，至少不能超越很多。与其他事情一样，哲学很有可能在我死后会继续，但是我对将来可能的情形概念还很模糊，无法对它作出很多描述。最多我可以安排死后作品的出版，期待人们会阅读、理解和相信它们。

因此，决断的此在拥有的是在死亡来临时就结束的未来，可延伸到诞生或者更早些的过去，另外还有它的现在。海德格尔把这些称做“绽出”，这个词的希腊文来源原意是“置身事外、向前”，因此引申为“撤消、错位”，后又引申为“身不由己、出神、处于狂喜的精神状态”。（“绽出”与“存在”相关，两者核心意义相同。）海德格尔说，时间性从根本上涉及这些绽出。他们对于时间是瞬时的连续这种看法要么是完全否认，要么认为只是以后才会发生的事。伽利略作为物理学家所烦的是两只不同重量的球从斜坡上滚下来**耗时多少**，而不是它们在过去、现在或将来是否从斜坡上滚下来。但是伽利略不得不决定完成这个实验，这个决定涉及到决断此在的绽出的时间性，而此在是拥有曾在、当前和将来的。

对决断此在来说，未来当然是最重要的绽出，但是对于犹豫不决的此在来说，未来是经过“修正”的绽出。时间本质上而且首先是用来做事情、用于做事情，这直接涉及未来多过涉及过去或现在。德国人有关“未来”的词Zukunft，字面意思指“来临，或趋向”；核心意思是说事件从未来来到我们身边或者走近我们。海德格尔持有不同的观点：此在自己奔向死亡而且随后从未来“奔向它自己”。它没有仅仅回归当前，而是从未来、死亡返回曾在。“曾在”在德文中的一般对应词是Vergangenheit。但是，这给海德格尔的暗示是过去是死的、已逝的。此在所重新返回的过去是在现在中存在的过去，是给现在以信息来源和告知其内含的可能性的过去。为此他用了Gewesenheit，即“曾在性”一词。此在的过去不是它留在身后的已死的、逝去的事物。相关的过去，即承载了现时情境的过去，来自于将来。此在接着从过去返回进入现在，并且在现在决定具体的行动。“现在”在德文中的一般对应词是Gegenwart，本意为“向……等待着”，但海德格尔把它与动词gegenwärtigen，即“当前化”联系起来并赋予它以新的意义：“只有**当前**具备了当前化意义时，决断才能被称为决断，也就是说，让它自己与它采取行动时加以把握的东西坦诚相见。”(《存在与时间》, 326)“当前化”指的是当前，“保留”是指曾在，而“等待”或期待是就将来而言；海德格尔避免用诸如“感知”这样明确而独立的词。犹豫不决的此在像决断的此在一样也有当前（Gegenwart）。只有决断此在有本真当前(Augenblick)，即眼下。

时间性和烦

此在任何时刻都具有在其整个生命中进行横向往返的能

力——奔向死亡，回归诞生时，或返回现实——使它成为一个统一的自我：此在迸裂成三部分分别进入过去、现在和未来，然后又重新组合成一个整体——比起一串珠子，它更像一根松紧带。瞬时的三分式结构与我们此前描述此在时遇到的很多三层结构相符。海德格尔因此"重复"或重写了之前描述时间性的一些结果。如我们所见，烦是一个三层结构：它"(1)先于自身(2)已在(世界中)(3)(与世上他物)共在"(《存在与时间》，192)。第一层，先于自身，与未来首先相关。每个此在都是先于自身的，且取决于某物。在决断情况下，它的表现形式是奔向死亡，但在非本真性情况下，它被稀释为纯粹的"等待"，等着看将要发生的事和准备好处理这些事。将来与理解也是一致的，理解根本上是指向将来的：它知道如何处理事情而且在最本真的形式下知道如何生活。将来也是隶属于生存，即此在对自身存在的控制。烦的第二层——已在世界中——涉及的是曾在。此在已经被"抛"到这世上，受到"实际状态"的阻碍，这种实际状态是它自身的偶然特征，也是它所处的自身行为之外的、要充分利用的环境的偶然特征。被抛和实际性是由焦虑一类的情绪所揭蔽的，而这些情绪首先指向的是过去。[焦虑是指向过去的，因为它"所焦虑的是赤裸的此在作为某物被抛进陌异"(《存在与时间》，343)。焦虑的非本真性对应的是害怕，也是指向过去的，因为它涉及个人在迷惑中已经"忘记自身"(《存在与时间》，342)。]第三层是与世上他物共在，首先涉及的是现在，即"当前化"，意味着"使自己遇见"自己所处环境中的事物。沉沦也与当前有关：沉沦的此在烦的是当前是什么，它的直接职责和现时的流言是什么，而不是烦漫长的过去和将来。谈话或对话，与理解、情绪和沉沦同为此在的中心特征之一，并不属于任何绽出，但是却位于这三者之上;时态对言说是本质性的。

时间性和在世存在

日常此在多数是犹豫不决的。这并不一定意味着它就是易变和摇摆不定的,或者说它不尽职。它有工作要做并且它专注于工作,而不是在烦恼这到底是不是度过一生的合适方式。它有点沉迷于现在而不是将来。它在挥舞用具,比如说一把锤子,把钉子撞进皮革里。但是海德格尔坚持认为,"一个用具","在本体论上是不可能的"(《存在与时间》,353)。用具总是作为工作场所暗含的一个互指设备系统的一部分。("不可能性"只是"本体论上的":海德格尔并未排除我只有一个用具的"本体"可能性,因为其他用具都被偷了或者在沉船事故中丢失了。他的确排除了我已经发明了一只轮子但是还没有想过用轮子来干什么的可能。)当我使用锤子时,我就在让它当前化了。它是我现在所关注的焦点。而**那里**的工作场所作为一个整体对我又有什么意义?如果我只是在让事物当前化,那它对我是无意义的。我现在并不能看见整个工作场所的全部,更不要说看到或者清楚地想到我的顾客了。我"保留"现在我用不上的设备、我的顾客等等。我没有清晰地回忆起他们,对于他们的存在我也是无意识的。就像我忘我地沉浸在工作中一样,我也忘记了他们。这就是每日与过去的关系。同样地,我也在"等待"或期待一些事——在一种弱意义上这与我期待我的马获胜不一样。我希望我的锤子能正常好用,我期待钉子在我需要的时候就在那边,我不希望在我拿钉子时摸到的是一只老鼠。我注意到了坏掉的用具、丢失的用具以及意料之外的闯入者。如果"我所烦的事只是一连串'经历'在'及时'推进,那我就不能注意到这些了"。

所有这些必须“是基于在等待和保留中当前化的绽出的整体”（《存在与时间》，355）。因此是时间，绽出的时间性，使在世存在成为可能，使时间成为绽出的时间。

时间、超越和自由

海德格尔偶尔在《存在与时间》（364及其后）中，但更经常地在后期的作品中（xxvi;《根据的本质》），把在世存在和此在的“超越性”等同起来。此在的超越并不是说它是或者成为了另一个世界的实体，也不是说它设法克服了自身主观性的障碍并且与世外物体取得了联系——并不存在这些障碍。此在超越了、先进于它所处世界的任何一个特定实体。如果此在没有超越呢？石头不会超越，昆虫、狗、上帝也不。石头、昆虫和狗都不同程度地被它们所处环境中的事物簇拥着。它们做的任何事都取决于它们的直接环境。事物离得太近，太具有压迫感，因而不能被“遭遇”。上帝也不能遭遇实体，不是因为实体挤满了他的周围，而是因为它们完全是他创造的，对他来说是完全而且永远透明的，受他差遣。相反，此在超越了其他实体并且投射出一个此在与这些实体在其中保持临界距离的世界。因此此在（不同于上帝）是有限的，它处于存在物中间并且给它们留下了自我的空间，因而可以与它们遭遇而不是创造它们。但是（不同于石头和动物）此在有自由的生存空间，不受它的直接环境或任何特定的实体的控制。此在让事物独立存在，同时其他事物也让它独立。

打个比方：在自我封闭的等级组织中（比如说家长制的家庭），成员们不能选择他们之间的关系——跟谁有关或有怎样的关系。那些处于等级制度底层的成员要接受他们的上级阶层的命令；他们的任何关系和多数行为都是上级指定的。他们都是渺小人物。位于等级顶端的人控制了他以下的所有人;其他人所做的都是由他决定。他是上帝。小人物和上帝都不能遭遇真正的**其他人**,而只能遭遇无情的暴君和阿谀奉承的属下。但是此在能超越这任何的他人和任何这样的关系。它不是非得与这个人或那个人以某种方式关联。它可以选择"共在",即与谁关联、如何关联。它可以保留他人的原样,让其成为独立的其他人而不受它的差遣,正如它从不受他们差遣一样。这并不是说此在可以随心所欲。其他人对它也有所限制。此在不是上帝,它的在世存在也是如此。此在允许其他事物(包括其他的此在)自由活动,而它们也给它以自由的空间。只有这样它才能遭遇其他存在物。它并不是先遭遇其他存在物,然后将世界性和意义加于它们。除非它超越了它们,到达了另一个世界然后又从中返回到特定的实体,就像蜘蛛织网遇到苍蝇时那样,否则它根本无法遭遇它们。(此在也在现实主义与理想主义之间的道路上行进。如果现实主义或唯物主义是正确的,此在就会像个小人物一样。如果理想主义是对的,他就像上帝一样。但是此在位于两者之间:在上帝和渺渺众生之间,在诞生和死亡之间,在它自身和世界之间。)

此在的超越取决于它绽出的时间性,这是其他实体所不具备的。此在具有将来、过去和现在。这些绽出中的每一个都是一条"地平线",或者更像以地平线为边界的一块田地。每一个都被定义为人类目的性活动的三个方面之一,而且这是它的"地平线图式"或"格局"。首先,"为了它自身的原因",即此在的目的和意图——将来的图式。(此在本质上不是**以自我为中心**的。我的目的可能是帮助他人,但这仍然是**我的**目的。)其次,此在被"迎面"抛向的事物,即不属于我自身结构的背景情形——过去的图式。最后，“为了……”，即我为达成意图和目的所使用的设备——现在的图式。

绽出的时间性在两方面超越了特定的实体。一方面，绽出物不仅仅是遭遇于其中的事物和事件的集合。我跑向未来并不知道将来会发生什么，只知道我死亡的年份是不确定的。当我回顾过去，比如说一直回溯到我的诞生，我不会沿着时间轴的相反方向去回忆过去的每一件事。我已经忘记这其中的大部分事件，虽然我曾经经历过，因此我倾向于回忆一些比较重要的事件。另一方面，绽出的时间性把特定实体首先看做各种可能性而不是现实性。我被抛进的过去有意义并不是因为它本身的意义，而是因为它对我继续以后的生活所呈现的各种可能性。长凳上的锤子并不只是一个实在物体。它是我也许能用或用不上、我可能用做这种用途或那种用途的物体，超越了锤子本身和对我的用途。此在超越了它自己现在的状态。我现在的兴趣是它能赋予我什么能力或让我成为什么。

因此此在朝向世界超越并在时间性之中超越。这些超越在结构上看起来相似。但是，为什么我们应该同意海德格尔的以下观点：这两种超越本质上是相连的；在而且只有在此在超越了世界时它才超越了时间性，更不要说它对世界的超越是基于它对时间性的超越？毋庸置疑，在海德格尔看来不存在没有时间性的世界。但是，难道不存在没有世界的时间性么？不会存在，理由至少有如下两点。首先，除此在自身，不可能存在没有实体（此在本身之外的其他实体）的时间性。时间不仅仅是现在的连续体。时间是利用事物来做事情。时间在指向事物和事件时被注明日期，比如说我出生的时间，或某某死亡的时间。此外，事物和事件不能仅仅是按时间顺序串联起来而不隶属于世界，即使是在某个单一的时段。我以后会用到的钉子即使现在也是在柜厨中的盒子里的。梅斯基希镇，我所出生和最终被安葬的地方现在依然在那儿，尽管我已经有些时候没在那里了。时间溢出并进入了世界。其次，此在那由它的时间性保障的自由，如我们所见，要求在世界之中存在。鉴于存在物的存在，此在必须超越它们，把它们放置到一个世界中，并与它们保持一定距离。

此在真的是自由的吗？难道它的选择和行动不是源于或基于不受它控制的事物或事件？海德格尔的回答是否定的。在后期作品中，他声称那些根据是预设而不是消除了此在的自由（xxvi; xxxi;《根据的本质》）。如果实体仅仅被看做是现实的，我们就无法追问它们的根据。我们只会问某事物的根据或起因，比如说法国大革命或者英国巨石阵，如果我们认为这一事物还有其他的可能性，即它只是各种可能性中的一种。但是，正是此在的自由和超越使它——事实上是要求它——把实体看做各种可能性而不是纯粹的现实情况。因此此在要问事物的根据。它问“为什么？”：“人类首先不是说不的，也不是说是的；而是问‘为什么’的。”（xxvi. 280）此在把任何特定的存在物都看做一种可能并追问其根据。它也会追问所有存在物的根据。它会问：“为什么不是有存在而无不存在呢？”（xxvi; 《形而上学导论》）它这么问是因为在决断和焦虑的时刻，它把所有存在物整体上看做一种可能而不是纯粹的现实。因此不仅仅是经验科学，形而上学——莱布尼茨和谢林的伟大哲学形式——也是深植于此在的自由中的：“形而上学属于人类的本质……存在本身就已经是哲学活动了。”（xxvi. 274）

海德格尔严肃地看待康德有关实践理性之首要地位的教义——也许比康德本人更严肃。

第九章

历史与世界时间

在《存在与时间》第二篇第五章中，海德格尔中断了关于时间的论述，转而思考“时间性与历史性”。他对于时间的兴趣可以追溯到1916年的《历史科学中的时间概念》一文。文中指出，历史学家不能与自然科学家一样将时间视为纯粹定量与恒常之物。历史时间包含了定性的明确的时期，如维多利亚时代，这一时期的意义绝不仅仅取决于以年份计量的长短。19世纪德国历史学科蓬勃发展，历史哲学也随之产生。对于海德格尔深有影响的人物是威廉·狄尔泰（1833—1911），其著作合集于1913年起面世。狄尔泰在进行文化历史学研究的同时，也尝试着像康德研究自然科学那样研究历史，详细揭示出人类得以研究历史的**先决**条件。另一位重要人物则是奥斯瓦尔德·斯宾格勒（1880—1936），海德格尔在早期讲演中经常提及其姓名（尽管《存在与时间》倒是并未提及）。在《西方的没落》（两卷，1918，1922）一书中，斯宾格勒将过去呈现为一系列不同的、自足的文化，其中每一种文化都如生物一般经历了发展、成熟、衰败的过程。在斯宾格勒看来，思想与价值观总是与特定文化相联系，不具备普适性。即便是数学也取决于文化：古希腊数学与现代数学大相径庭，且前者并非仅仅是后者的一个组成部分。

包括海德格尔在内的广大研究时间的哲学家均对这一历史相对论问题给予了关注。在早期讲演中他引用了爱德华·斯普朗格的论述：

> 我们所有人——李凯尔特、现象学家们、从狄尔泰开始的倾向——都聚集到一起抗争历史中的永恒性，抗争意义领域及其在已出现的某种具体文化中的表达，抗争超乎纯主观而涉及客观正当性的价值观理论。
>
> （xxi.91; lxiii.42）

对于斯普朗格的用语，海德格尔并不苟同：他不喜欢谈论"价值观"以及"感觉领域"，戏称其为"野蛮人的柏拉图主义"（xxi.91）。不过他赞同相对论是个问题的说法，并指出迄今存在三种解决方法。其一由斯宾格勒提出，主张给予历史以完全的自由，承认并不存在超历史的客观性，1927年发生的事件与公元前500年发生的事件同样不真实。其二为柏拉图主义，力图从变换的历史背景中提炼出永恒的真理与价值观，如果说不是忽视整个历史的话。斯普朗格对这一解决方法情有独钟，笛卡尔与胡塞尔也同样如此。笛卡尔藐视历史，因其缺乏数学与物理学的确定性。胡塞尔对历史、乃至哲学史都不上心。在他与笛卡尔看来，哲学是基于直觉的明显的事实，这一事实在原则上随时都清晰可辨。观念史与其事实性无关。第三种解决方法是前二者"折衷"的结果——海德格尔将其与格奥尔格·齐美尔（1858—1918）相联系：它"承认一小部分绝对价值观，却仅仅以相关联的形式包含在历史背景之中"（lx.48）。

这些解决方法没有一种对海德格尔合适。他坚称，哲学中不存在妥协之法以使我们把握事物的实质。哲学家总是“初学者”(lxi.13)。也不存在不考虑历史背景的显而易见的、清晰可辨的事实。胡塞尔对于“真实性”与“有效性”的区分是“陈腐的柏拉图主义”(xvii.94)。它忽视了这样一个事实,即我们当前的状况充斥于历史传统之中,而我们就是在这样的状况下辨别自己所做的事实。历史并非消逝远去的事物,它正是我们当前的状况。(xvii. 114)因而系统哲学与哲学史之间的对立是站不住脚的。哲学史与当前密切相关。我们需要研究它,以使自己从其赋予我们的不合适的类别中解放出来。另一方面,我们同样需要从事系统哲学,用先有、先见、前概念武装自己,如果我们想了解哲学史的话。这对于任何历史都是适用的。为了欣赏历史资源如文件或硬币,我先得对曾在有所了解。(lviii.204)仅占有历史遗物并不能使我们成为历史学家:我们必须武装起来,将其视**为**某些过去事件的证据。这一预先武装属于现在。

先前的历史哲学家们——柏拉图主义者、斯宾格勒,以及折衷者——犯下了三个相关联的错误。他们无视曾在与当前的纠结。他们仅仅通过历史学家的眼睛去观察历史的曾在,即被编纂好了的历史。他们忽视了此在和此在固有的历史性。个体的此在多消融于一种文化当中:“李凯尔特说,独特的人类个体不过是对文化价值观作出的贡献。在此,个体的概念纯粹是按照柏拉图式来理解的。”(lx.50)或者消融于人文主义之中:狄尔泰“坚守着传统历史观,而我认为它是人文主义观念统治下的美学历史观”(xvii.92)。一旦此在再次显示出其独特性,我们便可发现过去与现在的连续性。历史是过去的此在及其世界的历史,而非与我们自己的文化截然不同的无名文化或时期的历史。

事件、历史、命运

"历史"一词既指事件(尤其是过去的事件),又指对于此类事件的研究或叙述。德语中"历史"有两个对应词,Historic和Geschichte。二者同样模棱两可。而海德格尔将Historic专用于对曾在事件的研究或叙述,即"编史"或"历史学"。Geschichte用于Historic所研究的历史,虽然海德格尔偏好将其独立于Historic进行考察。"历史的"(geschichtlich)与"历史性"(Geschichtlichkeit)二词源自Geschichte。另外两个与Geschichte相关的词是Schicksal,"命运"与Geschick,"天命"。然而,这些词语同Geschichte本身一样,最终都源自geschehen,这是一个表示"出现"或"发生"的普通词,可是在海德格尔的文本中常被译为"演历",以反映其与Geschichte的紧密联系。

如果我们忽视德语构词的偶然性,这些概念——历史、事件、命运——似乎十分相异。它们是如何组合的?让我们从事件或"演历"开始,因为这显然是所有这些概念中最为简单的。什么**发生了**?此在**发生了**。此在在它的出生和灭亡之间伸展,"此在沿着独特的运动伸展,独特的运动自身也在伸展,我们称之为'演历'"(《存在与时间》, 375)。此在并不作为一系列由持续主体所产生的瞬间经验而发生。它是这样发生的:向死而在,回归出生之时,决断地在当前"瞬间"中选择一种可能性,在"自我坚持"中坚定不移。这种可能性就是此在的命运:

> 一旦人领悟到自身存在的有限性,它就会使人脱离无尽无数的可能性,这些可能性为它们自身提供了与人同样接近的——溺乐、避重就轻——把此在带到其简单

的命运中。

（《存在与时间》，384）

只有拥有此种意义上的命运的人才能忍受外在意义上的命运。优柔寡断之辈随波逐流，也许时运欠佳，但他却无力承受命运的打击。“命运”与“天命”是不同的：

> 然而倘若命运使然的此在作为在世存在原本便因与他人共存而在，其演历便是共同演历，被限定为天命。这就是我们标示一个民族的群体演历的方式。
>
> （《存在与时间》，384）

天命并非把单独个体的命运简单相加。经由在伴随共享历史的共同世界中的互动，我们的命运被精心安排为一个单独的天命：

> 只有在交流与挣扎中，天命的力量才能获得自由。此在那命运使然的天命在其“世代”中并伴随着其“世代”，创造出此在的全部本真的演历。
>
> （《存在与时间》，384及下页）

海德格尔试图在极端个人主义与全然沉迷于**常人**的观念之间开辟一条道路。

“有些人谈论亚历山大，有些人谈论赫拉克勒斯”

向死而在把此在从**常人**的束缚中解放出来，并确保了其决心的本真性。然而它自身并未告诉此在该做什么，甚至没有为其命运提供一系列可能性。为此，此在必须回到曾在，可能是回到其出生之时，但更可能走得更远。在那儿呈现出无尽的可能性，那里有伟大的哲学家、将领、政治家、艺术家、圣人、情人，他们的行为和作品都是此在遗产的一部分。其中也有卑微的教堂司事比如海德格尔的父亲；主角各种各样。此在必须"重复"或"取回"这样一种可能性，它必须"选择它的主角"(《存在与时间》, 385)。重复一种可能性并不意味着不差分毫地重现。我无法重演亚历山大的竞选；我可以逐字逐句摘抄柏拉图的文本，可这毫无意义，也与柏拉图精神相悖。重复更像是与曾在或某个曾在的主角的对话。亚历山大和柏拉图通过其自身的行为与作品对我提出了某些意见，我对他们作出了回应。这样做时，我否认了"'今日'的事物作为'昨日'的自我消耗完了"(《存在与时间》, 438)；我否认**常人**摆在我面前的可能性和解释。

此在可选择的主角并非无穷无尽。法国大革命的革命者可能尝试过效法古代叛逆者和共和党人。拿破仑可能对亚历山大或恺撒大帝作出了回应。但是大部分人选择了由最近的曾在传下来的角色之一——鞋匠、牧师，或教堂司事。海德格尔在哲学家中挑选主角。也许是亚里士多德，也许是布伦塔诺最先诱导他成为一名哲学家而非教堂司事、牧师或士兵。亚里士多德还引导他尝试研究哲学，虽然其他哲学家——柏拉图、康德等——也发挥了作用。此在不必单选一个主角，甚至不必单选一类主角：海德格尔后来援引了诗人如荷尔德林和里尔克的话。他重复他们。但这意味着他解释他们——由他自身的先有、先见与前概念武装——与他们争辩，回答他们，带着本时代当前的问题与解决方案去面对他们，但是鉴于他参与了曾在，他抛弃或改写了这些问题与解决方案。在之后的作品中他明确地表示自己参与了一项同过去的思想家和诗人的"对话"。这就是海德格尔的命运。那么,它如何在天命中发挥作用呢?拿破仑的命运是法国的天命的一部分。海德格尔的命运属于逐渐扩大的群体的天命。它属于他的学生与追随者、弗莱堡大学、德国人民,可能最终还属于他之后所称的"西方"的天命。如果法国注定要有一个天命的话,拿破仑的追随者们是否每人都必须像拿破仑一样有个命运呢?海德格尔的学生是否必须像海德格尔自身一样决断,还是他们只需相信他的话就足够了呢?有多少德国人需要靠自己来变得决断地本真呢?但愿它在区别天命与**常人**时能像海德格尔设想得那样容易!

非本真的历史性

到目前为止我们描述了本真的历史性,即决断此在的历史性。此在主要不是决断的,然而它是历史的。它的历史性与本真此在的历史性有两方面的不同。首先,因为它并不向死而在并回归出生,并不坚定不移地遵守瞬间形成的决心,它看起来更像一系列独特的经验沿着一个持续的主体伸展。这导致了海德格尔认为的假命题:关于这些经验,是什么连结它们集合成为个别的人的经验呢?其次,非决断此在得出关于历史与曾在的观念更多的是经由它日常关注的对象而非本真此在。也就是说,历史变成了世界历史。但"世界历史"是一个模棱两可的术语。在一种意义上,即使本真历史性也是世界历史,因为历史的事物不是独立的此在,不是非世间的主体,而是在世间的此在。在另一种意义上,"世界历史"指代的不是此在的历史性,而是在世界范围内的物的历史性——工具、书籍、建筑,甚至自然

"作为乡村,作为一个殖民化或被剥削的地区,作为一个战场,或作为一个宗教遗址"的历史性(《存在与时间》, 388及下页)。一如从前,非本真、沉沦的此在依然分散在当前世界:"它迷失于'今'的当前化当中,以'当前'来理解'曾在'"(《存在与时间》, 391)——而不像本真此在那样,从未来、从自身命运的角度来理解。

如果我们考虑海德格尔自身的命运,即哲学实践,非本真历史性的意义就会更加清楚了。如果一名哲学家的存在是非本真历史的,他会怎么办呢? 一方面,他可能会成为一个纯粹的"系统"哲学家,关心当前的观念,不考虑该主体的历史。"此在作为常人自身的不定性使它的'今天'当前化。在等待下一个新事物的过程中, 它已经忘却了旧的那个事物。"(《存在与时间》, 391)他没注意到当前观点的**历史**:"它因一个'过去'的遗产而不堪重负,这一遗产已变得不可辨认,而且它寻找摩登的东西。"(《存在与时间》, 391)另一方面,非本真历史哲学家可能会对见于过去哲学家的文本中的哲学史感兴趣。对于历史的兴趣并不是对本真历史性的保证。为了弄清为何如此,我们需要看海德格尔对于 Historie,即"历史学"的阐述。

从历史性到历史学

此在总是历史的,尽管它常常只是非本真地历史的。并非所有此在都是历史学的,对明晰的历史研究感兴趣;更不是所有年代都是历史学的。本真"历史性并不必然要求历史学。不是说无历史学这样的时代就同样无历史"(《存在与时间》,396)。海德格尔并没有忽略古希腊人;虽然他们当中产生了最早的严肃的历史学家——希罗多德和修昔底德, 他们并不像罗马人

（更不用说19世纪的德国人）那样对于自身的曾在强烈地感兴趣。他们至少有权忽视哲学史，因为他们是该学科的初学者或创始人，并没有压在我们心头的哲学传统之重负。希腊人创造历史比研究历史更有热情。

然而，历史学植根于此在的历史性。和所有学科一样，历史学预设了对某一领域的先在揭蔽，该领域之后将被“主题化”。它还预先假定了曾在世界的残余在当下的幸存——文献、建筑、骷髅，等等。但它们不会被作为历史证据来对待，除非我们视之为“世界—历史的”：

> 我们回到“过去”，不会首先从获得、过滤、保存这样的材料开始；这些活动预设历史存在指向曾在那儿的此在，即它们预设历史学家的存在的历史性。
>
> （《存在与时间》，394）

此在“对于在那儿存在过的此在来说”具有“历史存在”，因为它从自身由最近继承而来的角色中挑选了一个角色。然而即使在其非历史学的模式中，此在对于许许多多的过去的人物与事件也很熟悉。我们知道恺撒大帝渡过了卢比孔河，即使我们不知道他为什么这么做，也不知道卢比孔河在哪里。当我们发现自己在作出重要的、不可撤销的抉择时——比如，选择结婚，虽然它没有恺撒的抉择重大，但是对于人自己的一生而言也很重要——我们常常声称或认为自己在渡卢比孔河。在某种程度上，我们那时就在“重复”恺撒的行为。历史学家同样在作抉择，而且很可能在作抉择时诉诸曾在。比如，倘若他是一名政治家，在其政治生涯中他所面临的问题与作出的抉择，将会影响他对于一个历史主题的选择:“对于将成为历史学的可能对象的‘选择’,已经在对于此在历史性的事实存在选择中被安排好了。”(《存在与时间》, 395)麦考利决定撰写一部自詹姆斯二世即位以来的英国史,是受了他对1831年国会改革法案以及其他进步事业的支持的影响。奥古斯丁撰写罗马史《上帝之城》,是受了阿拉里克的启发,后者劫掠罗马城,同时自身坚决献身于基督教。

历史学与此在的可能性

本真历史的史学家们如何接近曾在呢?此在存在,它从可用的可能性中选择存在的方式。这就是历史学家看待自己的方式,也是他看待自己所研究的曾在此在的方式。他不是简单关心曾在的此在实际上做过或没做过的事情,而是关心它可用的可能性,关心它本可能选择了什么以及实际上选择了什么,还关心它传递给我们的可能性。本真历史学家不是简单地告诉我们恺撒渡过了卢比孔河以及这次渡河所带来的后果。他告诉我们恺撒在其征战生涯的这一阶段中面临三种可能。他可以与军队一起留在高卢;这样他在罗马的敌人必定令他再也得不到供给和增援,如此一来他最终将变得虚弱无力。他可以不带军队,孤身回到罗马;这样他的敌人就将杀死他。或者他可以带领军队非法渡河至意大利;这样就将导致一场内战。

一名政治家或将领可能会研究恺撒的处境,考察在他自身面前展现的可能性,在他自己的处境里它所具有的行为。但同样,如果我们考虑哲学史的话,就更容易得知海德格尔头脑中之所想。一名哲学家不是简单地提出某些主张。他作出选择,选择这种可能性而非那种。笛卡尔从自明的前提出发来展开论证，试图通过重建知识架构来回应怀疑主义。但是其他回应是可能的——比如蒙田就辩称如果所有事物均是不确定的，那么新教教义就是不确定的，因此人们就可以不妨坚持传统的天主教义。笛卡尔的读者（例如克尔凯郭尔）可能会偏好他忽视的其中一种可能性。或者柏拉图《理想国》的读者（例如叔本华）——《理想国》声称艺术与真实形式或观念隔了两层，因为它复制普通对象，这些对象本身就是观念的复制品——可能会惊讶柏拉图对于另一个，可能也是更可取的可能性的忽视，这种可能性即艺术直接描述观念。康德在其《纯粹理性批判》第1版中提出一种可能性，即我们的感知力和领会官能都植根于想象；在第2版中他抛弃了这一想法而恢复了理智的首要地位。海德格尔偏爱被康德拒绝的可能性，即人类是具有想象力的生物而非首先是理性生物。（这并不意味着海德格尔是个**非理性主义者**："当非理性主义……谈论理性主义盲目以待的事物时，它只不过是眄视而言罢了。"（《存在与时间》, 136）对于过去的哲学家，应该着眼于他们的可能性去解读他们——这些可能性被选择，被接受，被镇压，然而所有这些可能性都留给了我们。

尼采的可能性

在他关于历史的章节的结尾，海德格尔对接近此主题的这种途径作了一些描述。尼采在他的《不合时宜的考察》第二部，即《历史对于人生的利弊》（1874）中，区分了三种历史学：纪念碑式的（将曾在的辉煌描写为对当前和将来的启迪），尚古的（为记录曾在而记录），以及批判的（责难过去的污点）。为什么是三种可能性呢？它们可以相互替代吗？海德格尔认为尼采"所领会的比他令我们领会的要多"（《存在与时间》, 396），并且从此在的时间性来看，这三种都和本真历史学有关。作为决断的将来，此在“对人类存在的‘不朽的’可能性敞开”（《存在与时间》，396），这就引发了纪念碑式的历史学。但由于此在也是“被抛的”，它就具有“虔诚地保护着曾经存在的可能性”，这存在对此在显示了自己所选择的可能性。这是尚古历史学。此在也须在当前作出选择，但并非**常人**所解释的当前。本真历史学是“一种方式，痛苦地把人自身与属于‘今天’的公开沉沦分离开来”，因此，它既是纪念碑式也是尚古的历史学，同时也是对“‘当前’的一种批判”（《存在与时间》，397）。当尼采以正确的方式被解读时，就证实了海德格尔自身对历史的阐释。

曾经存在的此在

《存在与时间》面世时尼采已然去世。笛卡尔以及海德格尔考虑的许多其他哲学家也同样如此。而胡塞尔（1859—1938）当时仍然在世，不过海德格尔对待胡塞尔的方式与对待笛卡尔并无二致：他们都是“烦的存在的可能性”（xvii.107）。对于历史性而言，其他此在的生死有关系吗？有时候海德格尔认为有关系。人工制品是历史的，因为它们“被曾在世上存在过的重要此在使用过。那个世界已经不存在了”（《存在与时间》，280）。因此历史学处理的是曾经存在过的此在，并且，因为此在是在世存在，这就关联到世界历史：“如果此在已不再在那儿，那么世界也就是曾在那儿的存在。”（《存在与时间》，393）海德格尔是在暗示，此在的世界与此在一同消亡。这令人迷惑。两个同时代的人各自在世界中，但他们在同一世界中。为什么我不能与当前已过世的某人存在于同一世界中呢？无论如何，同时代的人并不同时死亡以方便我们研究，也不会在我们记录他们的功勋史之前全部死去：今天仍有世界大战的幸存者。我们需要区分“曾在那儿”与“已不在那儿”。对于作为一个历史存在的海德格尔而言，重要的是胡塞尔曾在那儿：胡塞尔的文本从他的学生时代开始便（“总是已经”）现成在手，就像笛卡尔的一样。从下面这一点来看并没有什么不同（虽然从其他方面看可能不同）：胡塞尔还活着，精力充沛，可以接受提问，随时准备作答，这种方式是笛卡尔所不具备的。此在的历史性能够给我们一个关于客观时间顺序的观念吗，在这一观念中笛卡尔生存并死亡于康德出生之前，康德又死于胡塞尔出生之前？可能吧。当海德格尔浏览笛卡尔的书页时，他并未找到提及康德或胡塞尔之处，而胡塞尔却经常提及笛卡尔与康德。他们各自处于不同的世界吗？就他们的想法来说，这比他们生活的其他方面更不合理。康德的哲学比他的假发更不过时。但是我们倘若要将他们按时间顺序排列，更不用说给出他们出生与去世的日期，我们就需要将他们放置于同样的世界和同样的世界时间之中。

世界时间

时间是“意指性的”。此在需要时间来做事，做事需要花时间，此在也可能“失去”或浪费时间。这取决于此在作为烦的存在、它的时间性，以及它的有限性：

> “那儿”是以一种基于此在自身绽出性伸展的时间性的方式被揭蔽的，这种揭蔽同时将一个“时间”分配给了此在；只是因为这一点，事实上被抛的此在才能“获得”与失去时间。
>
> （《存在与时间》，410）

时间的**意指性**比时间计算或时间测量更为基本。我看表是为了准时参加会议。我看日志是因为在想自己是否能在截止时间内把事情办好。如果我不需要时间办事,如果我不需要按时办好事,我便无须看表或翻日志。

在德语中有三个时间副词对应于三个时间性的绽出态:“到时”(dann)指代将来时间,“当前”(jetzt)指代现在,“那时”或“曾在”(damals)指代过去时间。我们在作规划时用这些词:我必须**当前**就穿戴好,在出租车**到时**到来之前;我必须重考,上一次**那时**我没考及格。“到时”与“上次”二者都涉及到“当前”;“到时”暗示着“当前还没有”,“上次”暗示着“当前已不再”;出租车还没有到达这儿,我**当前**没有考试不及格。时间性“将自己诱入当前的陷阱,在当前化的过程中主要说着‘当前!当前!’”(《存在与时间》, 407)。

“当前”、“到时”与“上次”的时间是**可确定**的。我们将时间分配给世间事件:“到时,当出租车到达时”,“当前你已经穿戴好了”,“那时,当你考不及格之时”。这与时间的意指性有关:我们无法当时计划行动,除非我们能将时间分配给它们。时间也是“持续的”或延伸的。我们首先并不是指瞬间而是指居于中间的时间:“我会读书直到出租车到达”,“自从考试不及格,我便一直在好好学习”。即使当前也不是一个非持续性的瞬间,而是一段或短或长的时间:“‘当前’:在休息,在吃饭,在晚上,在夏天。”(《存在与时间》, 409)这与时间可确定性有关。我们做事与事情发生都需要时间——我们做任何事情都无法在非持续性的瞬间完成。时间是公共的。这也与时间可确定性有关。我们常常以不同事件来为同样一个时间定日期。对于我那个时间是**那时**,当我结婚**之时**对你来说是**那时**,你毕业离校**之时**。但通常我们能够理出头绪，通过我们双方都知道的事件确定一个时间：我结婚了，你毕业离校了，**那时**，**当时**英格兰最终赢得了世界杯。我们在公共时间中使活动协调统一：我们安排**到时**见面，**当时**音乐会正好结束。

有了时钟，生活变得容易了。自然的、原始的时钟是太阳，通过它的光线位置的提示我们得以完成日常工作。太阳对于每个人都在那儿，在同一个经度。它不与特别的人或事务相关联。最初我们衡量时间是通过太阳的移动："因为必须为自己获取时间的此在的时间性是有限的，所以它的时日已经被计数了。"（《存在与时间》, 413）我们衡量时间是因为存在做事的正确时间与错误时间。像世界一样，时间是**意指性的**。因此时间变得世俗化，便有了世界时间，在这一时间内所有现成在手或有待上手的事物各在其位。后来，当我们进行活动不再那么依赖光线位置的时候，就设计出了不需要光线的时钟——虽然它们或多或少要与太阳的运动同步。

"普通时间"

当测量变得更加精确时，它就改变了我们的时间概念。它以损害其他绽出态的代价强调当前。赛跑选手首先关注的不是当前。他期待的是自己在越过终点线的那一刻接受观众的鼓掌喝彩。他为冲向终点而加速。所有这一切在为他的赛跑计时的人身上则并不存在。**当前**，以他的表计，三点，赛跑选手起跑了；**当前**，三点零五分，他跑了一半了；**当前**，三点十分，他冲过了终点线。计时员并非完全忽略曾在与将来。他"保持"着三点钟赛跑开始的时候，等待着它的终结。然而保持与等待被专横在场的当前所抑制了。

时间测量仍然是持续的。赛跑**持续**了十分钟，从三点到三点十分。但是**当前**并不是持续的。赛跑当前开始，三点整，这并非像一名观众说“现在将开始了”那样，是一种持续很久的当前。它三点十分准准地结束了。至少在理想状态下，时间测量的当前并不是持续的。

时间仍然是公共的，仍然是意指性的。我在为一名赛跑选手计时，他跑的时间由全程的各阶段明白地显现出来；时间与赛跑一样具备开端、中途、结局。其他观众观看比赛，他们的手表也许和我的手表显示相同的时间。然而计时员更集中精力于他自己手表指针的走动，比选手或激动的观众在烦闷无聊的时候更少关心世间之事，这时候时钟能够完全控制局势。当我在空无一人的车站里候车的时候，时间似乎完全是空的、同质的，仅仅被时钟指针的运动所不时打断。它与任何重大事件都毫不相关；似乎自身就是一种存在体。

海德格尔声称，这促生了亚里士多德的时间观念，即时间是一系列的当前。被剥夺了可确定性与意指性，绽出的时间性变得“稳定”(《存在与时间》, 422)，因此时间是同质的。一系列当前被看做现成在手，时间几乎是所有其他事物当中的一种。当前时间不被打扰，不具鸿沟——与在无事之秋滑行的绽出的时间性不同。它是无尽的——这一特征被海德格尔归结为“在死亡面前逃遁”(《存在与时间》, 424)。它完全是公共的：它“属于所有人——这意味着，不属于任何人”(《存在与时间》, 425)。然而，当前时间仍然承载着它在时间性中的起源的印记。时间被说成是流逝，而非出现：“此在通过‘逃遁的’关于其死亡的知识知道逃循的时间。”(《存在与时间》, 425)它同时也是不可逆转的，不可逆转地向单一方向运动，这一点只能由其从绽出的时间性得来而得到解释。如果赛跑是后退跑，甚或计时员的手表是倒着走，这对于计时员而言也无甚差别；他仍然能够为赛跑计时。但对于赛跑选手而言情况就并非如此，他不可能期待着到达终点线，成功已唾手可得，而事实上又尚未完全确保。于是，当前时间便由绽出的时间性中而来。另一方面，无论我们用多少重要性和价值去填充，要想从贫穷的当前时间中去建构绽出的时间性，这将会非常困难，甚至无法实现。

当前时间是衍生性的。但不能说它不真实或不正统："流俗的时间表象有其自然的合理性证明。"(《存在与时间》, 426)历史学需要世界时间（虽然需要的不是当前时间）："时间性把世界时间时间化，在世界时间的视野中，'历史'能够作为时间内的演历而'出现'。"(《存在与时间》, 436)海德格尔并不希望我们抛弃世界时间而支持绽出的时间性。那样我们就会失去决断所赖以运作的稳定框架。本真、决断、绽出的时间性——这些使我得以与亚里士多德的文本抗争，并主张(比如说)"真理"的最初意义是"无蔽"。非本真、沉沦、世界时间——这些通常使我会说当代英语，说亚里士多德于公元前322年去世。像在别处一样，在这里非本真物尽其用。

海德格尔 vs. 黑格尔

在《存在与时间》倒数第二章，海德格尔声称黑格尔(1770—1831)接受了亚里士多德的时间概念而并没有超越它。为什么是黑格尔呢？部分原因在于海德格尔对黑格尔无比尊崇：

> 他在哲学中所看到的和能够看到的比以往看到的都

要多得多，因为他对于语言有一种非凡的力量，并将隐蔽事物从它们的藏身之处揪出来。

（xxiv. 226）

还有部分原因在于，黑格尔似乎预见到了海德格尔的一些核心学说和策略。黑格尔的《精神现象学》（1807）可以很容易地被看做是以本体论为据对传统认识论的拒绝，即对已知者和已知对象的存在，以及二者之间的关系的研究。然而，海德格尔并不接受这种看法。对于他而言，黑格尔是笛卡尔信徒中的最后一人，也是最伟大一人；黑格尔是最高理性主义者，将本体论融合于逻辑之中；是自负的形而上学者，认为人类是无限的，注定通过上帝之眼看现实。因此，海德格尔不赞成黑格尔的观点——这一点既清除了通向真理之路的巨大障碍，也确保了无人会将海德格尔与黑格尔混淆。

“其余是沉默”

海德格尔与黑格尔的一个共同特征是没有完成许诺要写的书。黑格尔的《现象学》起初是作为一个系列的第一部而出版的，之后本来还有关于逻辑、自然哲学与心灵哲学的分册。这个系列的第二部分从未面世。海德格尔肯定注意到了这一现象，才会放着《存在与时间》未予结篇，在扉页保留着“第一部”的字样直到1953年。他是希望引起对黑格尔的《现象学》与其著作《存在与时间》之间的比较吗？前者记载了意识（Bewusstsein）在其多种“形式”间的旅行，后者探索在自我解释的面具后面那更加深入的此在存在层次。

无疑我们应该对海德格尔没有继续完成《存在与时间》提

出更具实质性的理由。他以这一问题结束:“时间自身作为存在的视野显现自身吗?”(《存在与时间》,437)他的观点似乎是,鉴于我们对时间的理解,我们当前可以考虑普遍存在,不考虑特殊形式的存在,也不考虑其与此在的关系。他不止一次地暗示:只有“在世间的可能存在者的本体论可靠地依循对一般存在观念的澄清”(《存在与时间》,366),此在才能得到恰当地分析。我们可能会怀疑《存在与时间》在这方面是否留下了很多有趣的话题。首先,我们并非特别需要阐明普遍存在以理解多种存在模式——石头、工具、此在、时间和世界——之间的区别。海德格尔认为,普遍存在是用以区分不同存在模式的“视野”,即一个超出了任何特殊种类的存在体的有利位置,从这一位置我们可以审视和区别它们的多样性和相互关系。但是即使有限的此在能获取这样的有利位置,谈论它又有何益呢?第二,通过持续不断地声称**没有**此在便没有存在,海德格尔似乎已经隔绝了通向独立于此在的存在的道路,或通向一个超出此在本身的有利位置的道路。《存在与时间》并未集中论述此在的存在而忽略其他存在体。时间、世界、锤子、岩石——所有这些都由此在来解释其存在。对于存在,还有比此在理解得更为详尽的吗?

海德格尔的思想止于《存在与时间》吗?自然不是。他就别的主题继续展开论述。他似乎经常与《存在与时间》观点矛盾,而有时却否认这一点。无须特别解释在五十年左右的著述生涯中海德格尔没有持续改写同样的主题,或者特别解释他偶尔的改变主意。值得注意的且无疑归功于其“决断”的是,他尝试将自己的所有作品整合为一个单一的连贯整体。但是,与其询问它实际上有多连贯,不如考虑他晚期作品的一个样本——关于一个几乎不曾在《存在与时间》中出现的主题:艺术。

第十章
艺术

20世纪30年代中期之前，海德格尔对于艺术并未表现出多大兴趣，而之后他对于艺术的兴趣则与其他几个关联兴趣相伴产生：前苏格拉底哲学家，他们的作品通常为诗歌形式，同希腊诗歌的关系比（比方说）康德同德国诗歌的关系更为紧密；诸如谢林与尼采这样的哲学家，对于他们来说艺术在哲学中居于中心地位；语言，对于海德格尔来说是与诗人相伴而生的。

艺术品与物品

海德格尔关于艺术的一般性论著——《艺术作品的本源》于1950年出版，不过其来源为1935年所作的系列演讲。他反对两个被广泛接受的学说。其一为艺术只与美丽和愉悦有关："毋宁称艺术为对存在物之存在的揭蔽。"（《形而上学导论》，111）其二为一件艺术作品首先是一件物品，审美价值是通过我们对其主观看法而附加其上的：对于海德格尔来说，是艺术向我们展示了一件物品究竟为何物。然而，艺术作品以两种方式成其为物品。首先，一件作品，如一幅画作，能像其他东西一样被搬运和储藏。（后来他放弃了这种看待艺术作品的方式。这种方式将艺术作品作为现成在手的物体来对待，和艺术品商以及搬运工对待艺术作品的方式一样。)其次,它具有物因素:"建筑作品中有石料,木雕作品中有木材,绘画作品中有色彩,语言作品中有言说,音乐作品中有声响。"(《艺术作品的本源》, 19)

那么,物品是什么?有三种传统解释:一件物品是(1)属性承载者;(2)感官的集合;或(3)形式与质料的合成物。海德格尔拒绝了(1)和(2),拒绝(2)的原因是"我们从未真正首先觉察到感觉的拥塞……我们在屋里听见关门声,却没有听到听觉的感觉甚或纯然的声音"(《艺术作品的本源》, 26)。他偏向(3),即形式–质料的解释。这本来源自、同时也最适用于本质有用的器具如罐子或鞋具。然而器具只是三种物体中的一种:一种"纯然物",诸如岩石、器具和艺术作品。艺术作品不同于器具,它与纯然物具有共同点。像花岗岩而不像鞋,艺术作品并非为特定用途或目的而生产,虽然不像岩石和鞋它没有"自身构形特性"(《艺术作品的本源》, 29):它呼唤着观察者或解释者。然而,既然传统给予器具以优先权,海德格尔决定首先考察它。

凡·高的《农夫的鞋》

海德格尔这样做是通过引入他的首个例子:凡·高关于一双孤零零的破旧农鞋的画作。我们不能仅仅看自己所穿的鞋,因为关注扭曲了我们对鞋的看法:对于其穿着者来说,鞋本来并不显眼。海德格尔声称,我们从画作中看出鞋同时与世界——人类产品与活动的世界——以及大地——世界所栖身的自然基础——相联系。这一点**既**被一般使用者,**也**被形式–质料理论忽略了。由于对鞋极度熟悉,使用者简单将其视做用来行走之物。或者(另举一例)对板球拍熟悉的人将其视为一块打球的木板。形式–质料理论精炼了这种解释。这一理论将焦

图8　文森特·凡·高画作:《农夫的鞋》

点集中于鞋具和球拍的**制造**,认为它们是质料(皮革、钉子、木材)被赋予了形式(有用性)。使用者与该理论忽视了需要向未知情的外人解释的其他许多东西:鞋与农民的世界的关系,以及它们在大地上所遭受的磨损;球拍与板球世界(门柱、球手,等等)的关系,以及为它提供支点的大地。但是这些被忽视之处在画作中变得明显了:"通过这幅作品,器具的器具性才初步展现其真相……由此可见,艺术的本质应该是:存在者的真理自行设置入作品。"(《艺术作品的本源》, 36)作品并非附加艺术属性的物品:作品揭示了物品的本质。

希腊神庙

海德格尔现在提供了第二个例子:希腊神庙。他这样做部分是为了区分其自身观点与认为艺术是模仿的观点：神庙不具有代表性。但部分也是因为他想要声称：一件艺术作品不仅仅敞开一个世界，它也树立一个世界，一个其所属的世界。凡·高的作品敞开了农民的世界，然而它并未树立这个世界，它也并不属于这个世界。与此相反，神庙统一并阐明了一个民族所构成的世界：它"首先嵌合了那些途径与联系的统一体并将其聚拢到身边，在这些途径与联系中，出生与死亡、祸患与福祉、胜利与耻辱、忍耐与没落获得了人类天命的形态"（《艺术作品的本源》，42）。一个民族的世界是熟悉的结构的领域，在其中他们知道自己的道路，作出自己的抉择。

神庙不仅仅是**树立**世界。它还**建立**世界的相对物：大地。它被"大地的"自然所包围，被风暴抖震，停留在岩石之上，它也包括大地自然物。它由此揭示出作为大地的大地，在大地上建起一个世界。所有的艺术作品以自己的方式建立大地。在器具中，大地的原材料是被"耗尽"的，即融合到人造物品之中因而不再显明：鞋具是皮革还是等效材料制成的，这无关紧要，我们也没有注意到。在艺术作品中，材料只是被"使用"，而非"耗尽"：它们在作品中仍然鲜明（《艺术作品的本源》，47及下页）。与普通文本不同，诗歌的大地质料，即诗歌语言，鲜明且拒绝被改写。帕台农神庙是由大理石还是塑料建成，这是有区别的。无论如何，所有的艺术作品都建立大地。

世界是我们生存的人化环境：我们所使用的工具，居住的房屋，调用的价值。大地是这个世界的自然背景，即它所栖身的土壤以及我们的人造物品的原材料的来源。世界与大地是争执的对立。世界努力寻求明确与开放，而大地耽于隐匿与遮蔽，倾向于把世界纳入其中。二者相互需要，相辅相成。艺术作品同时

图9　爱琴那岛的爱法伊娥神庙，建于公元前500年

凌驾于二者之上。神庙的宁静是大地与世界相对立的产物。它是事件，是大事——真相作为无蔽的大事。只有当存在物无蔽时我们才能作出具体的推测以及决定。但我们这些有尽的生物无论认知上还是实践上都从未完全掌控过存在物，因此还是存在遮蔽。若无遮蔽，就没有客观性，没有决定，也没有历史：所有一切——曾在、当前、将来，将对我们完全透明，对事物不留下隐藏的深度，也没有结果不定的选择。（两对相反的概念，大地—世界与遮蔽—无蔽，并不完全吻合。大地部分遮蔽，世界也部分遮蔽。）真相发生于作品之中："作品树立一个世界并建立大地，是一种争执，作为整体存在的无蔽或者真理赢得了这种争执。"（《艺术作品的本源》，55）

海德格尔贬低艺术家的作用，倾向于将作品视为非人力的产物——诸如真理或艺术本身，这种力量利用艺术家来自我实

现。在“伟大的艺术”中艺术家抹去自身:他像“在创造过程中自我毁灭以使作品呈现的通道”(《艺术作品的本源》, 40)。但是艺术作品本质上是“创造出来”的(《艺术作品的本源》, 56及下页)。创造与工具制造截然不同:艺术并非手艺加上一些别的东西,作品也并非工具加上一些别的东西。

艺术与真理

为何真理必须蕴含于作品之中呢?遮蔽与无蔽的斗争是旧范式与新范式之间的斗争，一如传统教义与新教之间的斗争。艺术作品就像堡垒或标准,标志着刚刚赢得的真理的阵地:“敞开的澄明(Lichtung)与公开的设立是紧密相关联的。”(《艺术作品的本源》, 61)海德格尔承认(《艺术作品的本源》,62)存在其他坚持要求真理的方法:一个“创立了政治国家的法案”(如美国宪法);“临近不是简单的存在，而是最普遍的存在”(如圣保罗的皈依);必要的牺牲(如耶稣被钉十字架);或思考者的质问。(科学并非“真理的最初事件”。它填补了“已经敞开的真理领域的细节……只要一门科学超越了正确性继续向着真理迈进……它就成了哲学”。)而艺术是真理发生的主要方式。不仅是神庙,还有希腊悲剧也拟定了范式、价值观与种类,一个民族以这种方式看待世界,作出抉择。

为何艺术作品必须被创造?一件作品涉及大地与世界之间的一道“裂隙”,并且(不同于器具)创造出形式平静的鲜明的大地材质。裂隙的概念,Riss，联系着基础的计划或范式,即Grundriss(《艺术作品的本源》,64)。但这也意味着由于其包含的张力,一件作品是鲜明的。扫帚融入其他器具的背景之中,它的构成材料被“耗尽”,消融为其有用性。一件作品是孤独的、有张力的、显著的，尤其适合作为真理的标志。然而作品的存在本身强烈呼唤阐释。与工具不同，作品承载着生产时的伤痕。裂隙需要创造者来包容它。

一件作品除了创造者之外，还需要观众或“保存者”。作品将保存者从“普通领域中拉出来”来到其敞开的新世界，并且暂停其“通常的做法与衡量标准、了解与看待方式”(《艺术作品的本源》, 66)。对于一件作品的合适反应既非了解也非意愿，而是 “保持着意愿的了解与保持着了解的意愿”(《艺术作品的本源》,67)。并不是因为执行一个预设的计划，而是“决断”，使绽出态进入一个新的开放领域，在其中人们所有的旧观念与欲望都被暂停。它有点儿像圣保罗的皈依，展开一个认知与意愿的新世界，与人们此前的概念和计划相分离。伟大的艺术作品，如同上帝的声音，不是以消费者为导向的：它改变了人们看待世界的整体方式以及在其中寻找道路的方式。然而作品并非药品，经历也非私有：作品是公有的，同时为我们相互之间的联系打下根基。

海德格尔说过，一件作品不是附加一些东西的物品或工具；物品与材料在器具中并不显明，只在作品中反映出来。那么艺术家又如何呢？在他创造艺术之前，难道不需要了解自然，了解他所描绘的物品与工具吗？不需要。正是作品使裂隙(Riss)充分发挥并绘出草图(Riss)(《艺术作品的本源》, 70)。艺术家并不是**先**对事物有了一个明确的认识，**然后**才将其在作品之中具体化的：自然只有在作品中对他，也对我们敞开。作品需要创造者“将真理设置入作品”，还需要保存者在他们公共的了解—意愿中“使其发挥作用”，实现它(《艺术作品的本源》, 71)。但作品同样使创造者与保存者**成为可能**。创造者是比他们本身更大的力量——艺术——的代理。

在某种意义上，真理来自虚无。我们不能在阐释凡·高的画作时假设他碰巧看到了一些旧鞋，于是将所见画下来。因为，首先，单独鞋子并不能说明凡·高看见它们的方式。其次，在凡·高绘画**之前**，他并没有以一种新的方式去看待鞋："敞开领域的敞开，以及存在的澄明，只有当敞开被筹划时才发生。"(《艺术作品的本源》, 71)艺术与圣保罗的皈依一样属于意外事件。

诗歌

因而，一切艺术本质上都是诗(Dichtung)(《艺术作品的本源》, 72)。此处，Dichtung 意义很广，指代类似"发明"或"筹划"之物。艺术家投入作品中的东西不来源于其周围的事物而来源于发明或筹划之物。所有伟大的艺术都包含了"存在之揭蔽状态……的变化"(《艺术作品的本源》, 72)：它阐释普通的事物；它将我们从普通世界中暂时拉开，来到另一世界；或者说它改变了我们的整体世界观。不过，狭义上说，Dichtung意为"诗歌"(Poesio)，而诗歌是海德格尔的第三个例子。他并不相信所有其他艺术都是诗歌或都源于诗歌。他的信念如此：语言绝不仅仅是传递知识的媒介。这种功用的语言是 "任何时候的实际语言"。语言还通过首次为事物命名将其带出"模糊的混乱"进入公开状态，从而给我们可供交流的东西。这是创造性语言或"筹划性言语"(《艺术作品的本源》, 74)。它拟定交流语言中能说与不能说之物。既然诗歌在语言当中，又是艺术形式的一种，即真理的光辉投射，诗歌就必须是筹划性言语，一种创造性的、创新的语言运用以命名事物，从而敞开一个领域，在其中我们得以交流。

但是，诗歌并非仅仅是几种艺术中的一种。其他的艺术——建筑、雕塑、绘画、音乐——在语言已经敞开的领域里运作。被语言，即被诗歌所影响的揭蔽在其他艺术所影响的揭蔽之前。因而诗歌比其他艺术形式要早，就像语言学揭蔽比其他形式的揭蔽要早一样。

真理的建构

所有的艺术都是诗意创造（dichterisch），或是发明或是筹划。作品的保存同样如此，因为保存者必须进入作品解蔽的领域中去。然而，海德格尔继续论述，诗（Dichtung）的精髓是真理的建构。“建构”，即Stiftung，具有三种意义，而艺术包含了建构的全部三种意义。第一，“赠予”。真理作品的背景包含了范式的转换：它将非凡捧上高处，又将庸常推入低谷。因而真理无法从曾在之事中产生。它作为一件**礼物**而诞生。建构是“溢出”，是礼物的赠予。（《艺术作品的本源》，75）

第二，建构是“建立”。真理不是投射到虚空，而是投射于保存者，历史的人类。它源自虚空，却面向一个民族。一个民族涉及三个因素。其一为该民族的“天赋”，他们的“大地”：他们所生存以及耕植的土壤，同时还有其世界中相对而言永久性的特征，例如他们所说的德语。其二为普通而传统的一面，旧“世界”，比如他们的异教徒习俗与信仰。其三为新“世界”，他们的“保留职业”，例如在他们当中基督教的开始。（《艺术作品的本源》，75L）创造物如基督教艺术作品无法由这些因素来解释，尤其无法由旧世界来解释。然而它是由这些因素所引导的。它由德语创作，根据天赋作出调整，提供了一条基督教信息。它使得该民族的天命明确，并在该民族本土的土壤上建立它。

第三，建构是"开始"。开始在某种方式上是直接或即时的，却也可能需要长久的准备——如我们需要准备才能跳或跃（Sprung）。一个真正的开始并不简单或原始；它包含自身内部潜在的终结；它是一种领先（Vorsprung），跳跃过即将到来的一切。（《艺术作品的本源》，76）比如，荷马史诗既不原始也不简单；其中暗含了悲剧，这些悲剧后来敞开希腊城邦的世界。艺术史并非稳定的积累过程，而是被许多创造性能量的爆发所打断，后代便借助于这些能量的碎片来尽可能地做事。

"当作为整体的存在物需要建立在敞开状态下时，艺术总是作为建构进入其历史本质之中。"（《艺术作品的本源》，75）这样的艺术改变了我们的整体存在观。在西方这种情况出现过三次。第一次，也是最激烈的，发生在希腊，其存在的概念为"在场"（Anwesenheit）。随后在中世纪，由希腊人揭蔽的存在被转换为上帝创造之物。最后一次发生在现代，存在物成为"对象"，被计算与操纵。（这就是蕴含于"技术"根基中的东西。）每一次都有一个新世界诞生；存在物的无蔽发生；并且它自行设置入作品，即由艺术获得的背景。当艺术发生时，一个推力进入历史，历史重新开始。艺术建起一个历史，并非重大事件意义上的历史，而是作为人类进入其本土天赋及其向指定的天命方向运动之过程的历史。现在我们理解了文章标题中的"本源"一词。"本源"，Ursprung，意即"领先"（《艺术作品的本源》，77L）。艺术使真理领先。艺术是艺术作品的本源或领先。因此它是作品创造者与保存者的起源，是一个历史族群的存在方式。

艺术的终结？

与《存在与时间》一样，这部作品以讨论黑格尔结束（《艺术作品的本源》, 79—81)。海德格尔问:艺术是否仍然是必要和必需的方式,通过这样的方式,对于我们的历史性存在起决定性作用的真理发生? 黑格尔回答说不是的。然而黑格尔的答案是在一个已经发生的存在的真理的框架中被给出,这一真理自从希腊人以来就为西方思想启蒙。如果黑格尔的宣称曾经唤上前来要求决定,这一决定将牵涉一个迥然不同的真理概念。目前我们太过纠缠于旧概念以衡量黑格尔的宣称。我们所能做的一切就是继续就艺术进行思考。这不能迫使艺术变为存在,但这是其准备:"唯有这种知道才为艺术准备了一个空间,为创造者准备了一条道路,为保存者准备了一个地点。"(《艺术作品的本源》, 78)海德格尔自况为即将到来的新艺术以及新世界的施洗者约翰。

转向

海德格尔用"转向"(Kehre)一词指代两件事物:从《存在与时间》第一、二篇涉及的对此在的分析方面转向第三篇关于存在与时间; 以及从存在的健忘转向他所希望到来的存在的记忆。人们则经常用"转向"来指代海德格尔自身思想的变化,这一变化被认为发生于1930年左右。我们在这第三种含义上能否探测到转向的标记?在《存在与时间》与《艺术作品的本源》之间海德格尔改变主张了吗?

这两部著作之间有很多的承继性。海德格尔仍然关心此在与其世界,然而兴趣的焦点转移了。《存在与时间》在一个已设立的世界里面关心此在的本性。《艺术作品的本源》提出一个不同的问题:一个世界首先是如何建立起来的? 海德格尔通过一系列基础性愈来愈强的艺术作品来接近这个问题。首先,是一幅凡·高的作品，对我们揭示出一个已经就位的世界。其次，是一座神庙，通常是最重要的，充当着城邦的结构中心。在此他也提到了悲剧，它们源自一座特别的城邦，虽然也往往在其他城市中上演。最后，虽然是暗示性地，是荷马与赫西奥德的泛希腊的诗歌，它们被认为是希腊世界的公共财富。

海德格尔无疑夸张了。艺术对于世界建构总是如此重要吗，像它可能对于希腊人的重要性那样？基督教世界是由艺术树立的还是仅仅由艺术宣告诞生（或建立）的呢？器具——第一辆汽车或者协和飞机——难道不能像一件艺术品一样有效地树立一个世界吗？是否所有最重要的、建构世界的纪念物（如特拉法尔加广场）都是伟大的艺术品呢？但是这些问题都是次要的。要点是此在在一个世界的建构中不能起关键作用。它并不能像在《存在与时间》前两篇中一样占据舞台的中心位置。

从此在到存在

此在本来便在世间。普通的人类发现、交流、决定以及活动预设了一个价值与范畴、风俗与习惯的熟悉背景。这个世界是如何设立的？就此而论它能如何被激烈地改变？不是由普通此在改变的，因为此在总是已经存在于世界中。那么是由非凡此在改变的吗？艺术家、诗人，甚或思想家？追随荷尔德林的海德格尔有时把诗人描述为一种半神，站立于一个神与人之间的无人之境，把神的暗示传递给人。正是在这一无人之境中，人是谁以及他在何处设立自己的存在被决定下来（《荷尔德林与诗的本质》）。

艺术家或诗人无法以任何一种常人的方式完成其工作，即以任何一种已经预设其将要树立的世界的方式。他必须成为一种类似非人类力量的手段的东西——艺术或真理或存在本身。艺术家必须是"决断的"(entschlossen),向这种力量绽出性地"敞开"。决断起初似乎是一种在这个世界里本真地引领自我的方式,现在已经找到了一个新角色:决断使得创造者与保存者得以建构一个新世界。

语言也同样找到了一个新角色。在《存在与时间》中,语言从已经设立的世界的意指性关联中成长。在《艺术作品的本源》中它具有更加基础性的地位。作者对事物的首次命名,投射性语言帮助建构起一个世界。语言同样不能由人类按照常人的方式设计,那样的方式已经预设了我们对语言的拥有。因此语言,至少筹划性语言,也是组成此在及其世界的非人类力量,而不仅仅是交流工具。这就是为什么海德格尔说:"说话者并非人,而是语言。人只有当命运使然而回答语言时才说话。"(《理性的原则》, 96)

原初的跳跃

海德格尔的思想转变了吗? 或者只是他的问题变化了吗?或者新问题只是从早期问题中发展出来的吗?也许我们应该专注于他关于"原初"所说的话。他说,真正的原初既不简单也不原始,它跳跃过了即将到来的事情。对于他自己的早期作品可能如此吗?例如,《艺术作品的本源》将大地作为世界的相对物。与此相反,《存在与时间》并未提及"大地"。然而在1925年的演讲中,海德格尔已经将"大地"表述为我们的作品及活动的世界所栖身之处(xx.269—270)。大地还不像在《艺术作品的本源》里面的那样与世界相对立。它是我们的世界中为人熟知的偏远部分,是半驯化的自然,我们在此放牧牛群。它不像《艺术作品的本源》里面的那样，充满威胁、敌意（虽然不可或缺），必须费尽心力才能从中夺出一个世界。但是，这是因为在这两部著作中所提出的问题是不同的。大地的概念在海德格尔早期著作中仍不明显，然而已为其后来具有更加重要的地位作了铺垫。早期的海德格尔也许是荷马史诗式的，晚期的海德格尔正是从中发展了悲剧与神庙。

第十一章
梅斯基希的圣马丁？

海德格尔首先是一名哲学家。政治是边缘化的。但是我们不能忘记20世纪30年代早期的阴暗插曲：他与纳粹的纠缠。这一经历能告诉我们关于他哲学的什么呢？反之，他的哲学又能告诉我们关于他这一经历的什么呢？不太多。

校长

1948年海德格尔写信给一个昔时的学生赫伯特·马尔库塞，信中说1933年他“期望国家社会主义[1]能够对生活进行精神上的翻天覆地的革新，社会敌对势力能够和解，西方的此在观念能够避开共产主义而得到传播”（沃林，162）。他的一些支持者为他的决定正名，理由是当时的纳粹主义是另一个选择。为什么偏爱纳粹主义呢？正如《存在与时间》所描绘的，现代世界已经混乱不堪了。但是在《存在与时间》中鲜有内容偏向纳粹主义而非共产主义，或者（比如）从公众生活中决断地退出的。海德格尔是个保守分子，偏向差异与等级，不支持“一碗水端平”即千篇一律与平均主义，他把后者与美国和苏联相联系。即使

① 即纳粹主义。——译注

在对纳粹主义失去幻想之后，他仍然极为爱国，相信西方的命运将会由德国来决定，虽然其主宰是德国哲学而非德国军队。然而其他保守分子以及爱国者，如斯宾格勒与云格尔，则拒绝了纳粹的诱惑。纳粹主义难道不是本质邪恶的吗？一个人可以说："我是共产主义者，但我不支持形式化公审或强制性国有化。"但是一个人很难说出："我是纳粹分子，但我不赞成反犹太主义或大屠杀。"共产主义的弊端是偶然的，而纳粹主义的邪恶似乎为其本质。

然而，现在已成为历史的大部分事件在1933年尚未发生。希特勒于1924年曾在巴伐利亚因企图政变而短暂入狱。不过他从错误中吸取了教训，这一次是通过合法的形式获得了政权。希特勒的的确确信奉反犹太主义。但是当反犹太主义自动把一个政客或运动排除在考虑之外的时候，它还未曾有当前如许的禁忌。当时没有人（除了希特勒自己之外）梦想灭绝犹太人。纳粹主义除了反犹太主义以外还许诺许多吸引人的东西：为失业工人提供就业机会，减轻技术以及资本主义所造成的毁坏，拒付凡尔赛条约的赔款，回归传统（"家庭"）价值观，崇拜青春。现在具有警示意义的**德语**单词——Führer（独裁者）、Volk（民族）、entschlossen（有决心的）——在1933年听起来好像和它们的英语对应词在今天一样无辜：强大的"领导"，带着他的"领导者素质"，以及需要"果断"领导的"人民"或者"民族"。（一个民族不是一个"种族"。生物种族主义对于海德格尔的哲学是陌生的。）海德格尔1945年问道：谁知道"什么已经发生，什么本可避免，如果1933年所有可用的政权都出现……以净化和缓和获取政权的运动？"（沃林，16）。他认为自己能够影响纳粹主义将来的进展。当纳粹主义显露出其"真实"本质之后，这一想法就显

图10　梅斯基希公墓海德格尔之墓(碑上文字为:马丁·海德格尔 1889—1976)

得荒唐。然而在1933年并不显得荒唐。海德格尔是从其可能性，而非仅仅实际情况，来看待纳粹主义的。

如果《存在与时间》的观点没有使海德格尔投身于纳粹主义，那么这些观点也不可能使他对纳粹主义产生免疫力吗？期望一种哲学保护我们免受一个有技巧的政治操纵者的控制，这个政治操纵者能从自己的错误中吸取教训，同时又是一个精明的战略家，有着对于时间掌控的绝佳感觉——这对于一种哲学来说，要求是太高了。没有道德规范，也没有对与错的清单，能够完成这项任务。关于过去的恶人和反英雄的卷宗也不会起作用。见多识广的恶人知道如何逃脱卷宗记载，使自己看起来像个英雄。我们需要警惕的也不仅仅是恶人：用不着有昭著的恶人，人们照样常常把事情弄得一团糟。（寻找造成混乱的恶人往往也是混乱的一部分。）面对所有这些，哲学无法提供绝对有效的护身符。正如海德格尔告诉我们的那样，我们向着一个将来而生，这个将来对于我们而言还是未知的，不带有来自过去的无可争议的指导意义。

思想者

海德格尔作为一个哲学家地位如何呢？他的许多核心理论都在某些方面归功于其同时代的人和在他之前的先行者。从认识论到本体论的转换是在海德格尔之前，由尼古拉·哈特曼来完成的。此在的观念是从与胡塞尔的现象学和马克斯·舍勒的哲学人类学的批判性关联中发展起来的。生存（Existenz）、愁虑（Angst）以及当下即是（Augenblick）等概念源自克尔凯郭尔，更直接源自雅斯贝尔斯。海德格尔自己承认他的历史观点受到狄尔泰，特别是狄尔泰的朋友约克·冯·瓦滕堡伯爵的影响。（《存在与时间》,397—404)他不是那么热切地想承认斯宾格勒的影响，后者把存在作为在场的观念归咎于希腊人，并强调天命在历史中的作用。

海德格尔的思想仅仅是源自他人思想的**现成品**吗？不是的。海德格尔的思想往前回溯,远远超过了其同时代人以及最近的先行者,最早可以追溯到古希腊人。这使得他与同时代人的直接影响绝缘了,或者说,实际上与任何单个哲学家或学派绝缘了。比如,他追踪愁虑的概念不是简单地追溯到克尔凯郭尔,而是到路德和圣奥古斯丁。事实上他声称,在试图使“奥古斯丁的(即希腊—基督教的)人类学”同“亚里士多德的本体论”相一致的过程中,他提出了自己的此在作为烦的观点。(《存在与时间》,199n.vii)

海德格尔显然不是原封不动地把那些观点和问题移置到他自己当下的问题域。至少他发掘出它们的更加遥远的起源。并且几乎一成不变地，他将自己借来之物烙下自己独特的印记,将它们整合成为一个语境,在其中它们的外来源头几乎不可见。还不止于此:对于这些“放债”的哲学家,海德格尔往往通过重新阐释他们而清偿了自己的“债务”。海德格尔有多少成就归功于康德?有多少归功于亚里士多德?很难作出回答,因为海德格尔是用自己的想法来阐释康德和亚里士多德的。从海德格尔这一边来看,康德和亚里士多德欠海德格尔的“债”就和海德格尔欠他们的一样多。海德格尔对于其他哲学家的解读通常不易被接受。但是同样地,它们也不易被遗忘,而且一旦我们遇到了海德格尔对于一位哲学家的解读,就很难通过完全非海德格尔的眼睛去解读他。

如果说其他人对海德格尔的影响是一个十分微妙的问题,

那么他对于别人的影响也同样如此。在表面上他的影响是巨大的：对于神学家（布尔特曼、拉纳、田立克），对于精神分析学家（路德维希·宾斯万格），对于文学批评家（埃米尔·施泰格尔），同时还有对于哲学家（萨特、梅洛－庞蒂、勒维纳斯、奥尔特加·加塞特、伽达默尔以及德里达）。但是他的影响会持续多久呢？海德格尔的哲学会如亚里士多德甚至康德一般长久传承吗？很难作出回答。这取决于我们无法预见的事件，取决于将来的哲学家与非哲学家们如何行事，取决于他们在有海德格尔时是怎么做的以及没有海德格尔时是怎么做的。

海德格尔的影响这一问题还取决于对一个不同问题的回答：海德格尔作为一名思想家的地位是怎样的？这同样难以回答。海德格尔并未简单地对其他哲学家所从事的问题给出解决方法，从而使我们能够通过比较他的解决方式与他人提出的解决方式来衡量他的地位。他提出新问题，他可能无法回答的问题，然而这些问题在他看来比一般的问题更加根本。我们如何衡量他的问题的意义，或者实际上也即他为它们提供的答案的意义呢？这还是——至少部分是——取决于将来别人是怎么对待海德格尔的。海德格尔的价值与他的影响并不是明显区分的两个问题。

海德格尔其人

现在，虽然还不是非常明晰，海德格尔在我们眼中已不像最初那样是一团迷雾了。他在地位与影响力方面雄心勃勃。他是个不屈不挠的思想家，尝试重新勾画哲学地图。他是个不安宁的、饱受折磨的人，不仅被哲学折磨，还被他模棱两可的基督教信仰折磨。在这些方面他与圣奥古斯丁再相似不过了。

词汇表

ableben; Ableben **逝世** 死亡或活体死亡；死亡，生物死亡

Anwesenheit **在场** 在场（例如某人在某地或某事件中）。比较希腊语基督再临（parousia），“在场”（由ousia，“存在，物质”而来）

Augenblick **当下即是** 瞬间

auslegen; Auslegung **解释** 传播或布置，去解释；解释

Befindlichkeit **现身情态** 心灵状态，人自我发现的方式，人如何处事，由（Sich）befinden得来，“去发现（自身）”，等等。[正如Wie befinden sie sich? 中，（1）“你好！”（2）“你感觉如何？”] 以及befindlich，在某地“被发现”

besorgen; Besorgen **烦神** 提供，准备物品；牵念。适用于人处理工具以及器具

bewusst, Bewusstsein **意识** 有意识的；（对于对象的）意识，有意识的存在，处于有意识状态。海德格尔避免使用这些词，而黑格尔以及胡塞尔偏爱这些词。但是海德格尔使用“此在”一词仿效了“意识”，同样有具体和抽象两种运用

da; das Da **此** 那儿，这儿；那儿（特指）

damals **曾在** 当时（过去），在过去的场合

dann **到时** 那时（将来）

dasein; Dasein **此在** 在那儿（非海德格尔专用的德语意为：存在）；此在，在那儿，人类，作为人类。海德格尔使用“此在”一词既指（具体）人类又指（抽象）作为人类。在《存在与时间》中此在往往指代一项存在体，即人类。海德格尔在演讲中常常提到“人类（menschliche）此在”以及“人的此在”

destruieren; Destruktion **毁灭** 破坏；毁坏。然而海德格尔使用这些词意义接近“解构”，可能也接近黑格尔的废除，纷扰，意即“使明升暗降”，立即“取消，保藏，以及提高”

dichten; Dichtung, dichterisch **诗意创造；诗** 去写作，设计，发明，假装；作品，小说，发明，诗，诗歌；诗性的，创造性的

eigentlich; Eigentlichkeit **本真；本真的** 本真的，真正的；本真性。与形容词“自己的”有关，“所有”，“私人”。本真即对个人的“自身”真实，作为实实在在的自己，去做

自己的事情

Ekstase; ekstatisch **绽出** 绽出态，绽出态的。字面意为“向前走去，表现突出”

entschliessen; entschlossen; Entschlossenheit **决断** 决心，决断，决断状态。源于schliessen，“关闭”；因此字面意为“揭蔽”，等等。

erschliessen; Erschlossenheit **揭蔽** 揭蔽；揭蔽状态

existieren; Existenz; existenzial, existenziell; Existenzial **生存** 字面义：向前走去，存在；表现突出，存在状态；存在的（形容词）；有关存在的；有关存在（名词）。形容词“存在的”与“有关存在的”之间的差异同“存在者层次上的”与“存在的”之间的差别是一样的，不过后者只适用于此在。选择成为一名士兵而不是一名补鞋匠是作出了一个有关存在的选择。作出这种选择的能力，以及哲学家对此的领会，是存在性的

faktisch; Faktizität **实际的** 实际的，真实性；类似“事实的，事实”，不过后者只适用于此在，例如：某人存在的完全的事实

Fürsorge **烦忙** 担心，人对于其他人类的态度

Gegenwart; gegenwärtig; gegenwärtigen **当前** 现在，字面义：向着……等待；（在）现在；使当前化

Geist; geistig **心灵** 精神，心灵；精神的，智力的。这些词在《存在与时间》中极少出现

Gerede **闲言** 闲谈，饶舌

geschehen **演历** 发生，演历

Geschichte; geschichtlich; geschichtlichkeit **历史** 历史；历史的；历史性。在海德格尔的使用中，这些词语将历史视为事件或大事，而非对事件进行研究（历史学）。Geschichte 还意味着“故事，叙述”，这也可能对海德格尔对其运用造成影响

Geschick **天命** （一个群体或团体的命运）

gewesen; Gewesenheit **曾在** 曾在性存在（存在的过去时）；曾在性，（活生生的）过去

Gewissen **良知** 良知。良知与肯定的，“当然”有关，但是在《存在与时间》第291页，将良知与确定性相分离

Historie; historisch **历史学** 历史，编史，历史学；历史的，编史的，历史学的

Horizont **视野** 视野。但在海德格

尔的用法中，它意味着由视野界定的领域或我们能审视这一领域的有利地位

jetzt; das fetzt **当前** 现在；现在时刻，瞬间

kehren; die Kehre **转向** 进行转向；转向；尤其(1)从对存在的遗忘到对存在的记忆；(2)从《存在与时间》的第一、二篇到第三篇；(3)从早期的海德格尔到晚期的海德格尔

Licht; lichten; Lichtung **澄明** 光，亮；清扫(如森林)；(森林的，在海德格尔用语中，敞开的，彼处的，等等)空地，空地(在森林中)，开放的空间。对于海德格尔而言，澄明仍然保有同光与照明的联系

man; das Man **常人** 人，他们，等等；特指"他们"

Neugier **好奇** 好奇，对于新奇的渴望

ontisch; ontologisch; Ontologie **存在者层次上的；本体论** 本体的，本体论的，本体论。真正的本体论研究的不是存在（das Seiende），而是此在（das Sein），一些特殊"地区"存在的此在或此类的此在，如果它是"基本上本体的"。一项宣称，疑问，等等，如果与存在体的存在有关，并且粗略地说是先天的，便是本体论的。如果它仅仅与存在或存在体有关，并且粗略地说是经验性的，便是本体的。

Poesie **诗歌** 诗，诗歌＝狭义上的诗意创造

reden; Rede **言谈** 谈论，谈论之事，交谈

reissen; Riss; Grundriss **裂隙** 抓住，抢夺，撕破；撕裂的，(一个)撕破处，裂缝，裂隙、草稿、画作、草图、设计；平面图、草图、提纲、范式

Schicksal **命运** (个体的)命运

sein; das Seiende; das Sein **存在** 存在，此在，存在体，即存在物、存在体；此在，特定此在。存在与此在的区别对于海德格尔而言是十分关键的。在xxiv及其后的著作中海德格尔将其称为"本体论的区别"(ontologische Differenz)

sorgen; Sorge **烦** 担心，照顾，提供，照料；关心，担忧，麻烦，小心的关注

springen; Sprung; Vorsprung **跳跃；领先** 跳跃，越过，弹跳；(a)跳跃，越过，弹跳；(b)跳跃，等等。在……之前跳过，领先（也是一项"投射"，并且是一个"开始"或"优

势”)

sterben; das Sterben **死** 死亡；濒于死亡

stiften; Stiftung **创建** 建立，创造，设立，赠予；基础，设施，赠予之物，遗赠物。因此，对于海德格尔而言，“建立”同时带有如下意味：(1)“遗赠”；(2)“打基础”；(3)“起始”

stimmen; Stimmung **情绪** 使调和，调节，使某人处于某情绪中；调节，情绪，脾气，性情

Tod; Sein zum Tode; Freiheit zum Tode **死亡** 死亡；向死而在；向死的自由

Ursprung, ursprünglich; gleichursprünglich **本源** 来源，本源，字面义：领先；本源的，原初的；同等原初，同等原始

verfallen; das Verfallen **沉沦** 沉沦，恶化；沉沦状态，恶化状态

Vergehen; Vergangen; tfie Vergangenheit **过去** 逝去，过去，消失；过去，经过，过去之事；(不复存在的)过去

Volk **民族** 人民，民族。这是一个伦理或文化观念而非如“种族”(Rasse)一样是个生物观念；成为德国民族的一员就要说德语，遵循德国风俗，认为自己是德国人

Vorhabe, Vorsicht, Vorgriff **先有** 先有；先见；前概念。这一“前结构”(Vor-struktur) 牵涉到所有解释(《存在与时间》，327)

vorhanden **现成的，现成在手的** 可用的，现存的，现成在手的。与有待上手相反，它适用于单纯在那儿的(或视为如此的)事物，中立，不生动的，从人类活动与目的中脱离出来

Welt; Umwelt; Lebenswelt, in der Welt, innerweltlich; weltlich; Weltlichkeit **世界；世界的；世界性** 世界；环境，围绕着(单个人，我们)的世界；生命世界；在世界之中(只适用于此在)；世间(只适用于除此在以外的事物)；世间的(属于世界的)；世界性(属于世界的)。海德格尔区别出四种世界的意义：(1)所有现成在手的存在体的集合；(2) 这样的存在体的存在，或者它们的一个特殊“领域”(例如，数等属于“数学家的世界”)；(3) 此在所生活的世界，或者是“我们‘公众’的世界的，或者是一个人‘自身’最切近的(家庭的)世界”；(4)世界性，世界的基本结构。海德格尔使用的世界通

常为意义（3）（《存在与时间》，64之后）

werfen; geworfen; Geworfenheit **抛，被抛，被抛状态** 抛，被抛，被抛状态。比较：设计；计划：抛弃，扔掉，画草图，设计；草图，设计，计划

Werk **作品** 作品。在《艺术作品的本源》中海德格尔采用了同时意指"应用，开始"以及"设置入（艺术）作品"这样的短语

Zeit; zeitlich, Zeitlichkeit; innerzeitig, zeitigen **时间；时间性的；时间性；时间内的；到时** 时间；时间的（只适用于此在）；时间性（只适用于此在）；时间内的（只适用于除此在以外的事物）；使成熟，成熟，时间化（属于时间性的）

zuhanden **有待上手的** 手头备用的，手边的，人类可用的。尤其适用于物品，工具，器具，用具

Zukunft; zukünftig **将来** 将来（即将到来的）；将来，将来的

zweideutig; Zweideutigkeit **两可** 模棱两可，两面派；模棱两可性，表里不一

索引

（条目后的数字为原文页码）

注：马丁·海德格尔在次项中以“MH”指代

A

B

C

D

E

L

M

N

O

P

R

S

U

V

W

Michael Inwood

HEIDEGGER

A Very Short Introduction

Contents

List of Illustrations

References

All references to *Being and Time* are to the pages of the German editions of *Sein und Zeit*. This pagination is indicated in the margins of the English translation, *Being and Time*, tr. J. Macquarrie and E. Robinson (Oxford, 1962). The title of the work is abbreviated as 'BT'. Volumes of the complete edition of Heidegger's works, the *Gesamtausgabe*, published by Vittorio Klostermann of Frankfurt am Main from 1975 on, are referred to by the volume number in lower-case roman numerals, followed by the page reference. (The German pagination is again indicated in the translations.) The volumes referred to, with the dates of *(a)* the original delivery of the lectures, *(b)* the publication of the *Gesamtausgabe* edition, are:

iv	*Erläuterungen zu Hölderlins Dichtung* (*Elucidations to Hölderlin's Poetry*): *(a)* 1936–68; *(b)* 1981, but published first in 1944 and, with additions, in 1971
xvii	*Einführung in die phänomenologische Forschung* (*Introduction to Phenomenological Research*) *(a)* 1923–4; *(b)* 1994
xx	*Prolegomena zur Geschichte des Zeitbegriffs* (*History of the Concept of Time: Prolegomena*, tr. T. Kisiel (Bloomington, Ind., 1985)) *(a)* 1925; *(b)* 1979
xxi	*Logik. Die Frage nach der Wahrheit* (*Logic: The Question about Truth*) *(a)* 1925–6; *(b)* 1976
xxii	*Grundbegriffe der Antiken Philosophie* (*Basic Concepts of Ancient Philosophy*) *(a)* 1926; *(b)* 1993

xxiv *Die Grundprobleme der Phänomenologie* (*The Basic Problems of Phenomenology*, tr. A. Hofstadter (Bloomington, Ind., 1982)) *(a)* 1927; *(b)* 1975

xxvi *Metaphysische Anfangsgründe der Logik im Ausgang von Leibniz* (*The Metaphysical Foundations of Logic*, tr. M. Heirn (Bloomington, Ind., 1984)) *(a)* 1928; *(b)* 1978

xxix–xxx *Die Grundbegriffe der Metaphysik. Welt – Endlichkeit – Einsamkeit* (*The Fundamental Concepts of Metaphysics: World, Finitude, Solitude*, tr. W. McNeill and N. Walker (Bloomington, Ind., 1995)) *(a)* 1929–30; *(b)* 1983

xxxi *Vom Wesen der Menschlichen Freiheit. Einleitung in die Philosophie* (*On the Essence of Human Freedom: Introduction to Philosophy*) *(a)* 1930; *(b)* 1982

li *Grundbegriffe* (*Basic Concepts*, tr. G. E. Aylesworth (Bloomington, Ind., 1993)) *(a)* 1941; *(b)* 1981

lviii *Grundprobleme der Phänomenologie* (*Basic Problems of Phenomenology*) *(a)* 1919–20; *(b)* 1993

lx *Phänomenologie des Religiösen Lebens* (*Phenomenology of Religious Life*) *(a)* 1918–21; *(b)* 1995

lxi *Phänomenologische Interpretation zu Aristoteles. Einführung in die Phänomenologische Forschung* (*Phenomenological Interpretation of Aristotle: Introduction to Phenomenological Research*) *(a)* 1921–2; *(b)* 1985

lxiii *Ontologie (Hermeneutik der Faktizität)* (*Ontology: Hermeneutic of Facticity*) *(a)* 1923; *(b)* 1988

lxv *Beiträge zur Philosophie (Vom Ereignis)* (*Contributions to Philosophy: Of the Event*) *(a)* written 1936–8; *(b)* 1989

Other works, all by Heidegger unless otherwise specified, are referred to by the following abbreviations:

Arendt H. Arendt, 'Martin Heidegger at Eighty', *New York Review of Books* (21 October 1971)

CM E. Husserl, *Cartesian Meditations: An Introduction to*

	Phenomenology, tr. D. Cairns (The Hague, 1973) (written in 1929)
CT	*The Concept of Time*, tr. W. McNeill (Oxford, 1992) (lecture given in 1924)
ER	*The Essence of Reasons*, tr. T. Malick (Evanston, 1969) (1st pub. 1929)
HEP	'Hölderlin and the Essence of Poetry', tr. D. Scott, in *Existence and Being*, ed. W. Brock (Chicago, 1949) (lecture given in Rome in 1936)
IM	*An Introduction to Metaphysics*, tr. R. Manheim (New Haven, 1959) (1st pub. 1953, but based on lectures from 1935)
Löwith	*Karl Löwith, My Life in Germany Before and After 1933: A Report*, tr. E. King (London, 1994)
MWP	'My Way to Phenomenology', in *On Time and Being*, tr. J. Stambaugh (New York, 1972), 74–82. (MWP 1st pub. 1963)
N i	*Nietzsche*, i. *The Will to Power as Art*, tr. D. E. Krell (New York, 1979) (1st pub. 1961, but based on lectures from 1936–7)
OWA	'The Origin of the Work of Art', in Martin Heidegger, *Poetry, Language, Thought*, tr. A. Hofstadter (New York, 1975), 17–87 (OWA 1st pub. 1950 in Heidegger's *Holzwege* (*Woodpaths*))
PR	*The Principle of Reason*, tr. R. Lilly (Bloomington, Ind., 1991) (lectures given in 1956, 1st pub. 1957)
Wolin	*The Heidegger Controversy: A Critical Reader*, ed. R. Wolin (Cambridge, Mass., 1993)

I have sometimes altered the translations given in the above works.

Chapter 1
Heidegger's Life

He was (with the possible exception of Wittgenstein) the greatest philosopher of the twentieth century. He was (with the possible exception of Hegel) the greatest charlatan ever to claim the title of 'philosopher', a master of hollow verbiage masquerading as profundity. He was an irredeemable German redneck, and, for a time, a gullible and self-important Nazi. He was a pungent, if inevitably covert, critic of Nazism, a discerning analyst of the ills of our age and our best hope of a cure for them. Each of these claims has been advanced, with greater or lesser plausibility, on Heidegger's behalf. Who was the man who provokes these contrasting reactions?

Martin Heidegger was born on 26 September 1889, to a poor Catholic family in the small town of Messkirch in Baden in south-west Germany. His father Friedrich was the cellarman and sexton of the local church. In 1903 Martin went to the high school at Konstanz, where he was supported by a scholarship and lived in a Catholic boarding-house. He was, by this time, being prepared for the priesthood. In 1906 he moved to the high school in Freiburg where the church supplied him with free board and lodging. It was here, by his own account, that his interest in philosophy was first aroused, by a work *On the Various Meanings of Being according to Aristotle* (1862), by Franz Brentano, one of the forebears of the phenomenological movement. Later he came across Carl Braig's *On Being: An Outline of Ontology* (1896), which contained excerpts from Aristotle and from medieval philosophers such as Aquinas (MWP, 74). In 1909 he left the high school and became a Jesuit novice, but was discharged within a month owing to heart trouble and perhaps also his lack of a spiritual vocation. He then entered Freiburg University, and studied theology and scholastic philosophy. In 1911 he underwent a crisis that led him to break off his training for the priesthood and turn to the study of philosophy and the moral and natural sciences. It was at this time that he studied modern philosophy, especially the *Logical Investigations* of Edmund Husserl, the leading figure in the phenomenological movement, whose aim was systematic enquiry into our conscious mental processes without regard to their non-mental causes and consequences. He graduated in 1913 with a dissertation on *The Theory of the Judgement in Psychologism*, in which he criticized, in the spirit of Husserl, attempts to analyse the logical notion of a judgement in terms of human psychology. In 1915 his habilitation thesis on *Duns Scotus's Theory of Categories and Meaning* earned him the right to lecture at the University.

Heidegger's academic career was interrupted by the First World War. In 1915 he was conscripted, but was regarded as unsuitable for combat duties and assigned to the postal and meteorological services. In 1917 he married a Protestant, Elfriede Petri, and, shortly after the birth of their son Jorg; in January 1919, he announced his breach with the 'system of Catholicism'. On his discharge from the army in 1918 he had become an unsalaried lecturer at Freiburg and an assistant to Husserl, who had become professor at the University in 1916. Heidegger now began to win fame as a teacher of dazzling brilliance and insight. His lectures on Aristotle, on St Paul, on St Augustine, on phenomenology, on the world of our everyday experience and the human being, earned him acclaim as the 'hidden king' of philosophy (Arendt). In 1923 he moved to Marburg as associate professor and there he became friends with the theologian Rudolf Bultmann and began an enduring relationship with Harmah Arendt. (His friendship and correspondence with Karl Jaspers had begun in 1920.) At Marburg he extended the

1. The town hall and market square of Messkirch

range of his lectures with courses on Aristotle's *Rhetoric*, Plato's *Sophist*, presocratic Greek philosophy, time, truth, Aquinas, Kant, and Leibniz. He had not, however, published for ten years. And then in the spring of 1927 he published his great work, *Being and Time*, in the *Yearbook for Philosophy and Phenomenological Research*, edited by Husserl, and also as a separate volume. His reason for publishing it at this time was, he tells us, to meet government requirements for appointment to a full professorship at Marburg (MWP, 80). In the following year he succeeded Husserl to the chair at Freiburg. His inaugural lecture, in 1929, was entitled 'What is Metaphysics?' – a subject on which he lectured at greater length in the following winter (though, in his characteristic manner, much of his course on 'The Fundamental Concepts of Metaphysics' is devoted to the apparently extraneous topics of boredom and insects). In that year too he engaged in a public debate with Ernst Cassirer on Kant's philosophy and published *Kant and the Problem of Metaphysics*. He lectured too on the German idealists Schelling and Hegel, on the allegory of the cave in Plato's *Republic*, and on the presocratic philosophers Anaximander and Parmenides. In 1930 he rejected an offer of a chair in Berlin. Heidegger was deeply attached to the provincial life of southern Germany, to its small towns and rugged landscape – he did much of his writing in a mountain cottage at Todtnauberg, which he had built in 1923. He disliked big cities and their social and cultural life.

The period of the Weimar Republic, from 1918 to 1933, was marked by intense cultural activity, but also by economic distress and political turmoil. In September 1930 Adolf Hitler's National Socialist German Workers' Party (NSDAP, but commonly known as 'Nazi') became the second largest party in Germany. On 30 January 1933 Hitler was appointed chancellor in a right-wing coalition. The Reichstag fire on 27 February gave him an excuse for rushing through decrees conferring absolute power on the Nazi party. On 30 June 1934, on the pretext of Ernst Röhm's rebellion, he murdered his rivals Röhm's Storm Troopers and other inconvenient party members, such as Gregor Strasser, a 'left-wing' Nazi more opposed to capitalism than to Jews or Bolshevism. (Josef Goebbels had earlier been a supporter of Strasser, but was converted by Hitler in 1926 to a programme that could win the backing of bankers and industrialists.) On 2 August 1934 Hitler was proclaimed 'Führer of the German Reich' ('Leader of the German Empire'). In the 1920s Heidegger had been virtually apolitical, but by the early 1930s he had become sympathetic to Nazism. On 21 April 1933 he was elected rector of Freiburg University by the faculty, and on 1 May he joined the NSDAP. On 27 May he gave his rectoral address, 'The Self-Affirmation of the German University', which, though not an especially reassuring document, is noticeably free of anti-Semitism. (He did, however, place labour, military service, and knowledge on an equal footing as duties of the student.) During his period as rector Heidegger co-operated with the new regime, while trying to moderate some of its cruder aspects. He campaigned for Germany's withdrawal from the League of Nations in the plebiscite of November 1933. Conflicts with the faculty and with party officials led him to resign as rector in April 1934 and, though he did not leave the party, he took no further significant part in political affairs. He later claimed that he became disillusioned with Nazism after the Röhm *putsch*.

Heidegger published little in the 1930s but continued to lecture, especially on art. In 1935 he spoke, in Freiburg, on 'The Origin of the Work of Art'. He went to Rome in 1936 to give the first of many lectures on Hölderlin, the cryptic philosophical poet who had been Hegel's room-mate at the Tubingen theological college in the late eighteenth century. In Rome he met Karl Lowith, a former pupil of Jewish descent, who claimed that Heidegger retained his allegiance to Nazism (Lowith, 59–61). In the same year he began his lectures on Nietzsche, which continued into the early 1940s and were published in 1961. Heidegger's friends claim that these lectures contained covert criticism of Nazism and tried to rescue Nietzsche from the use made of him to support racist doctrines and practices. Heidegger was at this time under surveillance by the Gestapo. From 1938 on technology assumed a larger role in his thought. This interest appeared in a Freiburg lecture of 1938, 'The Establishment of the Modern World-Picture by Metaphysics' and also in a seminar on Ernst Jünger's essay 'The Worker'. (Jünger was neither a Nazi nor anti-Semitic, but some of his ideas, such as 'total mobilization', were adopted by the Nazis.) Heidegger's lectures in this period often refer to political events and later to the War. He always relates them to the 'forgetfulness of Being' and to technology. The wilful construction of a world-empire to last for millennia shows, he argued, a preference for quantity over quality that is alien to genuine creators like the Greeks. Empire-building stems not primarily from 'dictators' and 'authoritarian states', but from the 'metaphysical essence of modernity', the will to mastery over nature (li. 17f.). This verdict on Nazism was delivered in the summer of 1941, when Hitler's power was at its height.

In the autumn of 1944 Heidegger was (humiliatingly) drafted into the Volkssturm (the 'People's Storm', something like the British Home Guard or 'Dad's Army') to help dig anti-tank ditches along the Rhine. At the beginning of 1945 he went to Messkirch to arrange his manuscripts and secure their safety. In June, two months after Germany's final collapse, he went to Freiburg and appeared before the 'Denazification Commission'. Some officers of the French occupying forces made contact with him, and arrangements were made for him to meet his long-time admirer Jean-Paul Sartre. This plan miscarried, but he corresponded with Sartre and struck up a friendship with Jean Beaufret, the most loyal of French Heideggerians. In 1946 he was forbidden to teach; the ban lasted until 1949. He was, however, permitted to keep his library and was granted an emeritus professorship by the University. This verdict was supported by the University authorities, as well as by the French administration. It was based in part on a report by his old friend Jaspers.

Heidegger's career as a writer and lecturer soon revived. He presented 'What are Poets for?' (1946) to a small audience in memory of Rilke's death twenty years earlier. He published *On Humanism* (1947), a letter to Beaufret in which he distanced his own philosophy from French existentialism. In December 1949 he gave four lectures to the Bremen Club, and one of these, 'The Thing', was delivered at the Bavarian Academy of Fine Arts in 1950. He renewed old friendships: Arendt visited him in 1950, and his correspondence with her, and also with Jaspers, revived. He lectured again to the Bavarian Academy in 1953, this time on 'The Question of Technology'. He travelled more widely than hitherto. He lectured on 'What is Philosophy?' at Cérisy-la-Salle in 1955, and later on 'Hegel and the Greeks' (1957) at Aix-en-Provence, where he also became friends with René Char. On his seventieth birthday in 1959 he was made an honorary citizen of Messkirch. He visited Greece for the first time in 1962, and again in 1967, when he addressed the Academy of Sciences and Arts in Athens on 'The Source of Art and the Vocation of Thinking'. From 1966 to 1973 he gave a series of seminars, in Le Thor in Provence and later in Zaehringen. He attempted to justify his conduct during the Nazi era in an interview with *Der Spiegel* in 1966. This was published after his death ten years later, and bears the title 'Only a god can save us', a remark he made in the interview which recalls a poem of Hölderlin: 'In my boyhood days / Often a god would save me / From the shouts and the rod of men'.

After the War Heidegger had steadily published works that were, for the most part, revised versions of his lectures. In his last days he helped to prepare a complete edition of his works, which was to include transcripts of his lectures as well as works published earlier. He declared his wish that no thought he had expressed in a lecture would be lost. A volume of this edition appeared in 1975, containing the Marburg lectures on 'The Basic Problems of Phenomenology' from the summer of 1927. (The edition is not yet complete; it is projected to fill about a hundred volumes.) Heidegger died in 1976 on 26 May, and was buried on 28 May in the churchyard at Messkirch next to his parents. A Catholic mass was held in his memory. The officiating priest, his nephew Heinrich Heidegger, quoted Jeremiah 1: 7: 'But the Lord said unto me, Say not, I am a child: for thou shalt go to all that I shall send thee, and whatsoever I command thee thou shalt speak.'

Heidegger's life is an intriguing tale of a wanderer's return, but what makes it more interesting than many other such lives is his status as a thinker. No one would fret over the details of his political activity, let alone his religious beliefs or private life, were he not a significant philosopher. To his philosophy, then, we now turn.

Chapter 2

Heidegger's Philosophy

Heidegger's admirers differ over whether he produced a *second* great work, and if so, which it is; the Nietzsche lectures or the *Contributions to Philosophy (Of the Event)*, drafted between 1936 and 1938, but published only in 1989, as well as other works, are often nominated. But there is general agreement that he wrote one great work, and that it is *Being and Time*.

Being and Time bears comparison with Hegel's *Phenomenology of Spirit*, if not with Plato's *Republic* or Kant's *Critique of Pure Reason*. It is by far the most influential of his writings: it has made its mark on theologians, psychologists, and sociologists as well as philosophers. It crystallizes the results of his reading, lecturing, and thinking over the previous decade, and it points the way ahead to his later works, which even if they differ considerably from *Being and Time* cannot be understood independently of it. It is at the same time one of the most difficult books ever written. Both its overall structure and the language in which it is composed present great problems to the reader, especially to the non-German reader.

The argument of the work, in rough outline, is this: It is important to ask the question 'What is Being?', a question which was once asked but has long been forgotten. To do this we need to consider some being or entity, and the obvious choice is the human being or 'Dasein',

2. Heidegger as a schoolboy, in about 1899

since that is the being that asks the question and which has a preconceptual understanding of being which, if used with caution, will guide us towards an answer to our question. Hence the first section of the book is devoted to a 'preparatory fundamental analysis of Dasein', which argues that Dasein is essentially 'in the world' and that its being is 'care'. In the second section he introduces a theme which was only implicit in the first, Dasein's temporality. Dasein is essentially temporal: it looks ahead to its own death, it surveys its life as a whole in conscience and resoluteness, it is essentially historical. Dasein's being is intimately bound up with temporality. *Being and Time* was originally intended to have a third section, which was to consider the question of Being as such and its relationship to time, in greater independence of Dasein. This section has never appeared, but the preface to the seventh edition of *Being and Time* (1953) refers us to his *Introduction to Metaphysics* (1953, but based on lectures from 1935), in which he considers the contrasts between being, on the one hand, and, on the other, becoming, appearance, thinking, and ought. (In a marginal note to his copy of BT, he refers to *The Basic Problems of Phenomenology* (1927, 1975), as a substitute for the missing third section. This work is itself incomplete, dealing with little over a half of its promised contents.) BT was also intended to have a second part, itself consisting of three sections, which were to deal respectively with Kant, Descartes, and Aristotle. (Heidegger likes to do the history of philosophy backwards: a philosopher is unmasked to reveal the face of a predecessor on whom he covertly depends, a face which is in turn exposed as a mask . . .) This part too did not appear, but his other works and lectures give a better picture of its intended contents than we have of the missing section of the first part.

Even this brief survey of BT raises questions about it. What is the question of being and why is it so important to ask it? What is Dasein and how is it related to the question of being? How and why is Dasein in the world? Why are time and temporality so crucial to Dasein and its being? What did Heidegger propose to say in the missing sections of BT and how, if at all, is it related to what he says in later works? These and other questions will be considered in the following chapters.

Chapter 3
Being

Why being? The term 'being' enters into a variety of contrasts. It contrasts, in the first place, with 'knowledge' and with 'science'. Many philosophers in Heidegger's day and earlier, especially those who claimed to follow Kant, were concerned mainly with epistemology or the theory of knowledge, asking such questions as 'What can we know?' and 'What are the foundations of the sciences?' Heidegger was averse to epistemology: it 'continually sharpens the knife but never gets round to cutting' (lviii. 4). Knowledge, especially the systematic knowledge of science, involves a relation, knowing, between a knower, on the one hand, and an object, or range of objects, known about, on the other. Heidegger's doubts about epistemology concern each of the three elements.

Take first the knower. What is it? Is it a pure subject wholly absorbed in the disinterested, theoretical knowledge of its subject-matter, or is it an interested human being, situated in a particular place and a particular time, with many other relations and attitudes to many other things than the objects of its science? Take secondly the relation of knowing. Why knowing? Knowing is only one relation among many that we may take up to the things of the world; it is not the first relation we adopt towards them, it is taken up fairly late in one's career, and then only sporadically; nor is it the most obvious attitude to take towards, say, one's spouse or the key to one's own front door.

How is knowing related to these other attitudes to things? And what does knowing consist in? We tend to speak as if knowing were a uniform thing, as if electrons were known in the same way as historical events. Or if we notice that this is not so we are tempted, like Descartes, to propose an ideal form of knowledge which will guarantee unerring results about, say, the dimensions and movements of material particles. But this will not do for, say, historical events, which are thereby excluded from the realm of knowable objects. If we decline this course, then we realize that the right way of getting to know about a range of entities depends in part on the nature or being of those entities. We know about historical events in one way, and about electrons in another: we do not sift ancient documents to find out about electrons or try to detect Napoleon in a laboratory. This is because historical events are a different sort of entity from electrons. So before we deal with knowledge, we need to consider the nature, or the being, of the object known.

Objects or entities fall into classes: numbers, plants, stars, animals, and so on. A class of entities is often the preserve of a special science. The astronomer studies stars, the botanist plants, and so on. If the philosopher is to study being rather than knowledge, should he too study stars and plants, differing from the scientific specialist only in the breadth and generality of his knowledge, with its attendant superficiality? No. This would not only consign the philosopher to a lower status than Heidegger is ready to tolerate, it would miss a prior, more fundamental question about the objects of the sciences. How do we come to divide up the world of entities in this way? The world does not naturally present itself to us carved up in readiness for the sciences. When two lovers walk hand in hand across a meadow under a starry sky, they do not see themselves and their surroundings as objects separated out for the geologist, the botanist, the meteorologist, even if they are themselves, say, geologists in their professional lives. Once there were no such refined boundaries between sciences and their object-ranges as there now are. Even in recent times scientists sometimes redefine the nature of their subject-matter: they redraw the boundary around it, form a new conception of what lies within it, open up new ways of knowing about their objects and close off old ones. What is such a scientist doing but projecting a view of being onto entities, a projection of a sort which ultimately underlies the work of any science?

This, however, raises another problem. If the scientist, at least the reflective, innovative scientist, considers the being of his subject-matter, what is there left for the philosopher to do? Why not leave it to the scientist? Because, Heidegger argues, the scientist is concerned only with one among several 'regions' of beings; as a scientist he ignores the background against which his projection takes place, the objects left for other sciences and the familiar articles of use that we rely on every day, but which elude the theoretical sciences altogether. Not to mention the nature of being as such or the informal overall understanding of being that enables him to highlight one area of being in particular.

The Various Meanings of Being

Heidegger may have convinced us that we should focus on entities rather than on our knowledge of entities or on the sciences. But 'being' for Heidegger contrasts not only with knowledge, but also with 'beings' or 'entities'. Why being rather than beings? We know of old that the verb 'to be' has different uses or senses: the existential, the predicative, and the 'is' of identity. Why should we regard this as a question of central importance to the sciences or as the main, perhaps the only, genuine philosophical question? The scientist can decide *that* certain entities *are* (the existential 'is') and *what* they are (the predicative 'is'). What more does he, or the philosopher, have to do with being? But being is not, Heidegger argues, the thin, unappetizing subject that it has come to seem. To see why this is so we need to look at the 'various meanings of being' that he found in Brentano's book on Aristotle and later in Aristotle himself.

According to Aristotle the verb 'to be' is ambiguous in several dimensions. When we say that something is (such-and-such or a so-and-so), we may mean that it is actually or that it is potentially. (For Aristotle actuality is logically prior to potentiality.) Again, 'to be' is sometimes equivalent to 'to be true, to be the case'. But most importantly the meaning of 'to be' varies with the category of the entity to which it is applied. Aristotle proposed ten categories, of which the most fundamental is substance, while items in the others – quality, quantity, relation, and so on – depend for their being on substances. Everything that there is falls into one or other of these categories, so that they are classes or genera of entities. But they are, on Aristotle's view, the highest genera that there are. Beings as a whole do not constitute a genus, since 'being' is ambiguous: this can most easily be seen, if we consider that a substance, such as a horse, simply *is*, while a quality, such as its brown colour, is the colour *of* the horse, its being depends on that of the substance to which it belongs. An ambiguous or equivocal term cannot demarcate a genus: horses as an animal species, for example, constitute a single genus, but if we take the word 'horse' in its full range of meanings and make it cover rocking-horses, clothes-horses, and vaulting-horses as well as the animals, we no longer have a genuine genus, but a disparate collection of entities united by nothing but an ambiguous noun. The difference between 'horse' and 'being' is that while the different senses of horse are not significantly related to each other, but only by historical contingencies and superficial resemblances the different senses of 'being' are systematically and significantly related to each other, possessing, Aristotle sometimes suggests, a unity of 'analogy'.
At all events being, in its various senses, is sufficiently unified to constitute a single topic of enquiry in a way that the various types of 'horse' do not, if not to constitute a genus in the way that horses do.

3. Heidegger in the spring of 1912

Being acquired further accretions and refinements in its later history; it acquired, for example, the medieval distinction between being as essence and being as existence, which does not emerge clearly in Aristotle. But enough has been said to set the stage for Heidegger. He agreed with Aristotle that there were different types of being, if not exactly different senses of 'being'. He introduces for this a third term alongside 'that'-being, the fact *that* something is or exists, and 'what'-being, what that thing is: 'how'-being, the mode, manner, or type of an entity's being. For example, if we remain for the moment within the confines of Aristotle's categories, then we have, first, the fact that horses exist, secondly those features of horse that distinguish it from other animals and from other substances in general, and finally its mode of being, the fact that it is a substance and not an entity in some other category. Or, to take a case that goes beyond the confines of Aristotle's categories, while the mathematician studies the 'what' of numbers, asking such questions as whether every even number is the sum of two primes, the philosopher asks about the being of numbers, about how they are or their way of being (cf. xxii. 8, 43; xx. 149). He may answer, as Husserl did, that numbers are neither physical nor psychological entities, but are 'ideal' rather than 'real' entities. In that case, their mode of being is one of ideality rather than reality.

Heidegger versus Aristotle

If Aristotle and his successors have done so much work on the question of being, what more can Heidegger do? Often he suggests that the philosopher should not accept doctrines that have hardened into dogmas even if they happen to be true; he must return to the source from which the doctrine originally sprang, thinking it through afresh. But such rethinking invariably modifies the inherited doctrine to an extent. And in this case Heidegger takes issue with Aristotle at several points. In particular, Aristotle implies, despite his several categories, that the being of genuinely existent entities is all of a piece, that everything – God, men, plants, animals, statues, and chisels – is a substance with qualities, a quantity, relations, and so on. All entities are regarded as *vorhanden*, 'present at hand', as appropriate objects of disinterested description. Heidegger will argue in BT that not all entities are of this type. A hammer, for example, is properly seen as an object of use, to be described, if at all, as 'too heavy' or 'just right', rather than in terms of its physical dimensions and properties. The token that the lover offers to his beloved is a flower, not a plant, not an object of botanical enquiry. Even philosophers who seem to distinguish between different types of entity reveal on closer inspection that they assimilate the being of these entities to a single pattern. Descartes, for example, distinguished sharply between the *res cogitans*, the thinking thing or substance, and the *res extensa*, the extended thing or substance. But not only does he thereby assimilate the being of tools and that of planets, both being at bottom simply extended things; he also, if less obviously, assimilates the being of the thinking thing with that of the extended thing, for each is a thing with an essential attribute, albeit a different attribute. Might we not say that everything that is or exists is or exists in the same way, that to exist is to be a bearer of predicates (or 'the value of a variable') and that entities that apparently are in different ways simply bear different predicates? But not everything, Heidegger will reply, is a bearer of predicates, and to assume that it is already introduces a surreptitious homogenization of being.

Why do philosophers tend to homogenize the being of entities? One reason, Heidegger implies, is that they focus on individual entities or types of entity to the exclusion of the context in which they lie. It is, for example, easier to see a hammer as *vorhanden*, as a thing with certain properties or a bearer of predicates, if one ignores the engrossed carpenter hammering in a nail. We need to consider then not simply the being of entities within the world, but the being of their surrounding context, and ultimately the being of the world as a whole. We also need to look at being as such, to see how and why it branches out into different varieties.

Heidegger does not, however, immediately consider either beings as a whole or being as such. He turns to the examination of the human being, Dasein.

Chapter 4
Dasein

Philosophers often have good reason to place the human being at the centre of their enquiry. An epistemologist who asks 'What can I know?' can be expected to say something about the status of the knower. For a phenomenologist such as Husserl, exploring the relationship between, on the one hand, the 'transcendental' ego, subject, or consciousness and, on the other, its objects, the human being is clearly central. (Heidegger often criticizes these philosophers for saying too little about the being of the subject.) But if we are concerned about being and beings, the human being seems to have no privileged status. It is surely simply one being among others. Why should we start with any particular entity, and why Dasein in particular? It is true that Aristotle held that the study of being must begin with an exemplary type of being, namely substance, and with the exemplary instance of that type, namely God. But Heidegger rejected the link between ontology and theology that Aristotle thereby established, and he does not suggest, at any rate explicitly, that Dasein is an exemplary or paradigmatic entity. What he does say is that it is Dasein that asks the question 'What is Being?' But, we interject, any question whatsoever is asked by Dasein. Are we to suppose that to answer, say, the question 'What are the mating habits of giraffes?' we need first to explore the being of the human being who asks the question? In a sense we do. For to ask and to set about answering any question we need a preliminary understanding, however vague, of the subject-matter of the question and of the direction in which the answer is to be sought. In this case, we need at least to know that the meaning of the word 'giraffe' is to be found in a dictionary or encyclopaedia, and we are likely to know even more than that if the question is capable of arousing our interest. Our preliminary understanding of giraffes is, however, not in itself a subject of great interest nor is it, after it has given us initial guidance, of much relevance to the question we have asked.

Likewise Dasein has a preliminary understanding of being. If it did not we could not understand the question 'What is being?' nor begin to set about answering it. Indeed all human beings, even those who do not ask this question, have some understanding of being, otherwise they could not engage with beings, even with themselves. (Heidegger does not consider infants in his published works, but he would doubtless say first that an infant who is capable of learning by interacting with entities must already have some implicit understanding of being, and secondly that we can only understand infancy as a 'privation' of adulthood, by contrast with our understanding of fully fledged Dasein.) Such understanding is not an explicit conceptual account of being, such as the philosopher aspires to, nor need it be a wholly impeccable understanding. It is prone to various types of error. But we cannot, as we can in the case of giraffes, after initially consulting our preliminary understanding at once abandon it to go off in search of the real object of our quest, hoping perhaps to correct any errors in our preliminary understanding by confronting being face to face. For the being of beings is not as localized, as conspicuous, or as independent of ourselves as are the mating habits of giraffes. Being is everywhere: everything is – people, hammers, towns, theories, planets, galaxies. Being is nowhere: it does not inhere in entities as a readily discernible property; if it is to be discerned, we need continuous guidance from our preliminary understanding of being, and, whatever adjustments we may make to it, we can never wholly abandon it for, or test it against, a stark encounter with being itself. The being of beings, of other entities as well as of Dasein itself, is not independent of Dasein: theories, questions, tools, cities – all these depend for their existence, and for their mode of being, on the fact that they are produced, asked, used, inhabited, and interpreted by human beings. Dasein is essentially in the world, not simply in the sense that it occupies a place in the world together with other things, but in the sense that it continually interprets and engages with other entities and the context in which they lie, the 'environment' or the 'world around us'. It is, in a way, only because Dasein does this that there is a unitary world at all rather than a collection of entities. Dasein is not just one thing among others; it is at the centre of the world, drawing together its threads. Thus in selecting Dasein as the starting-point for his enquiry Heidegger does not focus on one type of entity to the exclusion of others; Dasein brings the whole world along with it.

Why 'Dasein'?

'Dasein' is Heidegger's way of referring both to the human being and to the type of being that humans have. It comes from the verb *dasein*, which means 'to exist' or 'to be there, to be here'. The noun *Dasein* is used by other philosophers, by Kant for example, for the existence of any entity. But Heidegger restricts it to human beings. He also stresses the root meaning of the noun, namely 'being there' or 'being here'. *Da* in ordinary German is appropriately translated sometimes as 'there' and sometimes as 'here', depending on the context. (Heidegger occasionally suggests that while 'here' (*hier*) is where I, the speaker, am, and 'there' (*dort*) is where he or she, the person spoken about, is, *da* is where you, the addressee of my remarks, are (xx. 343). But he does not usually think of Dasein as you rather than I) The word *sein* means 'to be' and, as a noun (*Sein*), 'being' in the abstract sense. Sometimes, but not always, Heidegger hyphenates the word, '*Da-sein*', to stress the sense of 'being (t)here'.

Why does he speak of the human being in this way? The being of humans is strikingly different from that of other entities in the world. 'Dasein is an entity for which, in its Being, that Being is an issue' (BT, 191). Unlike other entities, it has no definite essence:

> The essence of Dasein lies in its existence. Accordingly those characteristics which can be exhibited in this entity are not 'properties' present-at-hand of some entity which 'looks' so and so and is itself present-at-hand; they are in each case possible ways for it to be, and no more than that. . . . So when we designate this entity with the term 'Dasein', we are expressing not its 'what' (as if it were a table, house, or tree) but its Being.
>
> (BT, 42)

That Dasein's being is an issue for it depends, in part, on the fact that this being is 'in each case mine', that Dasein needs to be addressed with a personal pronoun, 'I' or 'you'. The being of entities which are merely present at hand and which are not therefore appropriately addressed as 'I' or 'you' is a matter of indifference to them. Since they cannot, like Dasein, take charge of their own being, they need, if they are to be anything at all, a definite 'what'. But a human being is whatever it decides or has decided to be: 'Dasein is its possibility' (BT, 42). Dasein violates Aristotle's ontology in two respects. First, it is not a substance with an essential nature and with properties or 'accidents'. Second, Dasein's potentiality or possibility is prior to its actuality: Dasein is not a definite actual thing, but the possibility of various ways of being.

'To be or not to be, that is the question'

We naturally think of Hamlet. Dasein is an entity that can decide whether to be or not. But Hamlet does not suggest that a man is nothing more than something that can decide whether or not to be. Why might he not in addition have, like 'a table, house, or tree', some determinate nature? Indeed he must have some further characteristic apart from this ability to decide whether or not to be. Nothing could consist solely in that capacity, any more than it could have existence as its sole characteristic. In any case a man does not have an unrestricted power to decide whether or not to be. He may choose to die, but he cannot choose to be born, or to be born in one situation rather than another. He is, as Heidegger puts it, 'thrown' into the world. But once Dasein is thrown it has more control over its own being than just the option of suicide if it does not like what it is. (Heidegger does not mention suicide in BT, but it is clear from xx. 439 that he regarded it as an inappropriate or 'inauthentic' response to the possibility of death.) What I decide, therefore, is not so much whether or not to be, but how to be. Here we have a different use of expressions such as 'how it is', and 'manner, mode, or way of being'. So far we have assumed that an entity has one, and only one, way of being, but now we see that Dasein's way of being involves the capacity to choose among several possible ways of being. I can choose to be a priest, a doctor, or a philosopher. An appropriate answer to the question 'What am I?' takes the form not of a disinterested comment on myself, but of a decision about how I am to be, even if it is only the confirmation of a decision I have already made. Heidegger marks this special character by saying that Dasein, alone of all entities, *exists* or has *existence*. The verb *existieren* and the noun *Existenz*, like their English equivalents, stem from Latin words meaning literally 'to stand forth' and 'standing forth'. Dasein stands forth, creating its own ways of being, in a way that no other entity does. This feature of Dasein is so crucial that Heidegger decides that instead of speaking of 'categories', as we do when we examine the being of other entities, we should speak rather of 'existentials' (*Existenzialien*), to mark the basic features of Dasein's being (BT, 44).

Is it not an exaggeration to say that Dasein involves no 'what', no 'properties', but consists wholly in its 'possibility'? I may after all be too stupid to become a priest, a doctor, or a philosopher. I may become bald, through no choice of my own and with no possibility of regrowing my hair. Most human beings have a certain bodily, biological structure which differs markedly from that of other creatures and they have only limited possibilities of altering it. Some philosophers have located man's distinctive nature in rationality, defining man as a rational animal. Heidegger does not of course argue that Dasein can become whatever it wants. Circumstances place restrictions on what I can do: 'Existentiality is always determined by facticity' (BT, 192). But my circumstances and my condition are never simply 'present-at-hand properties': I can always respond to them in various ways. If I become bald, I may refuse to accept that I am bald, continuing to insist that I have a full head of hair; I may wallow in my baldness, and let it drive me to despair; I may wear a wig; I may simply ignore it; or I may gladly

4. Heidegger with Manfred Schröter at a conference of the Munich Academy in 1953

accept my baldness, flaunt it, and perhaps make it the basis of a successful career as a lover or an actor. Which option I take is not determined solely by my baldness, but is freely chosen by me.

Inauthenticity and the 'They'

But is it freely chosen by me? The fact that baldness is a significant, and disagreeable, feature of a person requiring some special response depends on social conventions that I did not initiate, and so too does the range of appropriate responses to it. Wearing a wig is an acceptable response, whereas attempting to shave the heads of everyone else so that I am no longer exceptional is not. 'One does not do such things', I think, and in doing so I exclude this as an option, to such an extent that I am unlikely even to consider the possibility. In so far as I refuse or fail to consider certain options for the reason that 'they', 'one', or 'we' do not do such things, my condition is one of 'inauthenticity' rather than 'authenticity', and I have ceded my decision to 'others' or rather to the anonymous 'they'.

Heidegger's word for 'authentic' is *eigentlich*, which in ordinary German means 'real' or 'proper'. From it he forms the word *Eigentlichkeit*, 'authenticity'. 'Inauthentic' is *uneigentlich* – which usually means 'not literal, figurative' and 'inauthenticity' is *Uneigentlichkeit*. Dasein is sometimes authentic and sometimes not. Does Heidegger mean that only authentic Dasein is really Dasein, is really a human being? That inauthentic Dasein is not properly human? No. He associates *eigentlich* with the adjective *eigen*, 'own', which is used in such contexts as 'having a room of one's own', 'having a mind of one's own', and 'being one's own master'. To be authentic is to be true to one's *own* self, to be one's *own* person, to do one's *own* thing.

What then is inauthenticity? Whose mind might I have, whose person might I be, if not my own? 'Own' usually contrasts with '(an)other's', and *eigen* contrasts with *fremd*, 'alien, another's'. I might emulate some other person or group – Heidegger, my spouse, or my academic colleagues – doing and thinking what they do and think. But more often, Heidegger believes, I conform to what the '*they*' does and thinks. Here he exploits a simple German pronoun, *man*, 'one', as in 'One pays one's debts', though English often uses 'we', 'they', 'you, or 'people' where German uses *man*. Heidegger turns this pronoun into a definite noun, *das Man*, the 'one' or the 'they'. The 'they' is others, but it also includes myself in so far as I do, think, and feel what 'they' do, think, and feel. It is not definite named others, it is everyone and no one. I am writing in English, because that is what *one* does. I grieve at funerals because that is what *one* does. In so far as I conform to the 'they', I am not my own individual self, but the '*they-self*: 'The Self of everyday Dasein is the they-self, which we distinguish from the *authentic Self*' (BT, 129). Dasein is inauthentic in so far as it does things simply because that is what *one* does. It is authentic in so far as it makes up its own mind, is its own person, or true to its own self. Authenticity need not of course imply eccentricity. Eccentricity can be inauthentic, while conformity to standard practices can be authentically chosen.

Inauthenticity is by no means an unqualified blemish. It is the normal condition of most of us for most of the time, and without it we could not make decisions at all. I could not decide to write a book, had I not acquired a language such as English. Then, given that my intended audience is anglophone, it does not occur to me to wonder whether I should write it in ancient Greek rather than English, whether to write from left to right or from right to left, or whether to use the word 'good' in the sense of 'bad'. On the other hand, the fact that I am bound to write in English does not commit me to repeating sentences and phrases used by others, 'clichés' and stock expressions; if I do this, without trying to work out my own ideas or to find an apt, if hitherto unused, expression for them, my authenticity is out of place. Still, whether my inauthenticity is inappropriate or not, the question arises: can I, to the extent that I am inauthentic, be said to decide my own being? Heidegger's answer is that if I am inauthentic, if I have ceded my decisions to the 'they', I have, implicitly, decided to do so. At any rate it is always possible for me to reclaim my choice; it is not necessarily very easy to do so, but it is at least possible. And if I can by my decision escape from inauthenticity, then my failure to do so depends on a decision, however implicit, not to make my escape. Dasein's inauthenticity then does not mean that Dasein does not 'exist', dispose, that is, over its own being.

Dasein and the Body

What about the body? Is that not a definite, inescapable 'what' that every human being possesses? My body is not of course only a 'what': I can decide to do many things both with it and to it. But any human being must be embodied and there is a central biological core of the human body that cannot be removed or radically altered, if one is to remain alive. It is clear from Heidegger's account of Dasein that Dasein is embodied, it is not a bare ego or an exclusively psychological subject. But he rarely mentions the body. Suppose then that I attempt to describe the human body. How am I to do it? I might try to describe it in terms which do not essentially imply that it is the body of a living human being who walks, talks, hammers, and so on, in terms that assimilate it to a corpse or to the bodies of other animals. But then, Heidegger objects, if we think of the body in this way, we have to add something to it to make up the complete human being as distinct from a corpse or a nonhuman animal – a soul, for example, or rationality – and then we have lost the unity of the human being, or at least we still have to explain how this unity arises. Again, to regard one's own body in this way is a sophisticated and unnatural procedure. We do not become aware of ourselves, or others, first as extended bodies on a par with stones and rocks, then as living organisms, then as animal bodies, and finally as human beings. We start off, at least in adulthood, viewing ourselves as whole human beings, and need a special sort of abstraction to see ourselves simply as animals or as bodies. The philosopher too, then, should begin by considering Dasein rather than its body, the whole human being who asks the question 'What is my body?' just as it asks the question 'What is being?' When we turn to Dasein, however, we see that we do not normally notice or attend to our own bodies as long as they are in good working order. G. E. Moore once held up his hands and declared 'I know I have two hands'. But we do not usually make such claims about our hands or focus on them at all. We attend to the task in hand, the pen rather than the hand that holds it, or more likely the paper on which we are writing, or more likely still the matters that we are writing about. The body is inconspicuous. It is there, but it lies in the background of Dasein's doings, not in the foreground. It is not something added to Dasein, or to which Dasein is added. Dasein, as Heidegger describes it, essentially requires a body of a certain sort, and is not a soul or ego that might conceivably exist in a disembodied state or in a body quite different from the typical human body. Dasein, its nature and capacities – the software, as it were – is intimately intertwined with its hardware, the body. Nevertheless the software is for Heidegger primary and the hardware secondary.

Dasein and Spirit

Heidegger has good reason for beginning with human beings as Dasein, as questioners, choosers, and self-producers; that is, after all, where we all start from, whether we are biologists, historians, or craftsmen. But, we may object, Dasein is only one aspect of human beings alongside others, not only biology, but also psychology and what German philosophers often call 'spirit' (*Geist*) or the 'spiritual' – sciences, theories, works of art, even the social and political structures we create. Does Heidegger neglect all this? No. They all come in, but only as ways of Dasein's being. Heidegger acknowledges no purely inner psychological realm, nor any ideal realm of logical and mathematical entities. His talk of Dasein's 'being' involves a sturdy realism that demotes, if it does not abolish, such disciplines as logic, psychology, and epistemology. Dasein, even in its deepest moods and emotions, is always engaged with the world and with entities in it. Scientific theories, even the truths of logic and mathematics, are ways of Dasein's being, of its being in the world.

Chapter 5
The World

Heidegger begins by considering Dasein in its 'average everydayness'. Not all of Dasein's capacities are exerted in its average everydayness. It does not make momentous decisions or, on the whole, contemplate its own death. Above all it does not reflect conceptually on its own condition in the way philosophers do. To account for his own ability to do philosophy, even to the extent of reflecting on the everyday condition, Heidegger will have to go beyond average everydayness. But the philosopher is also a human being and, like the rest of humanity, spends much of his time in a state of everydayness. It would be a serious error to describe Dasein as if it were unremittingly engaged in philosophical enquiry. In any case Dasein in its average everydayness shares many characteristics with Dasein in its more elevated modes.

Dasein, whether in its average everydayness or otherwise, is in the world. Stones, trees, cows, and hammers are also in the world. And Dasein too is in the world in the way they are. But Dasein is also in the world in another sense, a sense in which other entities, even cows, are not. Dasein, unlike a stone, a tree, or a cow, is aware of and familiar with the world, aware of other things in the world and of itself, and it is so in virtue of its 'understanding of being'. It is not a self-enclosed subject, aware only of its own mental states. If it were so, it would have a definite 'what' and would neither be, nor need to be, in the world. If Dasein had a determinate nature of its own and were not, at least in part, what it makes of itself, it might not need a world to dwell in. But as things are, Dasein, to be at all or at least to be in its own characteristic ways, needs a world populated with entities for it to engage with.

What is Dasein's world like? It is not for the most part a world of purely natural entities. The most immediate and obvious denizens of Dasein's world, apart from Dasein itself, are the tools and equipment that it uses for its daily needs, its hammer, for example, the nails and the leather with which it makes shoes. Tools and equipment have their place in a workshop, the immediate environing world of Dasein. But this world points beyond itself to a larger world, to the other Dasein who buy the shoes, and to those who supply the leather. This in turn points to nature, not the nature of the natural scientist, but the cows from which the leather comes and the fields in which they graze. Husserl later called this world, the world in which we naturally and normally live, the *Lebenswelt* or 'life-world'. But Heidegger simply called it the world (*Welt*), the wider world beyond the immediate 'world around us' (*Umwelt*), the world of the workplace.

Philosophers have tended to neglect the world in this sense. They assume that the world Dasein inhabits consists of extended natural entities. Descartes, in the first of his *Meditations on First Philosophy*, begins by doubting the reality of the life-world, the fire before him, the cloak wrapped around him, the pen in his hand, and the paper on his lap. When later in the work he overcomes his doubt and restores his belief in the external world, it is the world of mathematical physics, of measurable extended things that wins his assent, not the humble *Umwelt* of the fire, the cloak, the pen, and the paper. But even philosophers who try to give the life-world its due tend to misdescribe it. A phenomenologist such as Husserl, 'abstracting at first from all "significance" predicates and restricting himself purely to the "res extensa"' (CM, 47), describes the experience of seeing a table in the following way. As I walk round a table, it presents to me various visual aspects which, though not identical in shape and colour, are systematically related to each other in such a way that I can, by 'retaining' or remembering the aspects of the table that I have already seen, eventually 'synthesize' them or piece them together to form a conception of the table as it objectively is, a brown rectangular top based on four legs. Heidegger gives, in his early Freiburg lectures on ontology (lxiii. 88–92), a quite different account. What I see is not just *a* table, but *the* table, the table in *this* room. The table is for writing on, or for eating at. I see it as for something. I do not first see it as an extended object and then only later as for something. I hardly take note of the geometrical dimensions of the table or its spatial location with respect to the points of the compass. I see it as well or badly positioned, as, say, too far from the light for reading. I notice scratches on the table, not just interruptions of its uniform colour, but damage done by the children. I think back to the past and recall that it is the table at which we used to discuss politics or at which I wrote my first book.

In this account Heidegger is contemplating a world, or a segment of the world, not actively engaging with it like the craftsman at work. But the two situations exhibit important similarities, as well as differences. First, theoretical cognition is not primarily or even necessarily involved at all. The craftsman does not regard his hammer, and Heidegger does not view the table, as an entity with certain geometrical and physical properties. Both are seen primarily as objects of use, connected to human purposes: the hammer is something for hammering, the table is for eating or writing.

Second, neither the hammer nor the table is seen in isolation from other entities in the setting. The hammer is for hammering in the nails that lie next to it, for working the leather into shoes, and so on. The table is too far from the window, it is where the people I hear outside usually eat, it is where I wrote that book on the shelf. Different entities in the room or the workshop refer to each other, and because they do so they form a significant whole – a complete workshop or room – rather than just a random collection of entities. Objects refer to each other in these ways and thus constitute a realm of 'significance' most obviously and easily if they are objects of use – 'ready to hand', as Heidegger puts it, *zuhanden*, in contrast to entities that are merely present at hand, *vorhanden*. Neither the workshop nor the room is a self-enclosed environment. The workshop and its contents refers beyond itself to customers, cows, and meadows. The room too refers to the carpenter who made the table, the tradesmen who supply food, the publishers who print books, and so on. In each case the immediate world around us points to a larger world beyond, but a world that is still anchored in Dasein, its needs and purposes.

Thirdly, space and time are involved in both situations, but with a different role from that assigned to them by Husserl. Husserl is interested primarily in geometrical shapes, the shapes both of the different perspectival aspects of the table that successively present themselves to us, and of the actual table that we piece together from these aspects. Time for Husserl is primarily our temporal awareness of our experiences of the table. When I first see a table, I experience not the table as a whole but an aspect of it from a particular standpoint. If I have seen a table before, I expect or anticipate that my experiences as I walk round the table will be of a certain sort, I 'protain' my subsequent experiences. As I continue to walk around it, these expectations or 'protentions' are 'fulfilled' by the actual experiences I have. But this would be of little benefit to me if I at once forgot the experiences I had already had, if I did not 'retain' my past experiences as well as have my present one and protain those to come. Retention and protention enable me to be aware of the temporal flow of my experiences and to view them as experiences of an objective table, whose actual shape does not correspond exactly to any single experience of it. For Heidegger, impressed though he was by Husserl's analyses, space and time play a different role. What we naturally notice about the table is not its precise shape and dimensions, but whether it is the right size and in the right place for our purposes. Is it big enough to seat the whole family for a meal? Is it too far from the light or from the bookcase for writing? Objects have their proper positions in the room. So too in the workshop. Nails, leather, hammer are placed within easy reach on the workbench. Through the window the craftsman can see the road that leads, in one direction, to the centre of the town and, in the other, to the next village, where his sister now lives. He does not know the exact distances to these places, but he knows that it is only a short walk to the town centre, while the walk to the next village takes some time and he is usually hungry by the time he gets there. (Peasants in Greece often used to express the distance from one place to another in terms of the number of cigarettes one would smoke on the journey. A village close by was, say, two cigarettes away, while a long walk was a whole packet.) Time too is, for Heidegger, a matter of 'significance'. The table points ahead to the uses that will be made of it, and back to past events – the scratches made by the boys, the book he wrote at it, and so on. The craftsman too, absorbed in his hammering, looks ahead implicitly to the shoe he will have made, to the fresh supply of leather that he needs to order, and back perhaps to his youth when he was taught his skills by his father, from whom he inherited the workshop.

There is, however, an important difference between these two situations. As Heidegger surveys the room he notices the scratches on the table, he explicitly recalls eating, writing, and conversing at the table, and so on. The craftsman, by contrast, when he is engrossed in hammering a nail, does not explicitly notice or attend to the bench he is working on, the stool he sits on, the supply of nails beside him. He need not be thinking about his customers, his suppliers, the cows in the meadow. These things are *there* for him, he is tacitly aware of them, but they are inconspicuous and unobtrusive; he sees them, as it were, out of the corner of his eye and does not focus on them. This is possible because these entities refer to each other and constitute a web of significance. The stool, the bench, the nails beside him, even the hammer itself, remain inconspicuous as long as they are in their proper positions, ready to play their proper part in his task. He will notice them if something goes wrong. If the head of the hammer comes off or the stool collapses they become conspicuous. Or, again, if his leather is missing, runs out, or is not in its proper place, it becomes conspicuous in a way that it was not before.

The same is true of the craftsman himself. Husserl, Heidegger believed, was wrong to say that the 'ego is himself existent for himself in continuous evidence' (CM, 66). When the craftsman is absorbed in his work, he focuses on the nail he is hammering or the shoe he is making. He is barely aware of himself even as an embodied agent, let alone as an 'ego'. He may focus on himself if something goes wrong. But he is otherwise as inconspicuous to himself as the nails beside him or the spectacles on his nose. It has been a persistent mistake of past philosophers to make things too conspicuous: 'when direction on an object is taken as the basic structure of consciousness, being in the world is characterized far too explicitly and sharply' (xvii. 318).

The world, then, and things in the world are normally inconspicuous to everyday Dasein. This raises a problem. Philosophers are not a distinct species from everyday Dasein. How then can they rise above average everydayness to become aware of what everyday Dasein fails to notice? Heidegger regards himself as a phenomenologist in the sense that he makes apparent what is usually inconspicuous, and he does not do so by out-of-the-way experiments or by abstruse arguments. What Heidegger notices, and presents in conceptual garb, is in a way obvious to anyone once it is pointed out to them. But how does he manage to notice it in the first place? Conversely, we may think that what Heidegger has pointed out is radiantly obvious and that the mystery is that any philosopher ever overlooked it. Heidegger has a complex task: he has not only to give an analysis of Dasein and to convince us of its correctness, he has also to explain why he – unlike everyday Dasein – is able to give this account and also why other philosophers, not themselves perpetually enmeshed in everydayness, were not.

Being in the World

Dasein and the world are not two distinct entities that can vary independently of each other. They are complementary. If we regard either in a certain way, this will commit us to regarding the other in a certain way or it will at least exclude certain ways of viewing it. If we regard the world in Descartes's way, as a collection of extended things, then it is natural to view the self as a thinking thing, and, conversely if we view the self as a thinking thing it is natural to view the world it inhabits as consisting of present-at-hand extended things. If we reject this account and view the world as a web of significance, then we are committed to a different view of Dasein. Dasein's approach to the things around it is a practical one of circumspect concern rather than disinterested contemplation. Heidegger does not deny that there are derelict craftsmen who neglect their affairs or that a usually industrious craftsman may have a headache today and feel that he cannot be bothered. Even what we normally regard as a lack of concern is a sort of concern – Dasein never lacks concern in the way that a stone, a tree, or a cow does. But Dasein's attitude is not only practical. The customary distinction between the practical and the theoretical, action and knowledge, is a construct that lies above the level of everyday Dasein. Dasein also knows things. It knows what a hammer is for; it knows how to use it; it knows where the leather is kept; it knows its way around the workshop. It cannot of course say how it knows all this or put its knowledge into words. Some things are easier done than said. But it knows as well as does things. If it did not, there could not be a world in Heidegger's sense. Tools that nobody knows how to use, or ever knew how to use, cannot constitute a web of interreferential significance; they would lie indifferently alongside each other like rocks in an uninhabited desert.

Dasein knows not only the individual items in the workshop and how to use them. It also knows the world and knows its way about in it. What Heidegger has in mind is best illustrated by the sense of direction that enables us to find our way around a familiar town. We cannot easily say how we do it or give explicit directions to a stranger, but we manage to find our own way without difficulty. We do not painfully pick our way along a familiar route by noting the houses and side-streets on the way; we walk straight to our destination, often oblivious of our surroundings along the way. Usually we do it without maps. In fact maps would be of little use to someone who lacked altogether a sense of direction; we need a sense of direction even to find our way around the map and then to orient the map to our immediate environment. Nor is this just an analogy. For Dasein's world is, Heidegger stresses, a spatial world. It is not spatial in the way that Descartes's and Newton's (or even Leibniz's) world is spatial, a world of cold, neutral co-ordinates. It is a world of directions – up-down, left-right, behind-ahead, and North-South-East-West. It is a world where things are near and far, but distances are not measured only in miles or kilometres; what is near as the crow flies may be far if an unbridged river or a trackless mountain lies between, and things that are too close may, like one's spectacles, be too far to be seen. It is a world in which things have their rightful places, not a purely Euclidean world in which an object may occupy any place of the appropriate size.

The *A Priori*

How is such being-in-the-world possible? Is Dasein simply a blank tablet that takes on whatever the world offers to it? Not in Heidegger's view. Since world and Dasein are complementary, features of the world are to be explained in terms of features of Dasein, and the most basic of these features are *a priori*. Much of what Dasein knows is of course learnt fairly late in its career. One Dasein can handle a word-processor and can find its way around the keyboard, but knows little about cricket or the details of a cobbler's workshop. Another knows about cricket or shoemaking, but nothing about word-processors. But we all know, however tacitly and implicitly, about tools and equipment, and what an 'equipmental context' is, what a cricket pitch, a cobbler's workshop, and a writer's study have in common. Even someone from a quite different culture, entirely unfamiliar with our practices and occupations, would if he were transported into our world recognize what he saw as a workshop, and not a mere jumble of entities, even if he knew nothing about the details (xx. 334). Understanding what a tool is, and what a world is in which tools lie, is a part of Dasein's essential understanding of being without which it would not be Dasein.

Or take, again, spatiality. Dasein does not simply read off its sense of direction from the world around it. The world is spatial because Dasein is spatial. A Dasein that finds its way easily round Messkirch or Freiburg cannot of course immediately transfer its skill to Marburg, Berlin, Los Angeles, or the Gobi desert. If transferred to any of these places it will feel disoriented; even though it recognizes individual buildings, streets, or mounds, it cannot find its bearings. But its being disoriented is a mark of its intrinsic spatiality, and soon it will come to orient itself, seeing its new environment in terms of the familiar spatial directions.

Being with Others

Heidegger gives a similar account of our relations with other people. Philosophers, especially though not exclusively those philosophers who, like Husserl, regard a human being as primarily acquainted with its own mental states, present our awareness of others in the following way. First I become aware of my own existence and of other non-human entities. I get to know the shape, appearance, and doings of my own body and I am also aware of the inner experiences I have. Then I notice that there are other entities that are of a similar appearance to myself and behave in broadly similar ways when subjected to similar stimuli. The philosopher then wonders how it is possible – intelligible and justifiable – for me to attribute to these beings inner mental states similar to my own. Is it by empathy? How is empathy possible?

This way of looking at the matter is, Heidegger believes, quite mistaken. It ignores both Dasein's understanding of being and its being-in-the-world. As long as it exists Dasein is 'with others'. It knows what another person is as well as it knows itself, or any other entity. It does not need to inspect the details of a person's physique to discover that it is a person; we are often aware of the presence of others, of what they are doing and of their attitude towards us, without being aware of the details of their appearance. Even when there are no other people around – the workshop is empty, for example, or the desert is uninhabited – others are conspicuous by their absence: 'Even Dasein's being alone is being-with in the world' (xx. 328). Heidegger is not simply describing the phenomenal character of our experience of others. He is, he believes, describing a structural feature of Dasein. Dasein alone is incomplete, it has no nature of its own in which to bask, but has to decide how to be. But then virtually everything Dasein does or is cries out for others, as suppliers of its raw materials, as purchasers of its products, as hearers, or as readers. Dasein's world is essentially a public world, accessible to others as well as itself.

Moods

Heidegger does not speak in such cases as these of Dasein's knowledge. The term 'knowledge' suggests something altogether too explicit and theoretical. He speaks rather of 'understanding' – understanding how to do things, the world, other people, and, in general, understanding of being. But before explaining what understanding is, he turns to *moods*.

Moods are often supposed to be mental things, inner feelings that play at best a subdued role in our engagement with the world. But that is not how Heidegger sees them. To be in a certain mood is to view the world in a certain way, and it crucially affects our engagement with the world and the ways in which we respond to entities within it. Moods differ from emotions. Emotions concern particular entities. I am angry about something and usually with someone. But if I am in an irritable mood, I need not be irritable about anything in particular, though I am more likely to get angry about particular things than I usually do. If moods are directed at anything they are directed at the world rather than at entities in the world. Anxiety, objectless *Angst*, or boredom (to take Heidegger's examples) cast a pall over the world, in contrast to fear in the face of a specific threat or boredom with some specific thing, such as the minister's speech. Moods are hardly within our control. I can control my deeds, decide what to do, and restrain myself from doing what I have an urge to do. To a degree I can control my emotions: I can refrain from insulting the object of my anger, and I can turn my thoughts to something else to get my anger to die down. But moods come and go as they please, unresponsive to our direction. Since they do not concern specific entities, I cannot remove the pall of depression by manipulating specific entities; every specific entity to which I turn my attention lies under the same pall. Heidegger expresses this by using an unusual word: *Befindlichkeit*, which means roughly 'how one finds oneself', 'how one is to be found', or 'how one is doing', but is often misleadingly translated as 'state of mind'. The more usual German word for mood, *Stimmung*, also means the 'tuning' of a musical instrument, and Heidegger also exploits this association: to be in a mood is to be tuned or attuned in a certain way.

But are moods as significant as Heidegger supposes them to be? Most of us, for most of the time, are in no definable mood, and even if we are in a bad mood we go about our normal business in much the same way as when we are in a good mood. But what is our normal business? Why, to take the example discussed above, is Heidegger looking at the table and the room in which it lies rather than getting down to business, in the way that the craftsman does in his workshop? Is it because he is alone in the house? No. There may be people in the next room engaged in heated conversation or a game of cards. Even if he is alone, he could take the opportunity to read a book or draft a plan for writing one. Is it that he understands more or less than the others do about his surroundings? No. The craftsman and the others in the house understand as much as Heidegger does in the relevant sense. They too sometimes survey their surroundings, though they do not describe them as aptly as Heidegger does. It must be because Heidegger is in a mood of, say, pensive nostalgia. He is not in the mood for conversation, cards, reading, or writing. He may of course be snapped out of his present mood if the others cajole him or he may steel himself to engage in these activities in the face of his mood. But not all moods are so easily dispelled or overridden:

> I walked to a neighbouring town; and sat down upon a settle in the street, and fell into a very deep pause about the most fearful state my sin had brought me to; and, after long musing, I lifted up my head; but methought I saw as if the sun that shineth in the heavens did grudge to give me light; and as if the very stones in the street, and tiles upon the houses, did band themselves against me. Me thought that they all combined together to banish me out of the world. I was abhorred of them, and unfit to dwell among them, because I had sinned against the Saviour. Oh, how happy now was every creature over I for they stood fast, and kept their station. But I was gone and lost.
>
> John Bunyan, *Grace Abounding*

But few of us, it may be objected, are in such a disabling mood for long. Can we not ignore such unusual moods as peripheral to being in the world? Even if we could, it would not follow that moods as such are unimportant. For if the busy craftsman or the pensive Heidegger are not, and cannot be, in such a mood as Bunyan describes, they must be in some other mood. Dasein is never moodless, any more than it is ever unconcerned. To be in the average, everyday, apparently moodless condition is itself to be in a mood, albeit a mood for which we have no ready term or brief description. The music that is often essential for

5. Heidegger with Georges Braque, Varengeville, 1955

disclosing the world of a film conveys the *mood* of the film – contentment, excitement, anxious expectancy, or average everydayness. But it is only in films that moods need music. We bring our own moods to the world without special aids.

Is it right, in any case, to call Bunyan's mood disabling? While it lasts it prevents us from making shoes, writing books, from engaging in either the humdrum routine of life or in making crucial decisions. It is not what we normally regard as an appropriate response to any sin that most of us, least of all Bunyan himself, have committed. Most of us are glad to be free of such moods. But most of us are not philosophers of Heidegger's stature and dedication. For, Heidegger believes, moods such as this reveal things that we are usually unaware of. They light up the world and our being in the world in a way that everyday business does not. The craftsman catches a glimpse of his world, of the worldly character of his world, when he finds a tool missing; he notices the whole in the conspicuously absent part. But a mood such as Bunyan's discloses the world more forcibly and memorably: it reveals the worldliness of the world and, by contrast, the everyday unobtrusiveness of the world. Heidegger believes that such moods (or at least less extreme cases such as boredom and *Angst*) are a vital source of insight for the philosopher. But they are not of course the exclusive preserve of the philosopher. Unphilosophical, everyday Dasein is prone to them too, and so moods play a part in Heidegger's attempt to explain how Dasein becomes a philosopher.

Moods alone, however, do not disclose the world. For this we need understanding.

Understanding

Everyday Dasein understands the world, things in the world, and itself. Here again we see a connexion between everyday Dasein and the philosopher. For Heidegger too wants to understand and interpret Dasein, the world, and their being. (He speaks in the introduction to BT of his enterprise as hermeneutic, that is, interpretative – somewhat like, though not exactly like, the interpretation of a text.) Heidegger's enterprise is a continuation of what Dasein does every day. But it is not simply a continuation of it. For Heidegger wants to give a conceptual account of what he understands, while everyday Dasein understands only preconceptually. Its understanding is not the same as theoretical cognition. On the contrary, cognition presupposes a prior understanding of what we wish to know, in much the way that Heidegger's attempt to give a conceptual account of the meaning of being presupposes a prior *understanding* of Being. Understanding, then, is not something that contrasts with other approaches to things, such as knowing about them or explaining them. It is presupposed by them all, since it in part constitutes our being-in-the-world.

What Dasein understands is not so much any particular item in its environment, as its environment as a whole and its own place in it. But Dasein does not simply understand its environment as one might understand an alien text or culture from which one is entirely disengaged. It understands it as presenting to it a range of possibilities. If it did not understand it in this way it could not understand its environment as 'significant'. Although Heidegger speaks of understanding's 'projection' of Dasein on its possibilities, he has in mind nothing so definite and deliberate as a 'project' or plan, but simply that 'as long as it is, Dasein always has understood itself and always will understand itself in terms of possibilities' (BT, 145). The shoemaker sees his workshop as a field of possibilities for him, and is perhaps wondering what to do next. Even the carefree sunbather understands himself in terms of the possibilities of continuing to lie where he is, taking a dip in the sea, or going to refill his glass. Dasein is 'constantly more than it factually is' (BT, 145), always (unless it is asleep) poised between alternative possible ways of continuing. Man is not a passive creature, roused to activity only by external stimuli; he is constantly up to something.

Interpretation

Somewhat more explicit than understanding is interpretation, which in German (*Auslegung*) also means 'laying out'. What I interpret is not so much my environment as a whole, but specific items within it, and also myself. I interpret something as something, as a hammer for example, and I do so primarily in terms of what it is for, in this case banging in nails. Although interpretation does not focus on the environment as a whole, it presupposes an understanding of it. I cannot interpret something as a hammer unless I already understand something about nails, wood, and so on. Similarly I cannot understand something as a hammer unless I have a prior general understanding of what tools and equipment are. Heidegger insists that when I interpret something as a hammer I do not first see the entity as simply present at hand, as a length of wood with a piece of iron attached to it, and then interpret this as a hammer. I implicitly understand it as *zuhanden*, as equipment, from the start:

> In interpreting, we do not, so to speak, throw a 'signification' over some naked thing which is present-at-hand, we do not stick a value on it; but when something within-the-world is encountered as such, the thing in question already has an involvement which is disclosed in our understanding of the world, and this involvement is one which gets laid out by the interpretation.
>
> (BT, 150)

Any interpretation involves, on Heidegger's view, a 'fore-having' (*Vorhabe*), a 'fore-sight' (*Vorsicht*), and a 'fore-conception' (*Vorgriff*) (BT, 150). The interpreter has in advance the, object of his interpretation; Heidegger, for example, has a preliminary understanding of Dasein, before he begins to interpret it. He views the object in a certain way; Heidegger views Dasein with regard to its being. He has preconceptions, concepts in terms of which he proposes to interpret the object; Heidegger will interpret Dasein with such concepts as 'existence'. All interpretation, from the everyday to the philosophical, involves such a 'fore-structure'.

Chapter 6
Language, Truth, and Care

Interpretation need not be expressed in language. I am most likely to make my interpretation of something explicit, if it is broken, malfunctioning, initially unavailable, or needs to be explained to a novice. But language emerges from interpretation and the meanings or significations that it lays out: 'To significations, words accrue' (BT, 161). Words and the entities they apply to are not two disparate realms: words essentially refer to entities and, conversely, entities are essentially meaning-laden and thus give rise to words. The basic form of language is, on Heidegger's view, *Rede*, talk or discourse. Talk is to someone about something. But it need not involve only, or indeed any, assertions; questions, orders, and so on may disclose the world as well as assertions. It need not involve grammatically complete utterances: 'Too heavy – the other one!' is perfectly good talk. Silences are as much a part of talk as are spoken sounds: someone hands me another hammer, he need not bother to explain 'No, not that one – try this instead!' Assertions emerge from talk. Instead of saying 'Too heavy – the other one!, I say 'The hammer is too heavy', and eventually 'The hammer is heavy'. Talk becomes increasingly detached from concrete speech situations in the workplace. A hammer is seen no longer as ready-to-hand, as a tool to be used or rejected, and in its place alongside other tools, but as present-at-hand, as a bearer of properties severed from its involvements with other tools. We end up by taking such a sentence as 'Snow is white', which occurs more commonly in logic textbooks than in down-to-earth talk, as a paradigm of significant discourse. Such assertions are seen as the locus of truth. They are true if, and only if, they correspond to the facts or to some such entity within the world.

Truth

One of Heidegger's most striking doctrines is his rejection of this view of his truth. Truth, he claims, is unconcealment or uncovering. Dasein itself is the primary locus of truth: 'there is truth only in so far as Dasein is and as long as Dasein is' (BT, 227). He does not of course condemn or forgo the making of assertions; they are an essential part of the philosopher's repertoire. An assertion such as 'The hammer is heavy' involves three aspects (BT, 154ff.). First, it points out something, the hammer. It points it out as a hammer and is thus related to the 'as' of interpretation. But the hammer is now a present-at-hand thing, detached from its involvements with its environment. Second, it predicates something, heaviness, of the hammer. Third, it communicates this to another. Why then are assertions not the primary locus of truth?

An assertion is true, it is suggested, if, and only if, it corresponds to a fact. This gives Heidegger two reasons for disputing the theory. For if the theory is correct, there must first be an assertion to correspond to a fact and secondly a fact for it to correspond to. But neither of these items can fill the role assigned to it by the theory. What, first, is an assertion? A string of words perhaps. Or a series of ideas in the mind of the speaker that is then conveyed to the hearer. Or an ideal, logical entity, a timeless proposition. But each of these types of entity – word-sounds, ideas, and propositions – are artificial constructs imposed on the primitive speech situation by a specialized way of looking at the assertion as itself something present-at-hand; none of them naturally present themselves to the normal speaker and hearer. I do not assert something of the idea of a hammer nor does my hearer take the assertion to be about an idea. I am generally not aware of the precise words I utter, let alone the sounds I make. Nor does my hearer hear words as such; he turns to the hammer and its heaviness, and may have some difficulty in recalling my exact words. In any case words already have meanings and thus implicitly involve the entities to which they allegedly correspond. If assertions are to be genuinely independent of the facts and capable of either corresponding to them or failing to do so, we should regard them perhaps simply as sounds. But we do not, Heidegger says, hear pure sounds:

> What we first hear is never noises or complexes of sounds, but the creaking wagon, the motor-cycle. We hear the column on the march, the north wind, the woodpecker tapping, the fire crackling. It requires a very artificial and complicated frame of mind to hear a pure noise . . . Likewise, when we are explicitly hearing the discourse of another, we proximally understand what is said, or – to put it more exactly – we're already with him, in advance, alongside the entity which the discourse is about . . . Even in cases where the speech is indistinct or in a foreign language, what we proximally hear is unintelligible words, and not a multiplicity of tone-data.
>
> (BT, 163f.)

Might words have meanings independent of the things they apply to and refer to, so that we can say that what corresponds to a fact is a meaningful sentence or a proposition? No. A word such as 'hammer' or 'culture' does not have a single determinate meaning or connotation; its meaning depends on, and varies with, the world in which it is used. He expresses this dramatically in his Nietzsche lectures:

> The life of actual language consists in multiplicity of meaning. To relegate the animated, vigorous word to the immobility of a univocal, mechanically programmed sequence of signs would mean the death of language and the petrifaction and devastation of Dasein.
>
> (N i. 144; cf. xxiv. 280f.)

There is no pre-packaged portion of meaning sufficiently independent of the world and of entities within it to correspond, or fail to correspond, to the world. Words and their meanings are already world-laden.

If we turn in the other direction and look for chunks of the world to which assertions might correspond, such as the heavy hammer, again we fail to find them. The hammer is entwined in involvements with other entities and has its place in a world. All this is implicitly known to the maker of an assertion and his hearer; otherwise they could not assert, hear, or understand. This world is not disclosed primarily by assertions, but by Dasein's moods and understanding. Dasein then is the primary locus of truth.

Is Heidegger Telling the Truth?

Heidegger makes assertions. He asserts for example that assertion is not the primary locus of truth. Is that assertion, and the others he makes, true? Is the theory that he rejects, and others like it, false? If so, in what sense are Heidegger's assertions true and those of his opponents false? Falsity is not for Heidegger co-ordinate with truth, as it is for those who locate both primarily in assertions. If I assert 'The hammer is heavy' and you say 'No, the hammer is not heavy', one of us is asserting a falsehood. But for this to be possible both of us must agree that there is a hammer there and, more generally, inhabit the same world. Falsehood is only possible against a background of truth and of agreement about the truth. Nevertheless there are falsehoods. But Heidegger does not see them as consisting in the failure of a sentence to correspond to reality. It is more a matter of covering things up, of distorting them, and this may be done in other ways than by making false assertions, by omission or by non-verbal actions. (As Macaulay said: 'A history in which every particular incident may be true may on the whole be false.') Truth by contrast consists in uncovering things. It consists in illuminating things or shedding light on them. It is a matter of degree, of more and less, rather than of either–or. Illumination is never complete, nor ever wholly absent. (Cf. xxvi. 95: 'every philosophy, as a human thing, intrinsically fails; and God needs no philosophy'.) Thus Heidegger rarely speaks of his own views as true and those of his opponents, by contrast, as false. The light he casts reaches only so far, and his opponents are never, and never leave us, wholly in the dark. More often he describes his opponents' views as insufficiently 'original' or 'primordial' (*ursprünglich*), in the sense that they do not get close enough to the 'source' (*Ursprung*) or the bottom of things. Such light as they shed does not reach far enough. They may of course also cover things up, not only by showing things in a false light but also by casting light in the wrong direction.

Heidegger refrains from condemning his opponents' views as false for another reason. Dasein is in (the) truth. Otherwise it could not be in the world. But it is also in untruth. Not only because beings have to be uncovered or illuminated by Dasein and are only ever imperfectly so, but because Dasein has an essential tendency to misinterpret both itself and other beings. A philosopher is also Dasein and is thus prone to the same misinterpretations. Philosophical mistakes are not sheer mistakes; philosophers go wrong because Dasein goes wrong. Philosophers' mistakes disclose a fundamental feature of Dasein.

Falling

Why does Dasein go wrong? Apparently for a variety of reasons. Because Dasein is primarily engrossed in things in the world, it tends to regard itself as a thing, as *zuhanden* or, more likely, as *vorhanden* in the way that the things it deals with are. (Heidegger calls this the 'ontological reflection back of world understanding onto Dasein-interpretation' (BT, 16).) For the same reason, it tends to overlook the obvious, what is too close to be conspicuous, not only its own nature, but its own being-in-the-world, in contrast to the entities it deals with. Again, Dasein submits to the power of the 'they', it does, says, feels, and thinks things simply because that is what 'they' do, say, feel, or think. Related to this is the philosopher's, but not only the philosopher's, tendency to succumb to tradition, to accept inherited concepts, doctrines, and ways of looking at things without subjecting them to adequate independent scrutiny. Heidegger groups these apparently distinct ways of going wrong under the heading of *Verfallen*, 'falling', falling away from oneself into the world.

In BT falling is introduced by way of an account of the further career of assertion. Assertions are essentially communicable to others. The originator of the assertion makes it in the presence of the entities that the assertion is about. But as the assertion is passed on from one person to another, it is accepted by people who are unfamiliar with the original evidence for it, but who accept it and pass it on to others simply because it is what 'they' say. Talk (*Rede*) has become idle talk or chatter (*Gerede*). A close relative of chatter is curiosity, the German word for which, *Neugier*, means literally 'lust for novelty'. The inquisitive chatterbox is constantly on the lookout for the latest news. One sees and reads what 'one' or 'they' has to have seen and read. Chatter and curiosity give rise to ambiguity or duplicity – the German *Zweideutigkeit* has both meanings. When everyone chatters about everything there is no way of telling who really understands what – except perhaps that someone who is really onto something does not chatter about it. Questions are presented as settled when they are really open. But ambiguity and duplicity also infects our relations with one another: 'Under the mask of "for-one-another", an "against-one-another" is in play' (BT, 175). All this, and more, stems from falling:

> Dasein is proximally and for the most part alongside the 'world' of its concern. This 'absorption in . . .' has mostly the character of Being-lost in the publicness of the 'they'. Dasein has, in the first instance, always already fallen away from itself as an authentic ability to be its Self, and has fallen into the 'world'. 'Fallenness' into the 'world' means an

> absorption in Being-with-one-another, in so far as the latter is guided by idle talk, curiosity, and ambiguity.
>
> (BT, 175)

To say that Dasein has fallen away from itself is not to say that it was once in an unfallen condition. Dasein has *always already* fallen from itself into the world in something like the way in which I have *always already* paid income tax and never received my gross salary (nor would I receive exactly *that* gross salary if there were no such thing as income tax).

Heidegger's account of falling is vivid and compelling, but it raises several doubts. He now insists that our condition of average everydayness is one of fallenness and inauthenticity. But how can it plausibly be said of the craftsman in his workshop that his life is guided by chatter, curiosity, and ambiguity? This may be true of journalists and their readers, of consumers of culture, and of philosophers. The honest craftsman may retail gossip about matters beyond his expertise, be curious about his neighbours' affairs and make double-edged remarks to them. But it is not essential to the everyday pattern of his life and work that he should do such things. Why then is falling an indispensable component of his being? For two reasons. The craftsman is, first, 'proximally and for the most part' absorbed in his daily tasks and does not, except occasionally, step back to survey his life and situation as a whole. Secondly, the world in which he works is a public, not a private, world. It derives its meaning from others, or rather from the anonymous 'they', not from himself alone. He makes shoes of such and such a type because this is what *they* require. He makes them of leather and with a hammer because this is how *one* makes shoes and these are among the socially assigned uses of hammer and leather. All of this is very reasonable; there is, as far as he knows, no better way to make shoes, and given that he is a competent cobbler with a market for his products it would be foolish of him to turn his hand to another trade. (He might use his hammer to crush a rival's skull, but this would make him no more authentic nor elevate him out of fallenness. For murder too is a socially recognized use of a hammer, though one that is generally disapproved of.) This is Dasein's everyday condition and it is, in Heidegger's view, but a few steps away from chatter, curiosity, and ambiguity.

What is wrong with fallenness and inauthenticity? At one level there is nothing wrong with them. They are inevitable features of the human predicament; we cannot step outside our own condition to assess it by an external standard. At another level Heidegger believes that they lead to error. Absorption in the world, or rather in things within the world, leads us to regard ourselves as present at hand, as a thinking thing, as a tool, a machine, or a computer. Our addiction to chatter leads us to detach the assertion from its moorings in worldly significance and view it as an autonomous 'judgement'. Dasein's understanding of being is, in these respects, an unreliable guide. But these errors themselves are not necessarily imposed on us by the chatter of the 'they'. 'They' may say that men are machines and that assertions are 'judgements', but that is a distinct source of error. If we believe that men are machines (or 'subjects') because that is the model that most conspicuously presents itself to us in our dealings with the world, we do not need 'them' to tell it to us too. Conversely, what 'they' say may be correct. It may be ignoble and stunting simply to accept what 'they' say. It may not befit the philosopher's calling to confine his attention to the doctrines, or at least to the problems, retailed at conferences and in recent journals, but the problems may be the right ones and the solutions correct. In any case, the great philosophers of the past – Aristotle, Descartes, Kant – went astray too. Yet surely they were no less authentic, no less resistant to the allure of chatter and the 'they', than Heidegger himself. Heidegger seems to conflate the truth of a person's beliefs with the 'authenticity' of the person himself and of his attachment to the beliefs. He is not the first to do so. Plato too held that philosophy is not simply an effective instrument for acquiring knowledge, but a supremely valuable way of life that, so to speak, opens up the eye of one's soul to the truth.

Fallenness and Truth

Heidegger can be defended on some of these charges if we recall his account of truth. Truth is uncovering and uncoveredness, shedding light and light shed. Someone who simply accepts and passes on the current chatter, even if the chatter happens to be in some sense correct, sheds no light of his own. A great philosopher, by contrast, sheds light even if his views are mistaken. Such errors as he makes are likely, Heidegger believes, to stem from his having taken over something of the tradition without adequate inspection. But in any case the thought of great philosophers is never flatly false. It is never solidified into something simply false or simply true; it is always, as Heidegger said of himself, 'on the way', in transit, never at its destination. It always sheds enough light to guide us in the right direction, even if that leads away from the philosopher himself. Chatter does not do that. Chatter is inert and self-enclosed. It 'tranquillizes' us into thinking that matters are entirely settled and disinclines us to look further.

Heidegger does not simply reject the views of his opponents. He wants to show that philosophers' errors derive from an essential feature of Dasein itself, its fallenness. To do this, he argues that everyday Dasein, exemplified by the craftsman engrossed in his work, is prone to the same failings as the philosopher, that the mistakes made by philosophers are only refined, conceptual versions of everyday misunderstandings. As we shall see in the next chapter, he regards Aristotle's account of time, time as an endless sequence of 'nows' or instants, not only as the general Greek view of time, but as the 'vulgar' or 'ordinary' concept or understanding of time: 'This ordinary way of understanding [time] has become explicit in an interpretation precipitated in the traditional concept of time, which has persisted from Aristotle to Bergson and even later' (BT, 17f.). Why should we agree that the philosopher's concept of time or of, say, the self is already implicit in everyday Dasein's preconceptual understanding of these matters? An unphilosophical craftsman clearly does not think, in conceptual terms, that he is a thing on a par with other things or that time is a sequence of nows. These ideas have never occurred to him and it is not likely that he would assent to them immediately even if they were presented to him. Why should we say that he implicitly understands himself as a thing and time as a sequence of nows? At one level everyday Dasein's understanding of being must, Heidegger believes, correspond closely to Heidegger's conceptual account of it. The craftsman would not be able to do his job properly and find his way around in the world, if he understood himself *exclusively* as, say, a machine, and time *exclusively* as a sequence of nows, rather than as, say, time *to do* things. If that were so, everyday Dasein would be wholly deluded, offering no clues to the meaning of being or, at least, no more clues than the texts of Aristotle and Descartes. But how could that be so? It would defy belief for Heidegger to suggest that he alone of all human beings can get being straight when everyone else is wholly deluded about it. Heidegger is himself Dasein, as were Aristotle and Descartes. He needs some clue to guide him to a conceptual account of being, and if it is not to be just his own peculiar private understanding of it, which could guide him only to his own peculiar private concept of it, it must be an understanding which he shares, in large measure, with others. Everyday Dasein cannot then be wholly deluded in its understanding of being. But can its understanding of being be, at the preconceptual level, impeccably correct? If it were so, how could we explain the fact that philosophers, when they attempt to conceptualize this understanding, so often get it wrong? If philosophers get things wrong, then at some level everyday Dasein must get them wrong. To suggest otherwise is to make philosophers a breed apart, their theories unrelated to everyday Dasein's (and their own) preconceptual understanding of being, though with some affinity to the gossip of non-philosophical chatterers. So all of us, he argues, are fallen. Otherwise the mistakes made by philosophers would be inexplicable.

The Jargon of Authenticity?

In 1964 Theodor Adorno published an attack on Heidegger entitled *The Jargon of Authenticity*. The complaint embodied in the title is one that Heidegger can appreciate. Jargon is a form of chatter, and Heidegger dislikes chatter, the reiteration of statements severed from the context of thought, feeling, and perception that originally gave rise to them. Are we then to accept Heidegger's own philosophy, to adopt it as our own, and to pass it on to others? Presumably not. That would be chatter and inauthenticity. Are we to follow Heidegger's words only until we have been roused to authenticity and then embark on a philosophical quest of our own? No – that sounds like curiosity, hunger for the new. What we should do is perhaps this: spurred to authenticity by our encounter with Heidegger, we should treat Heidegger as he treated Aristotle, Descartes, or Kant, interpreting and disentangling his work, using it as a basis for new thoughts of our own. (Heidegger describes his approach to other philosophers in various ways: as interpretation, as *Destruktion* – a close relative of Derrida's 'deconstruction' – as 'repetition', and, later, as 'conversation'.)

Care

Dasein has so far displayed a variety of features. Heidegger defines its average everydayness as: 'Being-in-the-world which is falling and disclosed, thrown and projecting, and for which its ownmost ability-to-be is an issue, both in its Being alongside the "world" and in its Being-with-others' (BT, 181). No one of these features is basic or 'primordial', in such a way that the rest are derived from it or secondary additions to it. Being alongside the 'world' (that is, dealing with non-human entities within the world) is not prior to being-with-others (that is, interacting with other people). Nor, conversely, is being-with-others primary and being alongside tools, and so on, a secondary feature derived from it. Or again, neither understanding nor mood, 'state-of-mind', is primary; both are equally involved in our disclosure of the world and of ourselves. They are, as Heidegger puts it, equally original or 'equiprimordial'. On the other hand, these features are not separable from each other. There could not be an entity that was alongside the 'world' but not with others, or that was with others but not alongside the 'world'. No being could have understanding but no mood, or mood but no understanding. And so on.

How can we bring unity into this account of Dasein? We can do so, if we regard all these features as rooted in Dasein's basic state of care (*Sorge*). *Sorge*, like 'care', ordinarily has two senses: first, 'caring, worrying' about something, and, secondly, 'taking care' of things. 'Care', as Heidegger uses the word, involves both these senses, but its meaning is more fundamental than either. Even one who is, in the ordinary senses of the words, uncaring, carefree, or careless, is, in Heidegger's sense, caring or careful. It is because Dasein's being-in-the-world is care that we can speak of its concern (*Besorgen*) about the ready-to-hand, such as shoes and hammers, and its solicitude (*Fürsorge*) for other people. But again concern and solicitude are compatible with neglect, contempt, and hatred; the only entities that lack care, concern, and solicitude are those that are wholly incapable of them, such as stones, trees, and animals. Care is distinct from specific attitudes such as willing, wishing, striving, or knowing. To will, wish, or strive for anything whatsoever one must in advance already care. One must care in order to acquire knowledge. In extreme depression or anxiety, the closest that we come in our waking state to lacking care, we find it hard to will or to wish for anything, even for release from our condition.

Although care embodies Dasein as a whole, it is still complex. Heidegger defines it as: 'ahead-of-itself-Being-already-in-(the-world) as

Being-alongside (entities encountered within-the-world)' (BT, 192). Care thus involves three constituents which we have already encountered before. *Dasein is ahead of itself.* It is its possibilities, it is, in a subdued sense, wondering what to do next; it is up to something. Heidegger associates this closely with 'existence', with 'understanding', and also, as we shall see in the next chapter, with the future. *Dasein is already in the world.* This is associated with 'thrownness' and 'facticity' – the fact that Dasein is 'always already' in a specific situation that determines the possibilities available to it – with the mood or 'state of mind' that reveals its thrownness, arid, as we shall see, with the past. *Dasein is alongside entities within the world.* It is engaged in a task, hammering, say, or simply day-dreaming. Heidegger associates this with fallenness, and, as we shall see, with the present. The notion of care thus embraces and reintegrates what we have so far learned about Dasein, and also implicitly points ahead to Dasein's temporal nature. Care is correlative to the significance of the world. Only if Dasein is care can it dwell in a significant world, and only if it dwells in a significant world can Dasein be care.

The Scandal of Philosophy

Heidegger concludes the first division of BT with a discussion of the question whether the external world is real or not. Or rather he rejects the question: the 'scandal of philosophy' is not, as Kant supposed, its failure to give a proof of the reality of things outside me, but the fact 'that such proofs are expected and attempted again and again' (BT, 205). There are two connected flaws in the question. First, it involves an inadequate view of Dasein, of that to which things or the 'world' are supposedly external. Second, it involves an inadequate view of the being of things and of the world. Take Dasein first. Where does the boundary lie between Dasein and what is external to it? Between my body and its environment? Plainly not, at least for the purposes of this question. It is of no philosophical interest to show that there are things outside my own body; once grant that my body exists, and you have granted that there is an external world. Between me and the world, then, with my body counted as something external to me rather than intrinsic to me? Then I am conceived as a pure, 'worldless subject'. And this must be a knowing subject, rather than an acting subject, a subject whose only access to the world is by way of internal states of itself – impressions, ideas, or whatever. But this is not what I am like. My being is care: I potter around doing things in a familiar environment, I am essentially in the world. My access to the world and to things in it is not mediated by ideas or anything of that sort: I hear the 'creaking wagon', not 'pure sounds' (BT, 163), I see trees, not ideas.

The second flaw in the question about the reality of the external world is this. If my being is care and I am essentially in the world, then it cannot be right to regard the world or things in it simply as real or 'present-at-hand'. Viewing the world as real is a secondary, derivative way of viewing it, corresponding to the view of Dasein as a bare, worldless subject. The world is a significant field for my careful involvements with it, not a collection of 'external objects'. Things within the world are primarily ready to hand, equipment for our use.

A World without Dasein?

But this is not the end of the story. I might not have existed. What then? Not much. Things would have gone on much as they do now. But Dasein too might not have existed, there might have been no human beings at all, as there were once presumably no human beings (BT, 227; cf. xxvi. 216). What would there be in such a 'world'? There would be *beings*, but no *being*:

> Entities are, quite independently of the experience by which they are disclosed, the acquaintance in which they are discovered, and the grasping in which their nature is ascertained. But Being 'is' only in the

understanding of those entities to whose Being something like an understanding of Being belongs.

(BT, 183; cf. xxvi. 194)

Without Dasein there would be no being. There would be no truth; even Newton's laws would not be true, true that is in Heidegger's sense (BT, 227). There would be no 'world'. But there would be beings or entities, beings without being. Perhaps Heidegger means that they would have no specific mode of being. They could not, obviously enough, have Dasein's mode of being. Nor could they be *zuhanden*, ready to hand like equipment. Might they not be present at hand, like rocks and trees? No. Again, this is a way, albeit a secondary and derivative way, in which Dasein understands things. Even being of this sort involves disclosure, truth.

Might beings without being be more or less as scientists describe them, non-significant collections of particles? But a scientist is himself Dasein, with all the features and limitations that Dasein usually has, 'thrown' into a situation which he cannot escape. Can we be sure that the discoveries (or as Heidegger would say, 'projections') he makes from within this situation accurately record what a world without Dasein would be like? In this spirit R. G. Collingwood quotes J. W. N. Sullivan as saying: 'The second law of thermodynamics is only true because we cannot deal practically with magnitudes below a certain limit. If our universe were populated by intelligent bacteria they would have no need of such a law' (*The Idea of Nature* (OUP, 1945), 24 n. 1). And Collingwood adds: 'an intelligent organism whose life had a longer time-rhythm than man's might find it not so much unnecessary as untrue' (ibid. 26). Heidegger's response to science is similar, though not exactly similar. He regards science as a secondary phenomenon, only one of Dasein's ways of being, derivative from and irretrievably dependent on other, more everyday ways of being. Even the scientist uses equipment and knows his way around the laboratory. But suppose we were to agree, contrary perhaps to Heidegger's own view, that science gives a fair account of what beings would be like in the absence of Dasein, what would follow from that? We could then say:

1. In the absence of Dasein, things – such as rocks or trees – would be no more than collections of molecules.

Perhaps we would go on to say:

2. Even in the presence of Dasein, things – such as rocks, trees, or hammers – are collections of molecules.

But we might hesitate to say:

3. Things such as hammers are, even in the presence of Dasein, no more than collections of molecules.

Or:

4. Things, such as hammers, are really (in themselves, at bottom) collections of molecules.

Or:

5. Things, such as hammers, are collections of molecules that have significance added to them by Dasein.

Statements 3, 4, and 5 do not obviously follow from statements 1 and 2. Heidegger rejects 5. It goes against the grain of our phenomenal experience to suggest that first we perceive non-significant molecules and then superimpose value. But must ontology mirror phenomenology? Might not a hammer be *only* or *really* a collection of molecules, even if we do not usually view it in that way? It cannot be *only* a collection of molecules, as statement 3 claims. A collection of molecules that is understood or interpreted by Dasein as a hammer is not only a collection of molecules and nothing more. Dasein makes a difference. Something may not be, in a world with Dasein, precisely what it would be in a Dasein-less world. Might it be *really* or in *itself* a collection of molecules and only a hammer superficially or *for us*? But why should we say that? (As Dr Johnson said: 'Pound St Paul's church into atoms, and consider any single atom; it is, to be sure, good for nothing: but, put all these atoms together, and you have St Paul's church.') The distinction between what is so in itself and what is so only for us is a distinction drawn from our own understanding of being, not from the Dasein-independent nature of things. If there were no Dasein, there would be no such distinction: every being would be on a par with every other being, with no foreground or background, no depth and no superficiality. We do not have the resources to describe such a condition: every description we propose is already encumbered with our own understanding of being, our own significant world. Why should we say that, in our familiar Dasein-ridden world, a hammer is in *itself* a collection of molecules and only *for us* a tool? There is no reason to do so. It follows from no plausible account of a Dasein-free, hammerless world. It gives an unwarranted priority to the theoretical investigations of the scientist over the circumspect concern of the craftsman. For such reasons as these Heidegger believes that ontology and phenomenology coincide.

Chapter 7
Time, Death, and Conscience

Time played only a subdued role in Heidegger's account of Dasein's average everydayness, though it was implicit in the claim that Dasein is ahead of itself. But time, he told us in the introduction, is crucial to the question of being: 'the central problematic of all ontology is rooted in the phenomenon of time' (BT, 18). Time is also crucial for the analytic of Dasein: 'Dasein's Being finds its meaning in temporality' (BT, 19). Why is time so important?

Why Time?

Why Being and Time? Why not Being and Space? Or Truth? Or Nothing? Heidegger does not ask these questions explicitly, but he suggests a variety of answers to them. Being has traditionally been viewed in terms of time, he argues. The Greek word for being, *ousia*, is associated with the word *parousia*, which means *Anwesenheit*, 'presence' (BT, 25). So the Greeks viewed being in terms of temporal presence. This is incorrect, however. *Parousia* is only one of several compound words formed from *ousia*; there is no more reason to associate *ousia* with *parousia*-presence than with, say, *apousia*-absence. In any case, *parousia* can mean spatial presence, one's presence at a battle for example, as well as temporal presence. There may well be reason to think that the Greeks, or at least Greek philosophers, linked being with temporal presence: Plato for example ascribed being only to

6. Heidegger with Elfride at their cottage in October 1969

unchanging, eternal (or eternally *present*) forms or ideas, and not to things that 'become', arise, fade, and die away. But Heidegger has not here given us such a reason.

He notes also that philosophers have often classified entities in terms of time. They distinguish temporal entities such as men, plants, and utterances from atemporal entities such as numbers and propositions, and these again from supratemporal beings such as God (BT, 18). But this can be no more than an 'indication' that being is uniquely related to time. After all, Heidegger is ready to resist tradition, when it is appropriate to do so; he is not entitled to appeal for its support only when it suits him. In any case, he himself rejects this classification of entities. He rejects it because he does not believe that there are any atemporal or supratemporal entities. There is no supratemporal God in, above, or below Heidegger's world. If there were there might be eternal truths independent of Dasein (cf. BT, 227), but as it is the historic task of uncovering beings is performed by finite Dasein, not by God. Many philosophers in Heidegger's day, among them Husserl, postulated a 'third realm' of sense or meaning – alongside the, first realm of physical reality and the second realm of psychological reality. But this, Heidegger remarks, is 'no less questionable than medieval speculation about angels' (xxiv. 306). There are no atemporal propositions, meanings, or theories. These are all ways of Dasein's being, historical and temporal as Dasein is. The classification to which Heidegger here appeals, then, is one that he rejects.

Matters are no better if we look at the language of non-philosophers. In one of the rare passages in which Heidegger asks 'Why do we not speak just as much of being and space?' he notes that common vocabulary involves spatial more often than temporal metaphors (xxxi. 119). 'Dasein' itself is a spatial term (xx. 344). This is only natural, since Dasein is as much spatial as it is temporal, and it could not exist if it were not.

Why then is time special? One answer is that Dasein lives its life in time in a deeper sense than it lives in space. It is born in a particular place at a particular time, and neither the place nor the time is of its own choosing. *Where* I am born may of course be important, if it determines my subsequent upbringing and acculturation, whether, say, my first language is English or Japanese. But my place of birth is of little *intrinsic* importance. Even if it affects my early upbringing I can, if I wish, diminish its effects by travel and by study. But *when* I am born has effects that I cannot so readily counteract. If I am born in 1800, then I cannot read *Being and Time*, assuming that the maximum span of a human life is about 115 years. The date of my birth limits my position in time, and consequently the possible courses of action open to me, in a way that the place of my birth does not limit my position in space.

A human being needs space in which to live. A life endured in total immobility is, though conceivable, wholly unsatisfactory. But a satisfactory life need not involve extensive travel. One may live as well without ever leaving one's native town or village. But a life requires a decent time-span. Life comprises decisions and activities, and these presuppose, and take, time more crucially than space: I ask what to do now, or next, not what to do here or there.

One difference between authenticity and inauthenticity is that authentic Dasein is not wholly engrossed by the present and by the immediate past and future. Authentic Dasein looks ahead to its death and back to its birth, and beyond its birth to the historical past. Why so? Why not visit faraway places instead, if only in imagination? One answer is that spatial or geographical travel does not enable one to survey one's own life as a whole in the way that temporal or historical awareness does. Another is that my present situation and the possibilities it presents to me depend in large measure on the past, both my own past life and the past history of my culture, but hardly at all (or at least not in the same way) on what is now happening in remote places. To gain a mastery of my present situation I should read, say, Aristotle – who still influences our present way of thinking – in preference to a contemporary foreign writer who cannot have had such influence on me. Tradition is handed down over time, not across space. (This is why, when evaluating a work of art or literature, we wonder whether it will 'stand the test of time' rather than the 'test of space'.)

The life of Dasein, then, involves time more crucially than space. But Heidegger is also interested in the world and Dasein's access to it. Two traditional problems about time bear on these matters. The first is a problem that exercised Aristotle and St Augustine. Only the present moment exists now, the past no longer exists, and the future does not yet exist. So there are no temporally extended objects or events, no world enduring over time, only an instantaneous temporal slice of a world and of the objects and events within it. The second troubled

Kant and Husserl as well as the ancient thinkers. I can only perceive – see, hear, feel, and so on – what exists at the present moment – or, if we take into account the speed of light and of sound, what existed at some similarly brief past moment. So how can we ever be aware of the past or the future or a temporally enduring world? Neither of these problems concern space in the way they do time. We are not tempted to suppose that what is spatially remote from us does not exist on the ground that it does not exist *here*. Our senses, sight in particular, disclose to us a more or less extensive expanse of space from any given viewpoint.

Heidegger does not state these problems explicitly, but he was nevertheless troubled by them. His solution, a solution which is prefigured in part in Aristotle, Augustine, and Kant (BT, 427f.), is this. Dasein is not confined in its awareness to the present moment. It runs ahead into the future and reaches back into the past. Dasein is temporal. It is Dasein's temporality that makes the world genuinely temporal, that opens up 'world-time' and discloses an enduring world. Human beings are not just an insignificant biological species that developed on one of many millions of heavenly bodies, a species that has existed for only an insignificant fraction of the history of the universe. Heidegger does not reject the findings of science. Once there was no Dasein, even though there were beings. But such significance as the universe has derives from human beings. It is only this Dasein-derived significance that allows us to say that some things are significant and others trivial. The entry of Dasein into the world was an event of massive import. It was then that history, significance, worldhood, and, in a sense, time itself began. Dasein in Heidegger takes over some of the functions traditionally ascribed to God. Dasein has the advantage that it is finite, in the world, and temporal. Unlike an infinite, supratemporal, unchanging deity, Dasein is open to and opens up a world.

Heidegger does not approach time directly in the second division of BT. He begins with an account of death.

Death

Dasein, Heidegger has told us, is always ahead of itself, always poised before possibilities as yet unrealized. How then can we get a grip on Dasein as a whole? It always seems to elude our grasp, never presenting itself to us actual and complete, but always with potentialities not yet fulfilled. But there is for Dasein a final possibility, a possibility to end all possibilities, namely death.

This way of introducing death may seem far-fetched and artificial. A person cannot give a complete account of his own life even though he knows that he is going to die, since usually he does not yet know when or how he is going to die or what he is going to do in the meantime. A philosopher may give a more or less complete account of Dasein simply by saying such things as that Dasein is always ahead of itself. He does not need to specify what possibilities Dasein has or how it will actualize them. It is enough to say that it has possibilities at any moment in its career. He will of course mention death, since death is an important feature of Dasein. But the possibility of death is not a *uniquely* significant consideration in securing the completeness of the account, just one feature of Dasein among others. 'Oh, by the way,' he might say, 'I mustn't forget to add that this can't go on for ever – Dasein dies one day.'

Heidegger has, however, substantial reasons for bringing in death. First, death is not simply or even primarily something that happens at the end of one's life. Dasein's awareness that it will die, that it may die at any moment, means that 'dying', its attitude to or 'being towards' its own death, pervades, and shapes its whole life. A life without the prospect of death would be a life of perpetual postponement. Why bother to write a book now, if I have an eternity of life (and of undiminished physical and mental vigour) before me? The reason why Dasein, whether it be a philosopher or an autobiographer, cannot give a complete account of itself without death is that death haunts every moment of Dasein's life.

A second reason for introducing death is that death separates, especially sharply, the sheep from the goats, the authentic from the inauthentic. The inauthentic, lost in the anonymity of the 'they', agree that 'one dies'. This is something they chatter about, and chatter ambiguously, referring to suicide, for example, as 'doing something silly'. But they obscure the ever-present possibility, and even the imminence, of my *own* death. They treat dying as a remote possibility, as something that happens to others but not to myself – as long, that is, as I do not smoke tobacco, go to war, or 'do something silly'. The authentic person, by contrast, has a constant awareness of the possibility of his own death; he is anxious, though not fearful, in the face of it. He sees his situation and the possibilities it presents to him, and makes a decision among them, in the light of this awareness. Awareness of one's own death snatches one from the clutches of the 'they': since Dasein must die on its own – dying is not a joint or communal enterprise – death 'lays claim to it as an *individual* Dasein . . . individualizes Dasein down to itself' (BT, 263). This confers on Dasein a peculiar sort of freedom, 'freedom towards death' (BT, 266).

A third reason for introducing death is that it paves the way for Heidegger's account of time. Inauthentic and everyday Dasein are of course 'ahead of themselves' – they too have possibilities to take up – but they do not anticipate, or 'run ahead into', the possibility of death in the way that authentic Dasein does. But Dasein runs ahead only to its death, not beyond. Death will put an end to its possibilities. This means that 'original' time is *finite*, and ends with my death (BT, 330). *Time* may go on for ever, but *my* time is running out. Does this imply that I cannot reasonably insure my life so as to provide for my loved ones after my death, or arrange for the posthumous publication of my works? Surely not. It does mean that whatever arrangements I make for post-mortem effects must be made ante-mortem.

7. Heidegger at Le Thor in 1970

The 'future closes one's ability-to-be; that is the future itself is closed' (BT, 330). But the past is not closed in this way; Heidegger shows no inclination to claim that time begins with one's birth as it ends with one's death. For he is, as we shall see, vitally interested in history. But history too gives Heidegger reason to consider death. For history is made possible by death. Not in this case my own death, but the death of our ancestors. History deals with dead Dasein. Past Dasein performed glorious deeds in awareness of its own mortality and it is interestingly different from ourselves because it is dead, but not gone.

Dying

'Taken ontically', Heidegger says, 'the results of the analysis [of death] show the peculiar formality and emptiness of any ontological characterization' (BT, 248). To take the results 'ontically' is to take them as factual claims about Dasein's *Ableben*, its death or demise as a living creature. To take them 'ontologically', that is in the spirit Heidegger intends, is to take them as philosophical claims about the being of Dasein and about its *Sterben*, about Dasein's dying *as* Dasein. What are Heidegger's results? They involve the following propositions:

1. It is certain that I shall die.
2. I have to do my dying for myself. On particular occasions someone else may die in my place, as they may pay my telephone bill, or attend a meeting, on my behalf. But sooner or later I shall die in person, not by proxy.
3. That I shall die is not merely empirically likely or even empirically certain. If anyone seems not to know about death, this is really because he is 'fleeing in the face of' death (BT, 251).
4. Death will put an end to all my possibilities. I cannot do anything after I am dead.
5. It is not certain when I shall die.

6. It is possible that I shall die at any moment.
7. Dying confers wholeness on Dasein.
8. Death is 'non-relational': death severs all one's relationships to others.

Some, but not all, of these propositions look 'formal and empty'. Propositions 1 and 2 are readily acceptable, of special interest only in so far as they tend to get covered up. They do not apply uniquely to dying: if I do not die fairly soon, it is certain, for example, that I shall sleep and urinate, and that I shall do so in person. Proposition 3 is doubtful. Surely I come to know that I shall die inductively, on the basis of the previous deaths of others of my kind and also my experience of my own ageing. Heidegger agrees that 'demise' may be only 'empirically certain', but adds that this 'is in no way decisive as to the certainty of death' (BT, 257). If this is so, then 'death' must be distinct from bodily 'demise'. If the death of Dasein entailed its bodily demise, then the fact that its bodily demise is only empirically certain would entail that its death is only empirically certain. Heidegger's point is not that death and bodily demise are quite distinct events – as if a person might die as Dasein, while its body remains alive and kicking, or survive as Dasein beyond the death of its body. Death and demise are more or less simultaneous, except possibly in cases such as Nietzsche's and Hölderlin's, where bodily demise is preceded by a long period of insanity. Heidegger's idea is that my software, Dasein, is primary, and my hardware, the body, conforms to it. Thus I know non-empirically that I shall die as Dasein, but empirically that I shall die as a living organism. It does not follow that either death or demise *could* occur without the other, even if I can *imagine* one of them occurring without the other. But how can I know non-empirically that I shall die?

Proposition 4 is also questionable. I can, as we have seen, make arrangements, while alive, for what is to happen after my death. Moreover, belief in a 'life after death' has been, and perhaps still is, quite widespread. Heidegger claims that his 'ontological' account leaves this possibility open:

> If 'death' is defined as the 'end' of Dasein – that is to say, of Being-in-the-world – this does not imply any ontical decision whether 'after death' still another Being is possible, either higher or lower, or whether Dasein 'lives on' or even 'outlasts' itself and is 'immortal'.
>
> (BT, 247f.)

Heidegger claims that his account might be accepted by anyone, whether or not they believe in immortality, and that this issue can be properly discussed only after we have given such a non-committal account of death. But is his account really compatible with immortality? If Dasein is essentially in the world, how could it survive as Dasein once it is no longer in the world? If it does not survive as Dasein, what else might it survive as? Or might Dasein after death somehow continue to be in a world, retaining a ghostly presence in this world, or passing into another world? Heidegger barely allows a place for beliefs such as these. Yet implausible as they are, they are not so obviously absurd that denial of them is 'formal and empty'.

Proposition 5 is true enough. Even if I have resolved to kill myself at a definite time, it is not certain that I shall live until then, that I shall carry out my resolve, or that the bomb will go off on time. Proposition 6 seems to follow from 5, but in fact it does not. It is, for example, not possible that I shall die in 200 years' time, though this is because it is certain that I shall die within the next 100 years; it is uncertain when I shall die only within limits. But the main problem with proposition 6 lies not in what it says but in what it does *not* say. Though it is *possible* that I shall die at, or before, 10 o'clock this evening, it is very *unlikely*. The way in which I order my life depends no doubt on my certainty that I shall die at some time and my uncertainty when I shall die. I would not be writing this book now, if I knew that I would live for ever, or if I knew that I was going to die at 10 o'clock tonight. But equally I would not do so (or at least I would not sign a contract to do so) if I did not think it fairly likely that I would live to complete it. Why does Heidegger neglect probability, when it is as important for the management of my life as possibility? Partly because he associates probability with statistics concerning the longevity of man as a biological species (BT, 246). They deal with demise rather than death. And even if the statistics concern people of my type – middle-aged English male sedentary pipe-smoking academics – they do not concern my death in particular, but the deaths of people of my *type*. But it is hard to see how a reasonable ordering of one's life could dispense with some estimate of one's life expectancy, whether it be based on informal observation of the fate of relevantly similar others or on how one 'feels in oneself'.

A second reason why Heidegger neglects probability is that Dasein is its possibility, Dasein can decide how to be. Does this mean that at any moment I can kill myself? This seems unlikely. First, it is not true that one can kill oneself at any moment, even if it is possible for one to die at that moment. He quotes with approval an old saying: 'As soon as a man comes to life, he is at once old enough to die.' True enough. One can die in infancy. But one cannot usually kill oneself in infancy. Nor can one do so if one is asleep, hopelessly drunk, or bound in chains. Again, Heidegger disapproves of suicide as a response to the possibility of death, since it converts the possibility into an actuality instead of letting it remain a possibility (xx. 439). The very inadequacy of this argument against suicide suggests that he has a deeply rooted prejudice against it and that he does not have it in mind when he speaks of the constant possibility of death. If death is a possibility, but not a possibility that is, in the usual sense, to be chosen, why can we not speak of death at a given moment or within a given period as probable or as unlikely?

Proposition 7 supplies Heidegger's best argument for the view that

Dasein knows non-empirically that it will die. Dasein is care; it has to order its life by undertaking various projects and allowing a certain time for them. How could it do that if it had an eternity of time at its disposal? It could not, any more than I could be a prudent financial manager if I had an infinite amount of wealth at my disposal. But a prudent manager of life or finances needs to know more than Heidegger allows. He needs to know not just that his life will end or his resources are limited. He needs to know roughly how long he can expect to live, or how much wealth he has. I cannot manage my funds wisely if I do not know whether I have £10 billion or £100. I cannot manage my life prudently if I have no idea whether I shall live for one minute or 500 years. If in the natural course of events people matured at around 20 years of age and then had 500 years of active life ahead of them, they might be more averse to risk, less ready to sacrifice their remaining centuries in wars or on mountain peaks than we are to forgo the years or decades left to us.

Heidegger does not allow Dasein enough knowledge to exist as care. But what it requires to exist as care need not be *knowledge*. If I believe that I have about £100,000 available, I may manage my funds prudently – even if in fact and unbeknown to myself I have £10 billion or even an infinity of wealth. Likewise, Dasein may exist as care if it *thinks* it will die at around 75, even if it will in fact live far longer or even forever. Unlike the prudent fund manager, Dasein is bound to realize sooner or later that it has far more years available than it originally supposed (unless it is subject to periodic memory loss), though it need never establish that it is immortal. What matters for care is not so much that Dasein *will* die, but that it *believes* that it will die. Heidegger need not disagree with this: the important thing for him is 'dying', one's being towards death, not dying or death in the ordinary senses.

United in Death?

Proposition 8 is connected with propositions 2 and 4. If death puts an end to all my possibilities (4), then I cannot, after my death, be actively related to other people (8); I may be loved or remembered by others, but I cannot love or remember them in return. If I have to die in person, not just by proxy (2), then again I cannot be related, in my death or my dying, to other people by the relation of proxyship or representation. But there is more to proposition 8 than that. Dying is not like loving, where someone is the object of the love even if the love is unrequited. It is not like playing chess, which (usually) requires two people to play together. It is more like solitaire. Even when two or more people die together, they are like people playing solitaire in the same room. Or like two people sleeping together (in the literal sense) in the same bed. Everyone, we might say, dies alone. And we can add: everyone sleeps alone.

Usually dying is a solitary business. But must it be so? Why cannot dying, the process of dying, be more like chess or dancing, where what each person does depends on what the other does? We arrange to shoot each other at the same time. Two lovers die of grief, since each believes the other to be dying. Warriors stay to die holding the pass, but each does so only on condition that the others do. Much as lovers fall asleep in each other's arms, each doing so when and because the other does so.

The process of dying, however, terminates in death, the state of being dead. In death one cannot be related to others as one may be in dying. Death is not unique in this respect. In dreamless sleep one cannot be related to others as one may be in falling asleep. Only we usually wake up from sleep and renew our relations to others. But why, even so, need death 'individualize Dasein down to itself'? There are two reasons for doubting that it must. First, though one is not, in death, related to others, nor is one a lone individual, immured in solitary confinement.

In death, one is not related to others, but not isolated from them either; one simply *is not*. Second, although a dead person cannot *from his own point of view* be related to others – since he no longer has a point of view – it may seem to him before his death, and to others after his death, that he has important relations to others in *death*. The Athenians who fell at Marathon, and the Spartans who fell at Thermopylae, were buried together in common graves; it seemed important to their contemporaries that this should be so, to mark their comradeship in death as well as in dying. Nowadays appropriate burial is supposed to require an individual grave, but people often wish to be buried near to definite others. Heidegger himself wanted to lie beside his parents in Messkirch. When he expressed this wish, the prospect of his death did not individualize him down to his bare self; he was the son of Friedrich and Johanna Heidegger, a native of Messkirch, united in death to his fellow townsmen. Was that inauthentic? No more so, surely, than his concern for the posthumous publication of his works. But at least, Heidegger might reply, taking seriously the prospect of your own death forces you to consider what relations to which others importantly matter to *yourself*. You can no longer remain dispersed in the inauthenticity of the *they*, content to be buried with your family (or with your fallen comrades) simply because that is what 'one' does. Can I not? Is it less reasonable to submit to custom in the disposal of my corpse than in the choice of my clothes? Still, Heidegger believed, at this stage of his career at least, that dying individualizes Dasein: 'In a way, it is only in dying that I can say absolutely "I am" ' (xx. 440).

Authentic Dasein runs ahead to its own death. How does it do that? The answer lies in conscience.

Conscience

The problem is this. If Dasein runs ahead to its own death, then it can escape the clutches of the 'they' and make an authentic choice about its own way of being, not simply accept the limited range of possibilities allowed it by 'them'. But how can it do that? 'They' already cater for death. *They* tell me not to worry about it, it's a remote possibility. So Dasein remains in the embrace of the 'they'. In this condition Dasein does not really have a conscience, it is not responsible for what it is and does, and it is not guilty of anything. 'They' take responsibility for things, since all I am and do I am and do because it is what 'one' is and does. Guilt and responsibility are placed on 'their' shoulders. I do not even make real choices: I just follow the routines that 'they' prescribe.

Conscience in the traditional sense commands or forbids certain actions on moral grounds. Often it is regarded as a voice that calls to one, sometimes, though not invariably, the voice of God. In this sense of 'conscience', someone mired in the they-self lacks a conscience. Conscience tells *me* what to do and what not to do, me as an individual self, not the they-self. It may tell me not to do what *they* do, or to do what they do not do. If I have not yet eluded the they-self, I cannot have a conscience in this sense: I do not view myself as an individual distinct from others, making choices on his own account. Heidegger uses the same word, *Gewissen*, both for conscience in this traditional sense and for conscience in his own more fundamental sense, but it will be convenient to distinguish them as, respectively, 'conscience' and 'Conscience'. Not everyone has a traditional conscience, but everyone has a Conscience. A Conscience tells me not what specific choices to make or avoid, what actions to take or omit, but calls on me to make a choice, to take action, and to bear my own responsibility for it. Before I can choose, I have to choose to choose, and it is to this choice that Conscience calls me. Only when I have chosen choice, answered the call of Conscience, can I have a conscience. If I hear the call of Conscience, it is because I want to have a Conscience. Everyone has a Conscience and it calls to them continuously. But not everyone responds to it, and no one responds all the time. That is why the call of conscience is only intermittent.

If I am wholly in thrall to the 'they', how can I ever hear the call of Conscience? How can there be a call of Conscience? The call does not come from God, nor from any third party. This would not help to answer our question. We could still ask: Why do some hear God's call and others not? Does he call louder to some and more softly to others? Or are some heavier sleepers than others? Then the call of Conscience would be like an alarm-clock ringing just loud enough to wake light sleepers. But the call does not come from outside. It comes from Dasein itself; Dasein calls to Dasein. It can come from Dasein itself, because Dasein is never wholly and irretrievably lost in the *they*. Dasein retreats into the security of the *they* owing to a 'fleeing of Dasein in the face of itself – of itself as an authentic ability to be it Self' (BT, 184). But Dasein must have a glimpse of that from which it flees. It is this residual awareness of its authentic self that enables Dasein both to call to itself and on occasion to respond to the call.

Guilt and Nullity

When Dasein responds to the call of Conscience, does it want to have a conscience as well as a Conscience? Does it acquire a conscience in the traditional sense? Heidegger does not seem to answer these questions in the affirmative. The call of Conscience, like that of conscience, reveals to Dasein that it is *guilty*. But Guilt in this sense (again the initial capital 'G' marks Heidegger's special use of the word) is not something to which Dasein succumbs only occasionally. Every Dasein is Guilty, but only authentic Dasein realizes its Guilt and acts in full awareness of it. The idea of a primordial, ineradicable Guilt is not original to Heidegger. He sometimes ascribes it to Goethe: 'The agent is, as Goethe also said, always unscrupulous [*gewissenlos*, lit. 'conscienceless']. I can only be really unscrupulous, when I have chosen wanting-to-have-a-conscience' (xx. 441). It is only because everyone is Guilty that anyone can be guilty.

Why is Dasein Guilty? There are several ideas in play. Dasein makes a choice *itself*; it cannot unload the responsibility for it onto *them* or onto someone else. Dasein chooses one possibility from among several; it inevitably neglects some worthwhile possibilities in favour of the one it has chosen. Any choice will have consequences that Dasein did not foresee or intend, but for these too it must take responsibility. An authentic choice is likely to offend against the rules established by *them*. Above all, when Dasein makes its choice, choosing for itself a way of being not for the next two days but for its whole life, it has no ultimate reason for making this choice rather than an alternative: 'we define the formal existential idea of the "Guilty" as: Being-the-basis for a Being which has been defined by a "not" that is, as Being-the-basis of a nullity' (BT, 283).

Why is Dasein the basis of a nullity? In its average everydayness, the decisions Dasein takes follow naturally from what it has done earlier. I have promised, say, to have Martin's shoes ready by tomorrow, so I should get to work on them this afternoon. Even if I face a dilemma – Should I allow Martin credit, and if so, how much? – there are fairly well-established procedures for resolving it. *They* know what I should do in such situations; I can always do what they say I should. But it is different if I am choosing the course of my life as a whole. Shall I remain a shoemaker or shall I become a missionary or enter politics? Nothing in my past life naturally favours one of these options over the others, since I am deciding not what step to take next within an already predetermined life-plan, but how my life should go as a whole. Nor is it any use consulting *them*. They will very likely say it would be silly to give up making shoes. But in any case what they say is no longer relevant. I am choosing my own life, not theirs, and the fact that I am doing so implies that I have broken free of their grip. Running ahead to my death and turning back to my birth has taken the place of appeal to the they-self as a way of deciding matters. But then my choice seems to lack any basis outside itself. The life I project for myself is a nullity. Matters look no better if I reflect on the range of options open to me. This is no longer a menu presented to me by *them*, it is true. But it is restricted by a situation that I did not myself choose. I cannot for example become a knight in armour or an astronaut. In contrast to the everyday view of things, the life-choice to which Conscience calls me seems thoroughly contingent. As Dr Johnson said: 'To prefer one future mode of life to another, upon just reasons, requires faculties which it has not pleased our Creator to give us.'

Resoluteness

What then does authentic Dasein do? It becomes resolute, *entschlossen*, a word which is related to *erschlossen*, 'disclosed', and itself means literally 'dis-, un-closed'. Thus: 'Resoluteness [*Entschlossenheit*] is a distinctive mode of Dasein's disclosedness [*Erschlossenheit*]' (BT, 297). Resoluteness discloses Dasein itself in a new way; Dasein surveys its life as a whole from its birth to its death. It discloses the world and things in it, including other people, in a new way. It thus discloses a range of possibilities that are not visible to everyday Dasein, lost in the they. Heidegger's account of resoluteness is coloured by his study of the conversions of St Paul, St Augustine, and Martin Luther. Paul is in the same world after seeing the light on the road to Damascus as he was before, but everything looks different. Resoluteness confers on Dasein's decisions a fateful necessity despite the nullity of its projection: Luther says not 'Perhaps this is what I should do', but 'Here I stand; I cannot do otherwise.' In resoluteness Dasein pulls itself together as well as opens itself up. Later in BT Heidegger uses the term *Augenblick* – literally 'eye-glance', but the ordinary German for 'instant' or 'moment' – for the 'moment of vision' in which resolute Dasein assesses the possibilities implicit in its situation and makes a decisive choice.

What choice should resolute Dasein make? Can its choice be right or wrong? Are there any criteria for telling whether it is right or wrong? Conscience in the traditional sense is often held to be open to error. Can resoluteness err? Heidegger gives no indication that it can, or that there is any way in which a choice might be assessed apart from the resoluteness in which it is made. After all, authentic Dasein cannot simply follow what they say about right and wrong, nor can it appeal to any established moral code. Any code or criterion that might be suggested to it is itself something that has to be chosen or rejected.

Karl Löwith records a joke devised by one of Heidegger's students: 'I am resolved, only towards what I don't know' (Löwith, 30). This is unfair. A resolute person knows very well what he has to do, even if it is only that he, like Paul, must wait for God's command. But there is no single thing that every resolute person has to do, nor are there any rules by which we, or a given person, can decide what he has to do. Heidegger himself was resolute in the pursuit of philosophy, but this is not something that he could recommend to everyone or even to those who are equipped for it. Heidegger always declined to write a work on ethics. A 'concrete moral code', he implies, does not depend on our possession of an 'ethic as an absolutely binding science' (xvii. 85). We all know, without the help of philosophy or ethics that we should, in normal circumstances, pay our debts and keep our promises. But when it comes to momentous choices about the conduct of our lives, a concrete moral code is of little help. Either it gives no unequivocal answer to our problem or it is itself open to question. But an 'ethic as an absolutely binding science' would be no use either. It too leaves the matter undecided or is open to question. Heidegger's attitude to fundamental choices is similar to his view of truth. There is no truth in the sense of correspondence to the facts nor are there, in the most fundamental cases, any criteria for telling whether a view is true or not. The best one can do is to be 'primordial', to go back as far as one can towards the source, disregarding the current wisdom of the they. So it is with choice. There are no objectively correct answers to life's basic problems nor any decision procedure for discerning them. The best one can do is to be resolute, to withdraw from the crowd, and to make one's decision in view of one's life as a whole. One's choices, like one's assertions, are always made in a specific situation. What looks good to me in this situation may not look so good to others now or later, or even to myself in a later situation. But there is no remedy for that. The only guarantee that what I do now, writing this book for example, will meet with my approval twenty years hence is to postpone it for twenty years.

Why be Resolute?

One Dasein heeds the call of Conscience and in resolute authenticity runs ahead to its death. Another Dasein does not. Is the former better than the latter? If so, why? Why is it better to be resolute than to drift with the tide of everydayness? If Heidegger were recommending resoluteness, he would be proposing a sort of ethic. Not, it is true, a very definite ethic as far as our conduct is concerned. Resolute Dasein need not decide to abandon shoemaking in favour of some more exhilarating mode of life. But if it does continue making shoes, it does so 'with the sober anxiety which brings us face to face with our individualized ability to be, . . . an unshakable joy in this possibility' (BT, 310). This, he implies, is better than making shoes simply because it never occurs to you to do anything else.

Resoluteness is not *morally* better than irresoluteness. It does not guarantee or even make it more likely that we shall behave in a morally better way. (Hitler was no less resolute than Christ or Socrates.) Nor is resoluteness intrinsically morally superior to irresoluteness. The advantage of resoluteness is that resolute Dasein discloses itself, its possibilities, and its wholeness, in a way that irresolute Dasein does not. Everyday fallen Dasein tends, as we have seen, to misinterpret itself: 'the entity which we ourselves are, is ontologically that which is farthest' (BT, 311; cf. BT, 15). (Cf. lxiii. 32: 'Dasein speaks of itself, it sees itself in a certain way, and yet it is only a mask, which it holds before itself so that it does not terrify itself.') We need to look at resolute Dasein to see what Dasein is really like. But this begs several questions. Does Heidegger suppose that resolute Dasein is *really* Dasein in a way that irresolute Dasein is not? If so, with what right? Most of us for most of the time are irresolute. Why assume that we come into our own only when we are resolute? Or that only resolute Dasein sees itself as it really is? If irresolute Dasein interprets itself as a thing among other things or as one of the crowd, why assume that it is wrong to do so? Resolute Dasein may not be a *thing*, but perhaps irresolute Dasein is.

Heidegger's reply is this. Both resoluteness and irresoluteness, both authenticity and inauthenticity, are ways of Dasein's being. In this respect neither has priority over the other. But irresolute, inauthentic Dasein cannot give an adequate interpretation of its own condition or of resoluteness. In a similar way when one is asleep or day-dreaming one cannot give an adequate account *either* of sleep and day-dreaming *or* of wakefulness and alertness. To interpret everydayness or dispersal in the 'they' requires a withdrawal from, or elevation above, these states. Throughout his life, Heidegger was influenced by Plato's allegory in the *Republic*: ordinary men are prisoners in a cave, looking at shadows on the wall; some of them escape into the world above, where they see real objects and eventually the sun itself; they return into the cave to persuade the other prisoners to escape. Only one who has escaped from the cave can give a proper account of the condition in the cave, as well as of what is outside the cave. Similarly only the resolute can give an account of irresolution or of resoluteness. To be a philosopher one must be resolute. One must, first, withdraw from the round of everydayness. And secondly, one must rise above the current philosophical situation and the tradition that lies behind it. One cannot, if one wants to do more than humdrum routine philosophy, simply absorb the concepts, doctrines, and problems handed down by the philosophical tradition. One has to run ahead to one's own death and return to the past, back to the source of the philosophical tradition. Then one masters the tradition and is not mastered by it. And one has left *them* far behind. Or as Heidegger puts it: 'the research which wants to develop and conceptualize that kind of Being which belongs to existence, is itself a kind of Being which disclosive Dasein possesses; can such research be denied this projecting which is essential to Dasein?' (BT, 315). No more, surely, than Dasein can be expected to philosophize in its sleep.

Chapter 8
Temporality, Transcendence, and Freedom

Time has now come into its own. Dasein can only be resolute in time or over time. But we should not say that Dasein is 'in' time or 'over' time. Time is not like a container that Dasein is in, any more than the world is. In fact what is primary is not time (*Zeit*), but Dasein's timeliness or temporality (*Zeitlichkeit*). This is a standard move in Heidegger: the primary phenomenon is not the world, space, time, or history, but Dasein's being in the world, Dasein's spatiality, Dasein's temporality, or Dasein's historicity. What at first looks like a thing or substance, denoted by a noun, becomes a way of Dasein's being, denoted by an adjective or adverb. Dasein is placed at the centre of things. 'Time is Dasein' (CT, 20). Not only that. Time is my time, the time of an individual Dasein: 'In so far as time is in each case mine, there are many times. Time itself is meaningless; time is temporal' (CT, 21). It sounds as if time is hopelessly subjective – if it were not for Heidegger's insistence that Dasein is not a 'subject' – as if each resolute agent has its own time, ending with its own death and unrelated to the time of any other agent. But matters are not as bad as that. Intersubjective 'world-time', *the* time that is the same for all Dasein, is restored – as a derivative phenomenon, but none the less real.

There are in BT at least four notions of time or temporality. First, 'primordial' or 'authentic' temporality, the temporality of resolute Dasein. Second, inauthentic temporality, the temporality of everyday and/or fallen Dasein. Thirdly, world-time, the public time in which we encounter beings within the world. Finally, 'vulgar' or 'ordinary' time, time as conceived by philosophers from Aristotle to Bergson, time as a homogeneous, unending sequence of 'nows' or instants. Each of these notions of time (except the first) derives, on Heidegger's view, from the preceding. This too is a regular feature of his procedure. He does not begin (as Husserl might do) from the apparently simpler phenomenon – time as a sequence of instants, or, in other cases, living organisms or the merely present at hand – and then construct the more complex phenomenon – authentic temporality, Dasein, or the ready to hand – on this basis. He begins with the richer, more complex phenomenon and derives the simpler phenomenon from it by successively 'modifying' it and, in some cases, by stripping away some of its features. Non-human animals, for example, are to be understood 'privatively', as creatures that lack certain features that Dasein has; Dasein is not to be seen as an animal with something else, reason say, added to it. Heidegger proceeds in this way, from the complex to the simple, for reasons both of phenomenology and of ontology. We do not naturally view ourselves as animal organisms with reason superimposed on them, or the time of our decision as a sequence of homogeneous instants with significance conferred upon it by our resolution. The complex is not *composite*: it is not built up by the combination of simpler elements, and it cannot be analysed as if it were. Historically, time, or at least our experience of time, did not first enter the world as a tedious now-sequence; it first arose as the time of resolute Dasein, Dasein striving to impose order and significance on an apparently hostile or indifferent environment.

Authentic Temporality

Resolute Dasein runs ahead to its death, and reaches back into the past, before deciding what to do in the present, the authentic present or *Augenblick*, the moment of vision. It goes back to the past, since it cannot fully grasp its present situation or decide how to act in it unless it knows how it reached its present situation. I cannot, for example, decide how to continue writing from this point unless I know something about what I have written earlier in this book. This is so, even if the continuation is relatively unproblematic. I shall need to explore my earlier writing, and perhaps beyond, more seriously if my decision is more problematic, if, say, I have decided to restructure the book entirely or I have got into a muddle owing to some false assumption that I have been making all along. Resolute Dasein, however, goes back further than that. How far and where to? Back to Messkirch in 1889? Or back to Plato in the fourth century BCE? Heidegger occasionally mentions birth: 'Dasein exists as born; and, as born, it is already dying, in the sense of Being-towards-death. As long as Dasein factically exists, both the "ends" and their "between" *are*' (BT, 374). But he does not mention it nearly as often as death; nor does he suggest that time begins with one's birth as it ends with one's death. And this is reasonable. One's active life begins with one's birth as it ends with one's death. But the past time that bears on one's present situation need not begin with one's birth. In some decisions one reverts to one's birth. In deciding to be buried in Messkirch Heidegger needed to recall that he was born there. But other decisions invoke a larger span of the past. In deciding to reconsider the question of being he needed to return to the philosophers of ancient Greece, not simply to the philosophy written after his birth. Of course anything one does or produces can be considered *both* in the context of one's own life *and* in the larger context of a historical tradition. Heidegger's marriage or his burial belong to a tradition of marriages and of burials as well as to his own life. *Being and Time* too can be seen as an event in Heidegger's life as well as a stage in the philosophical tradition that began in the seventh century BCE. It seems appropriate, when deciding on marriage or burial, to focus on one's own life and simply take the tradition for granted. But it would not be natural to do this when deciding how to write a work such as *Being and Time*. One's own life is relevant to the decision *whether* to write a book at all. But once one has decided to write a philosophy book, one's own life (including, say, one's prospects of gaining tenure) recedes into the background, and the philosophical tradition comes into sharper focus. In running ahead into the future, by contrast, I cannot go beyond, at least not much beyond, my own death. Quite likely philosophy, as well as other things, will continue after my death, but my idea of what it will be like is too hazy for me to take much account of it. At most I can arrange for the posthumous publication of my works, in the hope that they will be read, understood, and believed.

Resolute Dasein, then, has a future that ends with its death, a past that extends back to its birth and perhaps beyond, and a present. Heidegger calls these 'ecstases', from a Greek word meaning literally 'standing outside, forth', hence 'removal, displacement', and, later, 'being beside oneself, or out of one's mind, in an ecstatic mental state'. ('Ecstasis' is related to 'existence' and has the same root meaning.) Temporality, Heidegger argues, essentially involves these ecstases. They figure either not at all, or only as later additions, in the conception of time as a series of instants. What matters to Galileo as a physicist is *how long* two balls of different weights take to roll down a slope, not whether they do so in the past, present, or future. But Galileo had to decide to perform this experiment, and this decision involved the ecstatic temporality of resolute Dasein, with a past, a present, and a future.

The future is the primary ecstasis, certainly for resolute Dasein, but also, with 'modification', for irresolute Dasein. Time is essentially and primarily time for doing something, time to do something, and this involves the future more immediately than the past or the present. The German for 'future' is *Zukunft*, literally 'to-coming, coming to(wards)'; the root idea is that events come to us, or approach, out of the future. Heidegger gives a different interpretation: Dasein runs ahead to its own death and then 'comes towards itself' out of the future. It does not return simply to the present. It recoils from the future, from its own death, back into the past. The ordinary German for the 'past' is

Vergangenheit. But this suggests to Heidegger the past as dead and gone. The past to which Dasein rebounds is the past that lives on in the present, the past that informs its present situation and the possibilities inherent in it. For this he uses *Gewesenheit*, 'having-been-ness'. Dasein's past is not something dead and gone that it has left behind. The relevant past, the past that bears on its present situation, emerges from the future. Dasein then rebounds from the past into the present and it is there that it decides on action. The ordinary German for the 'present' is *Gegenwart*, literally 'waiting towards', but Heidegger gives it an active flavour by associating it with a verb, *gegenwärtigen*, to 'make present': 'Only as the Present in the sense of making present, can resoluteness be what it is: namely, letting itself be encountered undisguisedly by that which it seizes upon in taking action' (BT, 326). 'Making present' is to the present what 'retaining' is to the past and 'waiting' or expecting is to the future; Heidegger avoids anything so specific and detached as 'perceiving'. Irresolute, as well as resolute, Dasein has a *Gegenwart*. Only resolute Dasein has an *Augenblick*, a moment of vision.

Temporality and Care

Dasein's ability at any moment to traverse its whole life – to run ahead to its death, return to its birth, and rebound into the present – is what makes it a unified self: Dasein bursts asunder into past, present, and future and then pulls itself together again – more like a piece, of elastic than beads on a string. The triadic structure of temporality corresponds to various other triads that we have come across in our earlier account of Dasein. Heidegger thus 'repeats' or reworks the earlier results in view of their temporality. Care has, as we have seen, a threefold structure: it is '[1] ahead-of-itself-[2] Being-already-in-(the-world) as [3] Being-alongside (entities encountered within-the-world)' (BT, 192). The first element, being ahead of oneself, involves primarily the future. Every Dasein is ahead of itself, is up to something. In resoluteness this takes the form of running ahead to death, while in inauthenticity it is diluted to a mere 'awaiting', waiting to see what will happen and being ready to deal with it. The future also corresponds to understanding, which is essentially directed to the future: it is knowing how to cope with things and, in its most authentic form, knowing how to live. With the future too belongs existence, Dasein's supervision of its own being. The second element of care, being already in the world, involves the past. Dasein has been 'thrown' into the world, it is encumbered with 'facticity', contingent features of itself and of its situation that are not its doing and that it simply has to make the most of. Thrownness and facticity are disclosed by moods such as anxiety, which are primarily directed to the past. (Anxiety is past-directed, since it is 'anxious about naked Dasein as something that has been thrown into uncanniness' (BT, 343). Anxiety's inauthentic counterpart, fear, is also past-directed, since it involves having 'forgotten oneself' in one's bewilderment (BT, 342).) The third element, being alongside entities encountered within the world, primarily involves the present, 'making present', in the sense of 'letting oneself be encountered by', things in one's current situation. Falling too pertains to the present: fallen Dasein concerns itself with what is present, its immediate business or the current gossip, rather than with the long-term past or future. Talk or discourse, which ranks alongside understanding, mood, and falling as a central feature of Dasein, does not belong to any ecstasis, but ranges over all three of them; tenses are essential to discourse.

Temporality and Being-in-the-World

Everyday Dasein is mostly irresolute. This need not mean that it is fickle and vacillating, that it does not do its job. It has its job to do and it concentrates on that, without bothering whether this is a fitting way to spend its life. It is in a way absorbed in the present rather than the future. It is wielding a tool, a hammer say, to bang a nail in leather. But 'one tool', Heidegger insists, 'is ontologically impossible' (BT, 353). A tool is always part of an implicit network of interreferential equipment in the workplace. (The 'impossibility' is only 'ontological': Heidegger does not exclude the 'ontical' possibility of my having only one tool because the others have been stolen or lost in a shipwreck. He does exclude the possibility that I have invented a wheel but have not yet thought of anything to do with it.) When I am using the hammer, I make it present. It is what I am focusing on at present. How then is the workshop as a whole *there* for me? It could not be, if I did no more than make things present. I do not at present have the whole workshop in my sights, still less do I see or explicitly think about my customers. I 'retain' the equipment that I am not presently using, my customers, and so on. I do not explicitly recall them, I have a muted awareness of their presence. I have in a way forgotten them too, just as I have forgotten myself in my absorption in my task. This is the everyday relationship to the past. Similarly I 'await' or expect certain things – in a subdued sense quite distinct from that in which I expect my horse to win. I expect my hammer to function properly, I expect my nails to be there when I want another, I do not expect to touch a rat as I reach for a nail. I notice broken tools, missing tools, and unexpected intruders. I could not do this, if 'concernful dealings were merely a sequence of "experiences" running their course "in time"'. All this must 'be grounded in the ecstatical unity of the making-present which awaits and retains' (BT, 355). So it is time that makes possible being-in-the-world, time as ecstatic temporality.

Time, Transcendence, and Freedom

Occasionally in BT (364ff.), but more often in later works (xxvi; ER), Heidegger identifies being-in-the-world with Dasein's 'transcendence'. Dasein transcends, not in the sense that it either is or attains to some other-worldly entity, nor in the sense that it manages to get over the barriers of its own subjectivity and make contact with an external object – there are no such barriers. Dasein transcends, steps beyond, any and every particular entity to the world in which they lie. What if Dasein did not transcend? Stones do not transcend, nor do insects, dogs, or God. Stones, insects, and dogs are in varying degrees crowded in by the things in their environment. Everything they do is determined by their immediate surroundings. Things are too close, too oppressive, to be 'encountered'. God too cannot encounter entities, not because they crowd him in, but because they are wholly his creation, wholly and eternally transparent to him and at his beck and call. Dasein by contrast transcends other entities and projects a world in which they lie at a critical distance from Dasein itself. Thus Dasein is (unlike God) finite, in the midst of beings which it allows to be themselves, and thus encounters rather than creates. But (unlike stones or animals) Dasein has free space in which to live, beyond the control of its immediate environment or of any given entity. Dasein leaves things alone and they leave it alone.

Take an analogy: In a self-enclosed hierarchical group (a patriarchal family, say) the members cannot choose their relationships – to whom and how they relate. Those at the bottom of the hierarchy are at the bidding of those above them; their every relationship and much of their conduct is moulded by their superiors. These are the insects. The person at the top of the hierarchy has all those below him in his control; what they do is determined by him. He is God. Neither the insects nor God encounter genuine *others*, only immovable oppressors or pliable vassals. But Dasein transcends every such other and every such relationship. It does not have to associate with this person or that, in this way or that. It can choose its 'being-with', how and with whom it associates. It can let the others be as they are, independent others who are not at its beck and call as it is not at theirs. This does not mean that Dasein can do as it likes. Others place constraints on it. Dasein is not God. So it is with Dasein's being-in-the-world. Dasein allows free play to other beings, including other Dasein, and they leave it free space. Only then can it encounter other beings. It does not first encounter other beings, and then superimpose worldhood and significance on them. It cannot encounter them at all unless it transcends them to a world and then returns from it to particular entities, as a spider spins a web and encounters flies within it. (Dasein steers a path too between realism and idealism. If realism, or materialism, were right Dasein would be like an insect. If idealism were right, he would be like God. But Dasein is in between: between God and insects, between birth and death, and between itself and the world.)

Dasein's transcendence depends on its ecstatic temporality in a way that no other entity has, Dasein has a future, a past, and a present. Each of these ecstases is a 'horizon' or rather a field bounded by a horizon. Each is defined by one of three aspects of purposive human activity, and this is its 'horizonal schema' or 'pattern'. First, the 'for the sake of itself', that is, Dasein's aims and purposes – the schema of the future. (Dasein is not essentially *egotistical*. My aim may be to help others, but it is nevertheless *my* aim.) Second, that 'in the face of which' Dasein is thrown, the background situation which is not of my own making – the schema of the past. Finally, the 'in order to', the equipment I use to achieve my purposes and aims – the schema of the present.

Ecstatic temporality transcends particular entities in two respects. First, an ecstasis is not simply the aggregate of things and events encountered in it. I run ahead into the future knowing little about what will happen in the future, apart from my own chronologically indeterminate death. When I return to the past, I do not retrace every past event in reverse chronological order until I reach, say, my birth. I have forgotten most of these events, even if I once experienced them, so I return without more ado to the relevantly significant past. Secondly, ecstatic temporality treats particular entities primarily as possibilities rather than actualities. The past into which I am thrown is significant not for what it starkly is, but for the possibilities it presents for continuing my life. The hammer on the bench is not just something actual. It is something I may or may not use, something I may use for this purpose or for that, beyond the hammer itself and my use of it.

Dasein transcends its own present state. The interest of my present state lies in what it enables me to do or become.

So Dasein transcends to world and Dasein transcends in temporality. These ways of transcending look similar in structure. But why should we agree with Heidegger that they are essentially connected, that Dasein transcends temporally if, and only if, it transcends to world, let alone that its worldly transcendence is based on its temporal transcendence? No doubt there could be no world, in Heidegger's sense, without temporality. But might there not be temporality without a world? There could not, for at least two reasons. First, there cannot be temporality without entities, other entities, that is, than Dasein itself. Time is not just a series of nows. It is time for doing things with things. Time is dated by reference to things and events, the time of my birth, for example, or the time of so-and-so's death. Moreover, things and events cannot simply be strung out along time without belonging, even at a single time, to a world. The nails I shall need later are even now in a box in the cupboard. The town of Messkirch, where I was once born and where one day I shall be buried, is there even now, though I have not been there for some time. Time spills over into the world. Secondly, Dasein's freedom, which is secured by its temporality, requires, as we have seen, being-in-a-world. Given that there are beings, Dasein must transcend them, place them in a world, and keep them at a distance.

Is Dasein really free? Are its choices and actions not caused by, or grounded in, other things and events out of its control? Not on Heidegger's view. In later works he argues that grounds presuppose Dasein's freedom rather than eradicate it (xxvi; xxxi; ER). If entities were regarded as simply actual, we would not ask after their grounds. We only ask for the ground or cause of something, the French Revolution, say, or Stonehenge, if we regard it as possibly otherwise, as only one possibility among others. But it is Dasein's freedom and transcendence that enables, indeed requires, it to view entities as possibilities rather than sheer actualities. Hence Dasein asks for the grounds of things. It asks 'why?': 'Man is not primarily the no-sayer . . ., nor is he the yes-sayer; he is the why-asker' (xxvi. 280). Dasein regards any particular being as a possibility and asks for its ground. It can also ask for the ground of all beings together. It can ask: 'Why is there anything at all rather than nothing?' (xxvi; IM). It asks this, because in its resolute, anxious moments, it views the whole of beings as a possibility rather than a sheer actuality. Thus not only empirical science, but metaphysics – philosophy in the grand manner of Leibniz and Schelling – is deeply rooted in Dasein's freedom: 'metaphysics belongs to the nature of man . . . to exist is already to philosophize' (xxvi. 274).

Heidegger takes seriously Kant's doctrine of the primacy of practical reason – more seriously, perhaps, than Kant did.

Chapter 9
History and World-Time

Heidegger interrupts his account of time in BT to consider, in chapter 5 of Division II, 'Temporality and Historicality'. His interest in history dates back to 1916, when in an article on 'The Concept of Time in the Study of History' he argued that the historian cannot regard time, as the natural scientist does, as purely quantitative and uniform. Historical time involves qualitatively distinct periods, such as the Victorian era, whose significance depends on more than their length as measured in years. History had become a thriving discipline in nineteenth-century Germany, and philosophy of history followed in its train. Heidegger was especially impressed by Wilhelm Dilthey (1833–1911), whose collected works began to appear in 1913. As well as being a historian of culture, Dilthey tried to do for history what Kant had done for the natural sciences, to spell out the basic *a priori* conditions that enable us to study history. Another significant figure, whom Heidegger often mentions in his early lectures though not in BT itself, is Oswald Spengler (1880–1936). In *The Decline of the West* (2 vols, 1918, 1922) Spengler presented the past as a series of distinct, self-contained cultures, each of which undergoes, like a living organism, a process of growth, maturity, and decay. Thought and values are, on Spengler's view, always relative to a specific culture and have no universal validity. Even mathematics is culturally determined: ancient Greek mathematics is significantly different from modern mathematics, and not simply an incomplete fragment of it.

This problem of historical relativism concerned Heidegger as well as many other philosophers of the time. In his early lectures he quotes Eduard Spranger:

> All of us – Rickert, the phenomenologists, the tendency that starts with Dilthey – we all come together in the great struggle over the timeless in the historical, over the realm of sense and its expression in a concrete culture that has arisen, over a theory of values which leads beyond the merely subjective to objective validity.
>
> (xxi. 91; lxiii. 42)

Heidegger does not like Spranger's way of putting it: he dislikes talk about 'values' and the 'realm of sense', dubbing it 'platonism for barbarians' (xxi. 91). But he agrees that relativism is a problem, and argues that there have so far been three types of solution to it. One is Spengler's, to give free rein to the historical and accept that there is no suprahistorical objectivity, nothing that is as true in 1927 as it was in 500 BCE. Another is Platonism, the attempt to extract eternal truths and values from varying historical contexts, if not to ignore history altogether. Spranger favours this solution. So do Descartes and Husserl. Descartes despised history, since it lacked the certainty of mathematics and physics. Husserl was hardly interested in history, even the history of philosophy. Philosophy, on his view as on Descartes's, is based on intuitively evident truths that can in principle be discerned at any time. The history of ideas is irrelevant to their truth. The third solution is a 'compromise' between the first two – Heidegger associates it with Georg Simmel (1858–1918): it 'acknowledges a minimum of absolute values, but they are embodied in the historical context only in a relative form' (lx. 48).

None of these solutions suits Heidegger. There are, he insists, no compromises in philosophy to get us to the heart of the matter. The philosopher is always a 'beginner' (lxi. 13). Nor are there any evident truths discernible without regard to our historical context. Husserl's distinction between 'factuality' and 'validity' is a 'banal platonism' (xvii. 94). It ignores the fact that our present situation, the situation in which we discern whatever truths we do, is steeped in the historical tradition. History is not dead and gone, history is what we are (xvii. 114). Hence the contrast between systematic philosophy and the history of philosophy is spurious. The history of philosophy essentially concerns the present. We need to study it to free ourselves of the inadequate categories that it has bequeathed to us. Conversely, we need to engage in systematic philosophy too, to equip ourselves with a fore-having, a fore-sight, and a fore-conception, if we are to make sense of the history of philosophy. This applies to history of any kind. I need some prior view of the past if I am to appreciate a historical source, such as a document or a coin (lviii. 204). Historical remnants alone do not make us historians: we must be equipped to see them *as* evidence of some past event. This prior equipment belongs to the present.

Previous philosophers of history – the Platonists, Spengler, and the compromisers – made three connected mistakes. They neglect the intertwining of the past with the present. They view the historical past only through the eyes of historians, history as pre-packaged by historiography. They neglect Dasein and Dasein's intrinsic historicality. Individual Dasein tends to be dissolved into a culture: 'Rickert says that the human individual in its uniqueness is no more than what it has contributed to cultural values. Here the concept of the individual is conceived purely platonically' (lx. 50). Or into humanity: Dilthey 'persists in the traditional view of history, which I regard as the aesthetic view of history governed by the idea of humanity' (xvii. 92). Once Dasein comes back into its own, we see the continuity between the past and the present. History is the history of past Dasein and its world, not of anonymous cultures or periods quite distinct from our own.

Happening, History, and Fate

The word 'history' refers both to events, especially past events, and to the study or narration of such events. German has two words corresponding to 'history', *Historic* and *Geschichte*. Both are similarly ambiguous. But Heidegger reserves *Historic* for the study or narration of past events, 'historiography' or 'historiology'. *Geschichte* is used for the history that *Historic* studies, though Heidegger prefers to consider it independently of *Historic*. The words 'historical' (*geschichtlich*) and 'historicality' (*Geschichtlichkeit*) stem from *Geschichte*. Two other words related to *Geschichte* are *Schicksal*, 'fate', and *Geschick*, 'destiny'. But these words, like *Geschichte* itself, derive ultimately from *geschehen*, an ordinary word for 'happen' or 'occur', but often translated as 'historize' in Heidegger's texts, to capture its affinity to *Geschichte*.

These concepts – history, happening, fate – seem quite diverse, if we disregard the contingencies of German word-formation. How do they fit together? Let us start with happening or 'historizing', since that is apparently the simplest of these concepts. What *happens*? Dasein *happens*. Dasein stretches itself out between its birth and its death, and the 'specific movement in which Dasein is stretched along and stretches itself along, we call its "historizing"' (BT, 375). Dasein does not happen as a sequence of momentary experiences borne by a persisting subject. It happens by running ahead to its own death and returning to its birth, by resolutely choosing one of its possibilities in the present 'moment of vision', and by adhering to it in 'self-constancy'. This possibility is Dasein's fate:

> Once one has grasped the finitude of one's existence, it snatches one back from the endless multiplicity of possibilities which offer themselves as closest to one – those of comfortableness, shirking, and taking things lightly – and brings Dasein into the simplicity of its fate.
>
> (BT, 384)

Only someone who has a fate in this sense can suffer at the hands of fate in the external sense. An irresolute person who drifts with the tide may have bad luck, but he cannot suffer the blows of fate. 'Fate' is different from 'destiny':

> But if fateful Dasein, as Being-in-the-world, exists essentially in Being with Others, its historizing is a co-historizing and is determinative for it as destiny. This is how we designate the historizing of the community, of a people.
>
> (BT, 384)

Destiny is not simply the aggregate of the fates of separate individuals. Our fates are orchestrated into a single destiny by our interaction in a common world with a shared history:

> Only in communicating and in struggling does the power of destiny become free. Dasein's fateful destiny in and with its 'generation' goes to make up the full authentic historizing of Dasein.
>
> (BT, 384f.)

Heidegger tries to steer a course between extreme individualism and complete absorption in the *they*.

'Some talk of Alexander, and some of Hercules'

Running ahead to death frees Dasein from the grip of *them* and ensures the authenticity of its resolve. But it does not of itself tell Dasein what to do or even supply it with a range of possibilities for its fate. For this, Dasein must return to the past, perhaps to its own birth, but more likely beyond. There an expanse of possibilities is opened up. There are great philosophers, generals, statesmen, artists, saints, and lovers, whose deeds and works are part of Dasein's heritage. There are also humble sextons like Heidegger's father; heroes come in all shapes and sizes. Dasein should 'repeat' or 'retrieve' such a possibility, it should 'choose its hero' (BT, 385). To repeat a possibility does not mean to reproduce it exactly. I cannot reproduce the campaigns of Alexander; I could copy word for word the texts of Plato, but this would be both pointless and unplatonic. Repetition is more like a conversation with the past or with some past hero. Alexander or Plato make certain suggestions to me, in their own deeds and works, and I make a rejoinder to them. In doing so, I disavow 'that which in the "today" is working itself out as the "past"' (BT, 438); I disown the possibilities and interpretations presented to me by *them*.

Dasein does not have an unlimited choice of heroes. The French Revolutionaries may have tried to emulate ancient rebels and republicans. Napoleon may have proposed a rejoinder to Alexander or Caesar. But most people opt for one of the roles handed down from the immediate past – a shoemaker, a priest, a sexton. Heidegger selected his heroes from among philosophers. Aristotle, or perhaps Brentano, first induced him to become a philosopher rather than a sexton, a priest, or a soldier. Aristotle too guides his attempts to do philosophy, though other philosophers – Plato, Kant, and so on – are also called into play. Dasein need not choose only one hero. Nor even just one type of hero: Heidegger later invokes poets such as Hölderlin and Rilke. He repeats them. But this means that he interprets them – armed with his own fore-having, fore-sight, and fore-conception – argues with them, replies to them, confronting them with the problems and solutions current in his own day, but abandoning or reworking these problems and solutions in view of his engagement with the past. In later works he explicitly presents himself as engaged in a 'conversation' with thinkers and poets of the past. This is Heidegger's fate. How does it play its part in a destiny? Napoleon's fate is part of the destiny of France. Heidegger's fate belongs to the destinies of progressively wider communities. It belongs to the destiny of his pupils and followers, of Freiburg University, of the German people, and perhaps ultimately of what he later called 'the West'. Must Napoleon's followers each have a fate, as well as Napoleon, if France is to have a destiny? Must Heidegger's pupils be as resolute as Heidegger himself, or is it enough if they take his word for it? How many Germans need to be resolutely authentic on their own account? If only it were as easy as Heidegger supposes to distinguish a destiny from *them*!

Inauthentic Historicality

So far we have described authentic historicality, the historicality of resolute Dasein. Mostly Dasein is not resolute, but it is nevertheless historical. Its historicality differs from that of authentic Dasein in two respects. First, since it does not run ahead to its death and revert to its birth, does not abide in self-constancy by a resolution formed in a moment of vision, it seems more like a series of distinct experiences strung out along a persisting subject. This gives rise to what Heidegger regards as a bogus problem: What is it about these experiences that connects them together as the experiences of a single person? Secondly, irresolute Dasein derives its view of history and the past more from the objects of its daily concern than authentic Dasein does. That is, history becomes world-history. But 'world-history' is an ambiguous term. In one sense, even authentic historicality is world-history, since what is historical is not Dasein on its own, not a worldless subject, but Dasein in a world. In another sense 'world-history' refers not to the historicality of Dasein, but to the historicality of items within the world – of tools, books, buildings, even nature 'as a countryside, as an area that has been colonized or exploited, as a battlefield, or as the site of a cult' (BT, 388f.). As ever, inauthentic, fallen Dasein is dispersed in the world of the present: 'Lost in the making present of the "today", it understands the "past" in terms of the "Present"' (BT, 391) – and not, as authentic Dasein does, in terms of the future, of its own fate.

The meaning of inauthentic historicality becomes clearer if we consider Heidegger's own fate, the practice of philosophy. What does a philosopher do if his existence is inauthentically historical? He may, on the one hand, be a purely 'systematic' philosopher, concerned with current ideas to the exclusion of the history of the subject. 'With the inconstancy of the theyself Dasein makes present its "today". In awaiting the next new thing, it has already forgotten the old one' (BT, 391). He is oblivious to the *history* of current ideas: 'it is loaded down with the legacy of a "past" which has become unrecognizable, and it seeks the modern' (BT, 391). On the other hand, an inauthentically historical philosopher may be interested in the history of philosophy, in the texts of past philosophers. An interest in history is no guarantee of authentic historicality. To see why this is so, we need to look at Heidegger's account of *Historie*, of 'historiology'.

From Historicality to Historiology

Dasein is invariably historical, though often it is only inauthentically historical. Not all Dasein is historiological, interested in the explicit study of history, nor are all ages. Authentic 'historicality does not necessarily require historiology. It is not the case that unhistoriological eras as such are unhistorical also' (IST, 396). Heidegger has in mind the ancient Greeks, who, though they produced the first serious historians – Herodotus and Thucydides – were not so intensely interested in their past as the Romans were, let alone the Germans of the nineteenth century. They were entitled to neglect the history of philosophy, at least, since they were beginners or originators of the subject, free of the burden of philosophical tradition that weighs on us. The Greeks made history with more ardour than they studied it.

Nevertheless historiology is rooted in Dasein's historicality. Historiology, like all sciences, presupposes a prior disclosure of the realm that it then 'thematizes'. It also presupposes the present survival of remnants of a past world – documents, buildings, skeletons, and so on. But they will not be treated as historical evidence unless we regard them as 'world-historical':

> Our going back to 'the past' does not first get its start from the acquisition, sifting, and securing of such material; these activities presuppose historical Being towards the Dasein that has-been-there – that is, they presuppose the historicality of the historian's existence.
>
> (BT, 394)

Dasein has 'historical being to the Dasein that has been there' in that it chooses a role from among those it inherits from the recent past. But even in its unhistoriological mode, Dasein is familiar with various figures and events of the past. We know that Caesar crossed the Rubicon, even if we do not know why he did so or where the Rubicon is. When we see ourselves as making a significant and irrevocable choice – a choice to marry, say, which though less momentous than Caesar's, is significant for one's own life – we often speak or think of ourselves as crossing the Rubicon. In a way, we then 'repeat' Caesar's action. The historian too makes choices and is likely to appeal to the past in making them. If he is, say, a politician, the problems he faces and the choices he makes in his political life will affect his selection of a historical theme: 'The "selection" of what is to become a possible object for historiology has already been met with in the factical existentiell choice of Dasein's historicality' (BT, 395). Macaulay's decision to write a history of England from the accession of James II was influenced by his championship of the 1831 Reform Bill and of other progressive causes. Augustine's history of Rome, in the City of God, was inspired by Alaric's sacking of Rome together with his own resolute devotion to Christianity.

Historiology and Dasein's Possibilities

How does the authentically historical historian approach the past? Dasein exists, it chooses its way of being from the possibilities available to it. This is how the historian views himself, and it is how he views the past Dasein that he studies. He will be concerned not simply with what past Dasein actually did or did not do, but with the possibilities available to it, what it could have chosen as well as what it did choose, and also with the possibilities that it hands down to us. The authentic historian tells us not simply that Caesar crossed the Rubicon and what resulted from this. He tells us that Caesar faces at this stage of his career three possibilities. He can remain in Gaul with his army; then his enemies in Rome will ensure that he receives no more supplies and reinforcements, so that he will eventually be reduced to impotence. He can return to Rome without his army; then his enemies will kill him. Or he can illegally cross into Italy with his army; then there will be a civil war.

A statesman or a general might study Caesar's situation for the possibilities that it opens up to himself, for the bearing it has on his own situation. But again it is easier to see what Heidegger has in mind if we consider the history of philosophy. A philosopher does not simply make certain claims. He makes choices, choosing this possibility rather than that. Descartes responded to scepticism by attempting to rebuild the edifice of knowledge by arguing carefully from self-evident premises. But other responses are possible – that of Montaigne, for instance, who argued that if everything is uncertain, then Protestantism is uncertain, so that one may as well stick to traditional Catholicism. A reader of Descartes (Kierkegaard, say) may prefer one of those possibilities that he neglected. Or a reader (say, Schopenhauer) of Plato's *Republic*, which argues that art lies at two removes from the true forms or ideas – since it copies the ordinary objects which are themselves copies of the ideas – may wonder at Plato's neglect of another, and perhaps preferable, possibility – that art directly depicts ideas. Again, in the first edition of his *Critique of Pure Reason* Kant broached the possibility that our faculties of sensibility and understanding are both rooted in imagination; in the second edition he abandoned this idea and reinstated the primacy of reason. Heidegger preferred the possibility rejected by Kant, that man is an imaginative being rather than a primarily rational being. (This does not mean that Heidegger was an *irrationalist*: 'When irrationalism . . . talks about the things to which rationalism is blind, it does so only with a squint' (BT, 136).) Past philosophers are to be read with a view to their possibilities – possibilities chosen, rejected, suppressed, but all of them left to us.

Nietzsche's Possibilities

Heidegger concludes his chapter on history with some illustrations of this approach to the subject. In the second of his *Untimely Meditations*, 'On the Use and Abuse of History for Life' (1874), Nietzsche distinguished three types of historiology: the monumental (which portrays the glories of the past as an inspiration to the present and the future), the antiquarian (which records the past for its own sake), and the critical (which censures the blemishes of the past). Why just three possibilities? And are they alternatives? Nietzsche, Heidegger suggests, 'understood more than he has made known to us' (BT, 396), and in view of Dasein's temporality all three are involved in authentic historiology. As resolutely futural, Dasein is 'open for the "monumental" possibilities of human existence' (BT, 396), and this gives rise to monumental historiology. But since Dasein is also 'thrown', it has the 'possibility of reverently preserving the existence that has-been-there', the existence which revealed to it the possibility it has chosen. This is antiquarian historiology. Dasein also has to make its choice in the present, but not the present as *they* interpret it. Authentic historiology is 'a way of painfully detaching oneself from the falling publicness of the "today"', and so, as well as being monumental and antiquarian, it is also a 'critique of the "Present"' (BT, 397). Nietzsche, when read in the right way, confirms Heidegger's own account of history.

Dasein which has been there

Nietzsche was dead when BT appeared. So was Descartes, and many of the other philosophers Heidegger considered. Husserl (1859–1938) was still alive. Yet Heidegger treats Husserl in much the same way as

Descartes: they are both 'possibilities of the being of care' (xvii. 107). Does it matter to historicality whether other Dasein is dead or alive? Sometimes Heidegger suggests that it does. Artefacts are historical because they were 'used by a concernful Dasein who was-in-the-world. That world is no longer' (BT, 280). Hence historiology deals with Dasein that has been there, and, since Dasein is being-in-the-world, that involves world-history: 'If Dasein is there no longer, then the world too is something that has-been-there' (BT, 393). Dasein's world dies along with Dasein, Heidegger implies. This is puzzling. Two contemporaries are each in-the-world. But they are in the same world. Why can I not be in the same world as someone was who is now dead? In any case, contemporaries do not conveniently die at the same time, nor need they all be dead before we write the history of their exploits: there are still survivors of the World Wars. We need to distinguish between 'having been there' and 'being no longer there'. What matters to Heidegger as a historical being is that Husserl has been there: Husserl's texts were ('always already') on hand from his schooldays, like those of Descartes. It makes no difference from this point of view, though it may from others, that Husserl is still around, alive and kicking, available for questioning and ready to answer back, in a way that Descartes is not. Can Dasein's historicality give us the idea of an objective temporal order, in which Descartes lived and died before the birth of Kant, who in turn died before Husserl was born? Perhaps. As Heidegger scans the pages of Descartes he finds no mention of Kant or Husserl, whereas Husserl refers often to Descartes and Kant. Were they each in a different world? This is less plausible with regard to their thought than other aspects of their life. Kant's philosophy is less out of date than his wig. But to place them in their chronological order, let alone give the dates of their births and deaths, we need to assign them to the same world and to the same world-time.

World-Time

Time is 'significant'. Dasein needs time for doing things, it takes time to do things, it can 'lose' or waste time. This depends on Dasein's being as care, its temporality, and its finitude:

> The 'there' is disclosed in a way which is grounded in Dasein's own temporality as ecstatically stretched along, and with this disclosure a 'time' is allotted to Dasein; only because of this can Dasein, as factically thrown, 'take' its time and lose it.
>
> (BT, 410)

The *significance* of time is more fundamental than time-reckoning or time-measurement. I look at my watch because I need to get to a meeting on time. I look at my diary because I am wondering whether I shall meet my deadline. I would not consult watches or diaries if I did not need time to do things, if I did not need to do things on time.

Corresponding to the three ecstases of temporality there are, in German, three temporal adverbs: 'then' (*dann*) referring to a future time, 'now' (*jetzt*) referring to the present, and 'then' or 'on that former occasion' (*damals*) referring to a past time. We use these in planning: I must dress *now* before the cab arrives *then*; I must resit the exam which I failed *then* on that former occasion. Both 'then' and 'on that former occasion' involve 'now'; 'then' implies 'now-not-yet', and 'on that former occasion' implies 'now-no-longer'; the cab is not yet here, and I am not failing my exam *now*. Temporality 'ensnares itself in the Present, which, in making present, says pre-eminently "Now! Now!"' (BT, 407).

The 'now', 'then', and 'on that former occasion' are 'datable'. We assign a time to worldly events: 'then, when the cab arrives', 'now that you are dressed', 'then, when you failed the exam'. This is related to time's significance: we could not plan our activities temporally, unless we could assign times to them. Time is also 'spanned' or extended. We refer not primarily to instants but to the time in between: 'I'll read until the cab comes', 'I've worked ever since I failed the exam'. Even the present is not a durationless instant, but a shorter or longer span of time: '"now" – in the intermission, while one is eating, in the evening, in summer' (BT, 409). This is related to datability. What we do, and what happens, takes time – we cannot do anything in a durationless instant. Time is public. This too is related to datability. Often we date the same time by different events. The time that for me is *then, when* I married is for you *then, when* you left school. But usually we manage to sort this out and date a time by an event known to us both: I married, and you left school, *then, when* England last won the World Cup. We co-ordinate our actions in public time: we arrange to meet *then, when* the concert ends.

Life is made easier by clocks. The natural, primeval clock is the sun, by whose light we see to perform our daily tasks. The sun is there for everyone in the same longitude. It is not attached to any particular person or business. We measure time, initially, by the movement of the sun: 'because the temporality of the Dasein which must take its time is finite, its days are already numbered' (BT, 413). We measure time because there is a right time and a wrong time for doing things. Like the world, time is *significant*. Hence time becomes worldly, world-time, a time within which everything present at hand or ready to hand has its place. Later, when we become less dependent on sunlight for our activities, we devise clocks that do not require sunlight – though they must keep in time, more or less, with the movements of the sun.

'Ordinary Time'

Measurement, as it becomes more refined, alters our conception of time. It stresses the present at the expense of the other ecstases. A runner in a race does not focus primarily on the present. He looks ahead to the moment when he will cross the finishing-line to the applause of the spectators. He gears himself up for the final sprint. All this is lost on the person timing his run. *Now*, at 3 o'clock by his watch, the runner sets off; *now*, at 3.05, he is half-way; *now*, at 3.10, he crosses the finishing-line. The timer is not wholly oblivious to the past and the future. He 'retains' the start of the run at 3.00, and awaits its completion. But retention and waiting are muffled by the imperious presence of the now.

Time measured is still spanned. The race *lasts* 10 minutes, from 3.00 to 3.10. But the *now* is not spanned. The race begins now, at exactly 3.00, not in a long-drawn-out now, as when a spectator says 'It's going to begin now'. And it ends at exactly 3.10. The present of time-measurement is, ideally at least, not spanned.

Time is still public and it is still significant. I am timing a runner, and the time of his run is articulated by its phases; the time, like the run, has a beginning, a middle, and an end. Other spectators see the race and their watches, perhaps, say the same as mine. But the time-measurer is more engrossed in the movements of his watch, and less in events in the world, than the runner or an excited spectator in periods of boredom clocks can take complete control. As I wait for a train on an empty station, time seems entirely empty and homogeneous, punctuated by nothing except the movements of the clock. It is not related to any significant events; it seems to be an entity in its own right.

This, Heidegger argues, gives rise to Aristotle's view of time, as a sequence of nows. Shorn of its datability and significance, ecstatic temporality gets 'levelled off' (BT, 422), so that time is homogeneous. The nows are seen as present-at-hand, and time is almost a thing among other things. Now-time is uninterrupted and has no gaps – unlike ecstatic temporality, which glides over periods in which nothing is happening. It is infinite – a feature which Heidegger attributes to a 'fleeing in the face of death' (BT, 424). It is thoroughly public: it 'belongs to everybody – and that means, to nobody' (BT, 425). Nevertheless, now-time still bears marks of its origin in temporality. Time is said to pass away, rather than to arise: 'Dasein knows fugitive time in terms of its "fugitive" knowledge about its death' (BT, 425). It is also irreversible, moving irrevocably in one direction, and this can be explained only in terms of its derivation from ecstatic temporality. It makes little difference to the timer of the race if the race runs backwards, or even if his watch runs backwards; he can still time the race. But it cannot be so for the runner himself, looking ahead to the finishing-line, with victory in his grasp but not yet fully assured. Now-time, then, derives from ecstatic temporality. Conversely, it would be difficult, perhaps impossible, to construct ecstatic temporality out of the impoverished now-time, however much we plaster it over with significance and value.

Now-time is derivative. It does not follow that it is unreal or illegitimate: 'The ordinary representation of time has its natural justification' (BT, 426). Historiology requires world-time, if not now-time: 'Temporality temporalizes world-time, within the horizon of which "history" can "appear" as historizing within-time' (BT, 436). Heidegger does not want us to discard world-time in favour of ecstatic temporality. That would deprive us of the stable framework within which resoluteness operates. Authenticity, resoluteness, ecstatic temporality – these enable me to grapple with the texts of Aristotle and to propose, say, that the original meaning of 'truth' was 'unconcealment'. Inauthenticity, fallenness, world-time – these enable me to speak, for the most part, contemporary English and to say that Aristotle died in 322 BCE. Here as elsewhere inauthenticity serves its purpose.

Heidegger versus Hegel

In the penultimate section of BT Heidegger argues that Hegel (1770–1831) accepted Aristotle's conception of time and did not go far beyond it. Why Hegel? In part it is because Heidegger had immense respect for Hegel,

> who saw and was able to see in philosophy so much more than had ever been seen before, because he had an uncommon power over language and wrested concealed things from their hiding-places.
>
> (xxiv. 226)

In part it is because Hegel seems to anticipate some of Heidegger's central doctrines and strategies. Hegel's *Phenomenology of Spirit* (1807) can readily be seen as a rejection of traditional epistemology in favour of ontology, that is, an exploration of the being of the knower and the known, and of the relationship between them. But Heidegger won't have it. For him Hegel is the last and greatest of the Cartesians; the supreme rationalist, who dissolved ontology into logic; the overweening metaphysician, who saw man as infinite, destined to view reality through the eye of God. So Heidegger takes issue with Hegel – both to remove a monstrous obstacle on the path to truth and to make sure that no one confuses Heidegger with Hegel.

'The rest is silence'

One trait Heidegger shares with Hegel is a tendency not to finish the books he promised to write. Hegel's *Phenomenology* was originally published as the first part of a system, to be followed by a volume dealing with logic, philosophy of nature, and philosophy of mind. The second part of this system never appeared. Heidegger must have been aware of this when he left BT incomplete, but kept the words 'First Half' on the title-page until 1953. Did he hope to invite comparison between Hegel's *Phenomenology* and his own BT, the one recording the voyage of consciousness (*Bewusstsein*) through its various 'forms', the other exploring ever-deeper levels of the being of Dasein, behind the masks of its self-interpretations?

No doubt we should suggest some more substantial reason for Heidegger's failure to continue BT. He ends with the question 'Does time itself manifest itself as the horizon of Being?' (BT, 437). His idea seems to be that in view of our new understanding of time, we can now consider being in general, disregarding particular modes of being and disregarding its relationship to Dasein. More than once he has indicated that Dasein can only be analysed properly if 'the ontology of possible entities within-the-world is oriented securely enough by clarifying the idea of Being in general' (BT, 366). We might doubt whether BT leaves much of interest to be said on this matter. It is, first, not obvious that we need to elucidate being in general to understand the differences between various modes of being, between rocks, tools, Dasein, time, and world. Heidegger thinks of being in general as a 'horizon' for differentiating modes of being, a vantage point beyond any particular type of entity from which we can survey and discriminate their varieties and interrelations. But even if finite Dasein can attain such a vantage point, what might there be of interest to say about it? Secondly, Heidegger seems to have closed off the route to Dasein-independent being, or to a vantage point beyond Dasein itself, by his persistent claim that there is no being *without* Dasein. BT has not focused on the being of Dasein to the exclusion of other entities. Time, world, hammers, rocks – all these are interpreted by Dasein in their being. What more can there be to being than what Dasein makes of all this?

Did Heidegger's thought end with BT? Naturally not. He writes on different themes. Often he seems to contradict BT, sometimes he denies that he does so. It needs no special explanation that in a literary career of fifty-odd years Heidegger did not continually rework the same themes and that he occasionally changed his mind. What is remarkable, and no doubt owes something to his 'resoluteness', is his attempt to integrate all his work into a single coherent whole. But rather than ask how coherent it really is, it is better to consider a sample of his later work on a theme that hardly appears in BT: art.

Chapter 10
Art

Heidegger showed little interest in art until the mid-1930s, and then it appears in the company of several related interests: the presocratic philosophers, whose works are often in poetic form and are more closely related to Greek poetry than, say, Kant is to German poetry; philosophers such as Schelling and Nietzsche, for whom art has a central position in philosophy; and language, which, for Heidegger, originates with poets.

Artworks and Things

Heidegger's most general work on art, 'The Origin of the Work of Art', was published in 1950, but stems from lectures given in 1935. He rejects two widely held doctrines. First, that art is concerned only with beauty and pleasure: 'art is rather the disclosure of the being of beings' (IM, 111). Second, that a work of art is primarily a thing, and that aesthetic value is superimposed on it by our subjective view of it: for Heidegger it is art that shows us what a thing is. There are nevertheless two ways in which an artwork is a thing. First, a work, such as a painting, can be moved and stored like other things. (He later rejects this way of viewing artworks. It treats them as objects present at hand, in the way that an art-dealer or a removal-man does.) Second, it has a thingly aspect: 'There is something stony in a work of architecture, wooden in a carving, coloured in a painting, spoken in a linguistic work, sonorous in a musical composition' (OWA, 19).

What then is a thing? There are three traditional accounts: a thing is (1) a bearer of properties; (2) the unity of perceptual sensations; or (3) a composite of form and matter. Heidegger rejects (1) and (2), the latter for the reason that 'we never really first perceive the throng of sensations . . . We hear the door shut in the house and never hear acoustical sensations or even mere sounds' (OWA, 26). He prefers (3), the form-matter account. This was originally derived from, and is best suited to, intrinsically useful equipment such as a jug or shoes. But equipment is only one of three types of thing: a 'mere thing' such as a rock, equipment, and an artwork. An artwork differs from equipment and has something in common with a mere thing. Like a natural rock and unlike shoes, an artwork is not produced for a specific use or purpose, though unlike the rock and shoes it is not 'self-contained' (OWA, 29): it calls for an observer or interpreter. Still, since the tradition gives priority to equipment, Heidegger decides to look at that first.

Van Gogh's Shoes

He does this by introducing his first exhibit: Van Gogh's painting of a solitary pair of worn peasant shoes. We cannot just look at the shoes we are wearing, because attention distorts our view of them: shoes are essentially inconspicuous to their wearer. From the painting, Heidegger argues, we see that the shoes are involved both with the world – the world of human products and activities – and with the earth – the natural foundation on which the world rests. This is overlooked *both* by the ordinary user *and* by the form-matter theory. Owing to their excessive familiarity, the user regards his shoes as simply things for walking. Or (to take a different example) someone familiar with a cricket bat regards it as a piece of wood for hitting balls. The form-matter theory refines this account. Focusing on the *manufacture* of shoes and bats, it says that shoes and bats are pieces of matter (leather, nails, wood) with a form (their usefulness) imposed on them. The user and the theory neglect much else that would need to be

8. *Shoes*, a painting by Vincent van Gogh

explained to an uninformed alien: the involvement of the shoes with the world of the peasant, and the wear and tear they undergo from earth; the involvement of the bat with the world of cricket (stumps, bowlers, etc.) and the earth on which it is planted. But what they neglect becomes apparent in the painting: 'the equipmentality of equipment first genuinely arrives at its appearance through the work . . . The nature of art would then be this: the truth of beings setting itself to work' (OWA, 36). The work is not a thing with artistic qualities added: the work reveals the nature of things.

The Greek Temple

Heidegger now presents his second exhibit: a Greek temple. He does so partly to distinguish his own view from the view that art is imitation: the temple is not representational. But partly also because he wants to argue that a work of art not only opens up a world; it also sets up a world, a world to which it belongs. The Van Gogh opens up the world of the peasant. But it does not set it up, nor does it belong there. The temple, by contrast, unifies and articulates the world of a people: it 'first fits together and at the same time gathers around itself the unity of those paths and relations in which birth and death, disaster and blessing, victory and disgrace, endurance and decline acquire the shape of destiny for human being' (OWA, 42). The world of a people is the familiar structured realm in which they know their way about and make their decisions.

The temple not only sets *up* world. It sets *forth* world's counterpart, earth. It is surrounded by 'earthy' nature, buffeted by storms and resting on rock, and it also consists of earthy natural materials. It thus reveals earth as earth, and grounds the world on earth. All artworks set forth earth in their way. In equipment, earthy raw materials are 'used up', that is, fused into the artefact so that they are no longer noticeable: it does not matter, and we do not notice, whether shoes are made of leather or of some functionally equivalent material. In artworks materials are only 'used', not 'used up': they remain conspicuous within the work (OWA, 47f.). The earthy materials of poetry, the poet's words, are, unlike the words of common discourse, conspicuous and resistant to paraphrase. It matters whether the Parthenon is made of marble or plastic. In one way or another, all artworks set forth earth.

World is the human environment in which we lead our lives: the tools we use, the houses we dwell in, the values we invoke. Earth is the natural setting of this world, the ground on which it rests and the source of raw materials for our artefacts. World and earth are opposites in conflict. World strives for clarity and openness, while earth shelters and conceals, tending to draw world into itself. Each needs and sustains the other. The artwork straddles both contestants. The temple's static repose is the product of the conflict between earth and world. It is a happening, an event – the event of truth as

9. The Temple of Aphaia in Aegina, *c.*500 BCE

unconcealment. Only if beings are unconcealed can we make particular conjectures and decisions. But since we finite creatures never wholly master beings cognitively or practically, there is also concealment. Without concealment there would be no objectivity, no decisions, and no history: everything, the past, the present, and the future, would be wholly transparent to us, leaving no hidden depths to things, and no scope for choices with uncertain outcomes. (The two pairs of opposites, earth–world and concealment–unconcealment, do not exactly coincide. Earth is partly unconcealed, and the world is partly concealed.) Truth happens in the work: 'Setting up a world and setting forth the earth, the work is the fighting of the battle in which the unconcealedness of beings as a whole, or truth, is won' (OWA, 55).

Heidegger plays down the role of the artist and tends to regard the work as the product of an impersonal force, such as truth or art itself, that uses the artist to actualize itself. In 'great art' the artist effaces himself: he is like a 'passageway that destroys itself in the creative process for the work to emerge' (OWA, 40). But an artwork is essentially 'created' (OWA, 56f.). Creation is quite distinct from the manufacture of a tool: art is not craftsmanship plus something extra, any more than a work is a tool plus something extra.

Art and Truth

Why must truth happen in a work? The conflict between concealment and unconcealment is a conflict between an old paradigm and a new paradigm, between, say, an old religion and a new religion. An artwork is like a fortress or standard marking the ground newly won for truth: 'Clearing [*Lichtung*] of openness and establishment in the Open belong together' (OWA, 61). There are, Heidegger concedes (OWA, 62), other ways of staking our claim to truth: an 'act that founds a political state' (e.g. the US Constitution); the 'nearness of that which is not simply a being, but the being that is most of all' (e.g. the conversion of St Paul); the essential sacrifice (e.g. the Crucifixion); or the thinker's questioning. (Science is not an 'original happening of truth'. It fills in the details of a 'domain of truth already opened . . . [I]nsofar as a science passes beyond correctness and goes on to a truth, . . . it is philosophy'.) But art is the main way in which truth happens. Not only the temple but also Greek tragedy lay down the paradigm, the values and categories, in terms of which a people view the world and make their choices.

Why must the artwork be created? A work involves a 'rift' between earth and world, and (unlike equipment) composes conspicuous earthy materials into a reposeful form. The notion of rift, *Riss*, links up with that of a ground-plan or paradigm, a *Grundriss* (OWA, 64). But it also means that a work is conspicuous, owing to the tension it embodies. A broom fades into the background of other equipment, its constituent materials 'used up', smoothed down into its usefulness. A work is solitary, tensed, and striking. It is especially suitable as a marker of truth. But the very existence of the work cries out for explanation. A work, unlike a tool, bears the scars of its production. The rift needs a creator to contain it.

A work needs an audience or 'preservers' as well as a creator. The work draws its preservers 'out of the realm of the ordinary' into the new world it opens up, and suspends their 'usual doing and valuing, knowing and looking' (OWA, 66). The appropriate response to a work is neither knowing nor willing, but a 'knowing that remains a willing, and willing that remains a knowing' (OWA, 67). It is not carrying out some plan one has already formed, but 'resoluteness', the ecstatic entry into a new realm of openness in which all one's old beliefs and desires are suspended. It is somewhat like St Paul's conversion, opening up a new field for knowing and willing that is disconnected from one's previous notions and plans. Great art, like the voice of God, is not consumer-led: it changes one's whole way of viewing the world and of finding one's way about in it. But the work is not like a drug, and the experience is not private: the work is communal and grounds our relations to one another.

A work, Heidegger has said, is not a thing or a tool with something added; things, stuffs, are inconspicuous in equipment and revealed only in works. But what about the artist? Must not he know about nature, about the things and tools he portrays, before he creates art? No. It is the work that draws out the rift (*Riss*) and draws the sketch (*Riss*) (OWA, 70). The artist does not *first* have a clear view of things and *then* embody it in a work: nature is opened up for him, as well as for us, only in the work. The work needs creators, who 'put truth into the work', and also preservers, who 'put it to work', actualize it, that is, in their communal knowing-willing (OWA, 71). But the work also makes creators, as well as preservers, *possible*. Creators are agents of a force larger than themselves: art.

Truth comes, in a way, from nothing. We cannot account for Van Gogh's painting by supposing that he came across some old shoes, and painted what he saw. For, first, the shoes alone could not account for the way in which Van Gogh saw them. And secondly, he did not see them in a new way *before* his painting emerged: 'the opening up of the

Open, and the clearing of beings, happens only as the openness is projected' (OWA, 71). Art, like St Paul's conversion, comes as a bolt from the blue.

Poetry

All art, then, is essentially *Dichtung* (OWA, 72). *Dichtung* here has a wide sense and means something like 'invention' or 'projection'. What the artist puts into the work is not derived from the things around him but invented or projected. All great art involves a 'change . . . of the unconcealment of beings' (OWA, 72): it illuminates the ordinary, it rips us for a time out of the ordinary into another world, or it changes our whole view of the world. In a narrow sense, however, *Dichtung* means 'poetry' (*Poesio*), and poetry is Heidegger's third exhibit. He does not believe that all other arts are, or stem from, poetry. What he believes is this. Language is not just a medium for communicating what we know. Language used for this purpose is 'actual language at any given moment'. Language also brings beings out of 'dim confusion' into the open by naming them for the first time, and thus gives us something to communicate about. This is innovative language or 'projective saying' (OWA, 74). It lays down what can and what cannot be said in the language of communication. Since poetry is in language, and since it is a form of art, that is, of the lighting projection of truth, poetry must be projective saying, an original, innovative use of language to name things and thus open up a realm in which we can communicate.

Poetry is not, however, only one among several arts. The other arts – architecture, sculpture, painting, music – operate within a realm already opened up by language. The disclosure effected by language, that is, by poetry, preceded disclosure by the other arts. So poetry is prior to the other arts, just as linguistic disclosure is prior to other forms of disclosure.

The Founding of Truth

All art is *dichterisch*, inventive or projective. So too is the preservation of a work, since the preserver has to enter the realm disclosed by the work. But the essence of *Dichtung*, Heidegger continues, is the founding of truth. 'Founding', *Stiftung*, has three senses, and art involves founding in all three senses. First, 'bestowing'. The setting into (the) work of truth involves a paradigm-shift: it thrusts up the extraordinary and thrusts down the ordinary. So truth cannot derive from what went before. It comes as a *gift*. Founding is an 'overflow', the bestowal of a gift (OWA, 75).

Second, founding is 'grounding'. Truth is cast not into a void, but to preservers, historical men. It comes from nothing, but is addressed to a people. Three factors are involved in a people. The first is the people's 'endowment', their 'earth': the land on which they live and which they cultivate, but also relatively permanent features of their world such as the German language that they speak. The second is the ordinary and traditional, the old 'world', their pagan customs and beliefs, for example. The third is the new 'world', their 'withheld vocation', the beginnings, say, of Christianity among them (OWA, 75 L). The creation of, say, a Christian work of art cannot be explained by these factors, especially not by the old world. But it is guided by them. It is composed in German, adapted to their endowment, and it presents a Christian message. It makes the people's destiny explicit, and grounds it on their native soil.

Thirdly, founding is 'beginning'. A beginning is in a way direct or immediate, but it may also require long preparation – like a jump or leap (*Sprung*) for which we need to prepare ourselves. A genuine beginning is not simple or primitive; it contains the end latent within itself; it is a leap forward (*Vorsprung*), that leaps over everything to come (OWA, 76). Homer's epics, for example, are not primitive or simple; they also implicitly contain the tragedies which later opened up the world of the Greek city-states. The history of art is not a steady cumulative process, but is punctuated by massive explosions of creative energy that leave future generations to do what they can with the pieces.

'When beings as a whole require grounding in openness, art always attains to its historical essence as founding' (OWA, 75). Such art alters our whole view of being. This has happened three times in the West. First, and most radically, in Greece, with its conception of being as 'presence' *(Anwesenheit)*. Then in medieval times, when the beings disclosed by the Greeks were transformed into things created, by God. And finally in modern times, when beings become 'objects', to be calculated and manipulated. (This is what lies at the root of 'technology'.) Each time a new world arises; unconcealment of beings happens; and it sets itself into work, a setting accomplished by art. When art happens, a thrust enters history and history begins again. Art grounds history, not history in the sense of important events, but history as the entry of a people into its native endowments and its movement towards its appointed destiny. Now we understand the word 'origin' in the title of the essay. 'Origin', *Ursprung*, means a 'leap forth' (OWA, 77 L). Art lets truth leap forth. Art is the origin or leaping forth of the work of art. Thus it is the origin of the creators and preservers of the work, and that means of the existence of a historical people.

The End of Art?

Like BT, this work ends with a discussion of Hegel (OWA, 79–81). Is art, Heidegger asks, still an essential and necessary way in which that truth happens which is decisive for our historical existence? Hegel answered that it is not. But Hegel's answer was given in the framework of a truth of beings that has already happened, the truth that has informed Western thought since the Greeks. If ever Hegel's claim comes up for decision, the decision will involve a quite different conception of truth.

At present we are too entangled in the old conception to assess Hegel's claim. All we can do is continue to reflect on art. This cannot force art into existence, but it prepares for it: 'Only such knowledge prepares a space for art, a way for creators, a location for preservers' (OWA, 78). Heidegger conceives himself as a sort of John the Baptist for the new art and the new world that is to come.

The Turn

Heidegger used the word 'turn' (*Kehre*) to refer to two things: the shift of perspective involved in the transition from Divisions I and II of BT, the analytic of Dasein, to Division III, on being and time; and the change from forgetfulness of being to the remembrance of it that he hoped would come. Often 'the turn' is used to refer to a change in Heidegger's own thought which supposedly occurred in about 1930. Can we detect signs of a turn in this third sense? Has Heidegger changed his mind between BT and OWA?

There is plainly much continuity between the two works. Heidegger is still concerned with Dasein and its world. But the focus of interest has changed. BT was concerned with the nature of Dasein in an already established world. OWA asks a different question: How is a world set up in the first place? Heidegger approaches this question through a series of increasingly fundamental works of art. First, a Van Gogh, which reveals to us a world that is already in place. Second, a temple, which is often the dominant, structuring centre of a city-state. Here he also refers to tragedies, which originated in a particular city-state, though they were often performed in other cities. And finally, though implicitly, the Panhellenic poetry of Homer and Hesiod, poetry regarded as the common possession of the Greek world.

Heidegger no doubt exaggerates. Is art always so crucial for world-building as it perhaps was for the Greeks? Was the Christian world set up by art or only celebrated (or set forth) by art? Might not equipment – the first motor-car or the Concorde plane – set up a world as effectively as an artwork? Is every dominant, world-structuring monument (such as Trafalgar Square) a great work of art? But these queries are by the way. The main point is that Dasein cannot play the pivotal part in the founding of a world. It cannot, as it does in the first two divisions of BT, occupy the centre of the stage.

From Dasein to Being

Dasein is essentially in the world. Ordinary human discoveries, communications, decisions, and activities presuppose a familiar background of values and categories, customs and routines. How does this world get established? How for that matter can it be radically changed? Not by ordinary Dasein, for Dasein is always already in a world. By extraordinary Dasein, then? The artist, the poet, or even the thinker? Heidegger, in the wake of Hölderlin, sometimes describes the poet as a sort of demigod, standing in a no man's land between the gods and the people, and transmitting the hints of the gods to the people. It is in this no man's land that it is decided who man is and where he establishes his existence (HEP).

The artist or the poet cannot do his work in any normal human way, in any way that already presupposes the world that he is to set up. He must be something like the vehicle of an impersonal force – art or truth or being itself. The artist must be 'resolute', *entschlossen*, ecstatically 'opened up' to this force. The resoluteness that originally seemed to be a way of conducting oneself authentically in this world has found a new role: resoluteness enables the creator, and the preservers, to found a new world.

Language too has found a new role. In BT language grows out of the significant involvements of the already established world. In OWA it plays a more fundamental part. Projective language, the naming of things for the first time, helps to found a world. Language too cannot be devised by human beings in the normal human way, which already presupposes our possession of language. So language too, at least projective language, is an impersonal force that constitutes Dasein and its world, not simply an instrument for communication. This is why Heidegger says: 'Language speaks, not man. Man only speaks when he fatefully answers to language' (PR, 96).

The Original Leap

Has Heidegger's thought changed? Or is it only his questions that have changed? Or have new questions simply developed out of his earlier questions? Perhaps we should attend to what he says about the 'beginning'. A genuine beginning, he said, is not simple or primitive, it leaps over what is to come. Might this be true of his own early work? OWA, for example, speaks of earth as the counterpart to world. BT, by contrast, makes no reference to 'earth'. Yet already in lectures of 1925 Heidegger spoke of 'earth' as that on which the world of our work and activity rests (xx. 269–70). Earth is not yet, as in OWA, in conflict with world. It is a familiar outlying part of our world, the semi-domesticated nature on which we graze our cows. It is not, as in OWA, the threatening, hostile, if indispensable, earth from which a world has to be wrested. But this is because the questions asked in the two works are different. The concept of earth remains inconspicuous in Heidegger's early works, but ready for a more significant role later on. The early Heidegger is perhaps the Homeric epic from which develop the tragedies and temples of the later Heidegger.

Chapter 11
St Martin of Messkirch?

Heidegger is above all a philosopher. The politics is peripheral. But we cannot forget that dark episode in the early 1930s, his entanglement with Nazism. What does it tell us about his philosophy? And conversely what does his philosophy tell us about it? Not much.

The Rector

In 1948 Heidegger wrote to an old pupil, Herbert Marcuse, that in 1933 he 'expected from National Socialism a spiritual renewal of life in its entirety, a reconciliation of social antagonisms and a deliverance of Western Dasein from communism' (Wolin, 162). Some of his supporters justify his decision on the ground that Nazism was at that time the only alternative. Why prefer Nazism? The modern world, as BT portrays it, is out of joint. But there is little in BT to favour Nazism rather than communism or, say, a resolute withdrawal from public life. Heidegger was a conservative, preferring variety and rank to 'levelling', the uniformity and egalitarianism that he associated with the USA and the Soviet Union. He was, even after his disenchantment with Nazism, intensely patriotic, believing that the fate of the West would be decided in Germany, though by German philosophy rather than by German arms. But other conservatives and patriots, such as Spengler and Jünger, resisted the allure of Nazism. Is not Nazism intrinsically evil? One can say: 'I am a communist, but I do not support show trials or forced collectivization.' But one can hardly say: 'I am a Nazi, but I do not favour anti-Semitism or the Holocaust.' The flaws of communism are incidental to it, while the vices of Nazism seem to be of its essence.

However, much of what is now in the past was, in 1933, still in the future. Hitler had in 1924 been briefly imprisoned for an attempted coup in Bavaria. But he learned from his mistakes and had now come to power by legal means. Hitler was, it is true, anti-Semitic. But anti-Semitism had not yet acquired the taboo that it has now, when it automatically disqualifies a politician or movement from consideration. No one at that time (except Hitler himself) dreamed of exterminating Jews. Nazism offered many attractions besides anti-Semitism: a new deal for the unemployed, relief from the ravages of technology and capitalism, the repudiation of the Versailles Treaty, a return to traditional ('family') values, a cult of youth. Words that *in German* now serve as alarm-signals – *Führer*, *Volk*, *entschlossen* – sounded in 1933 as innocent as their English counterparts still do: the strong 'leader', with his 'leadership qualities', and the 'people' or 'nation' in need of 'decisive' leadership. (A *Volk* is not a 'race'. Biological racism is alien to Heidegger's philosophy.) Nazism did not then have the solidified essence that it now has. Who knows, asked Heidegger in 1945, 'what would have happened and what could have been averted if in 1933 all available powers had arisen . . . to purify and moderate the movement that had come to power?' (Wolin, 16). He thought that he could influence the future course of Nazism. This seems absurd now that Nazism has unfolded its 'true' nature. But it did not seem so in 1933. Heidegger saw Nazism in terms of its possibilities, not its sheer actuality.

If the ideas of BT did not commit Heidegger to Nazism, might they not have immunized him against it? It is asking too much of a philosophy to expect it to secure us against a skilled political manipulator who learns from his mistakes, a masterly tactician with an impeccable sense

10. Heidegger's grave in the Messkirch cemetery

of timing. No ethic, no list of rights and wrongs, will do the trick either. No file of past villains, of anti-heroes, will work. The accomplished villain knows how to keep himself out of the file and look like a hero. Nor is it only villains we must be on guard against: people often get into a mess without the help of conspicuous villains. (The search for villains to blame for the mess is often a part of the mess.) Against all this, philosophy can provide no unfailing amulet. As Heidegger tells us, we live towards a future that is as yet unknown to us, with no incontestable guidance from the past.

The Thinker

Where does Heidegger stand as a philosopher? Many of his central ideas owe something to his contemporaries and predecessors. The turn from epistemology to ontology was taken before Heidegger by Nicolai Hartmann. The idea of Dasein is developed in critical engagement with Husserl's phenomenology and with Max Scheler's philosophical anthropology. The notions of *Existenz*, *Angst*, and *Augenblick* stem from Kierkegaard and, more immediately, from Jaspers. Heidegger himself acknowledges the influence of Dilthey, and more especially Dilthey's friend Yorck von Wartenburg, on his own view of history (BT, 397–404). He is less eager to admit the influence of Spengler, who had imputed to the Greeks the notion of being as presence and stressed the role of destiny in history.

Is Heidegger's thought just a *bricolage* of ideas derived from others? No. Heidegger's thought reaches back far beyond his contemporaries and immediate predecessors, back as far as the ancient Greeks. This insulates him against the direct influence of his contemporaries, or, indeed, of any single philosopher or school. For example, he traces the concept of Angst not simply back to Kierkegaard, but to Luther and St Augustine. He claims, in fact, that he developed his view of Dasein as care in trying to square the 'Augustinian (i.e. Helleno-Christian) anthropology' with the 'ontology of Aristotle' (BT, 199 n. vii).

Heidegger clearly does not adopt the ideas and problems current in his immediate environment without more ado. At the very least he unearths their remoter ancestry. And almost invariably he confers on his borrowings his own characteristic stamp, integrating them into a context in which their alien origins are scarcely visible. Not only this. As often as not Heidegger repays his debts by reinterpreting the philosopher who made the loan. How much does Heidegger owe to Kant? Or to Aristotle? It is not easy to say, because Heidegger interprets Kant and Aristotle in terms of his own thought. Seen through Heidegger's eyes Kant and Aristotle are as much in Heidegger's debt as he is in theirs. His readings of other philosophers are usually not easy to accept. But equally they are not easy to forget, and once we have encountered Heidegger's interpretation of a philosopher it is hard to read him through wholly non-Heideggerian eyes.

If the influence of others on Heidegger is a tricky matter, so too is his influence on others. On the face of it his influence is immense: on theologians (Bultmann, Rahner, Tillich), on psychoanalysts (Ludwig Binswanger), on literary critics (Emil Staiger), as well as on philosophers (Sartre, Merleau-Ponty, Levinas, Ortega y Gasset, Gadamer, and Derrida). But how long will his influence last? Will Heidegger live as long as Aristotle or even Kant? It is not easy to say. It will depend on events that we cannot foresee, on what others, philosophers and non-philosophers, do in the future, on what they do with Heidegger and what they do without him.

The question of Heidegger's influence depends too on the answer to a different question: What is Heidegger's stature as a thinker? This too is difficult to answer. Heidegger did not simply give solutions to problems that exercised other philosophers, so that we can measure his stature by comparing his solutions with those given by others. He asks new questions, questions that he perhaps cannot answer, but which he believes to be more fundamental than the general run of questions. How are we to assess the significance of his questions, or indeed of such answers as he gave to them? Again this will depend, in part at least, on what others do about Heidegger in the future. The question of Heidegger's merit is not sharply distinct from the question of his influence.

The Man

Heidegger is now, though not wholly perspicuous, less enigmatic than he was at the beginning. He was ambitious for status and influence. He was a relentless thinker, who tried to redraw the map of philosophy. He was a restless, tormented man, tormented not only by philosophy but also by his ambiguous Christian faith. In these respects he resembles no one so much as St Augustine.

Further Reading

The best account of Heidegger's life available in English is *Martin Heidegger: A Political Life*, by H. Ott (London, 1993). Heidegger's lifelong friend H. W. Petzet gives an interesting and sympathetic portrait of him in *Encounters and Dialogues with Martin Heidegger, 1929–1976* (Chicago, 1993).

A good starting-point for a study of Heidegger's own works is his *Basic Writings*, ed. D. F. Krell (London, 2nd edn, 1993). This contains the introduction to BT, OWA, and nine other essays. Some of Heidegger's lectures are easier going than BT itself and make a good introduction to it. The translations of xx, xxiv, and xxvi are especially recommended. The lectures on Nietzsche, ed. D. F. Krell (New York, 1979–87) provide an attractive and accessible introduction to Heidegger's later thought.

There are several good commentaries on BT. *Heidegger on Being Human*, by R. Schmitt (New York, 1969), stresses the similarity between Heidegger and Wittgenstein. H. L. Dreyfus, in *Being-in-the-World: A Commentary on Heidegger's Being and Time, Division I* (Cambridge, Mass., 1991), pits Heidegger against the 'artificial intelligence' model of the human mind. J. Richardson's *Existential Epistemology: A Heideggerian Critique of the Cartesian Project* (Oxford, 1986) can profitably be read alongside L. Stevenson, 'Heidegger on Cartesian Scepticism', *British Journal for the History of Philosophy*, 1/1 (Feb. 1993), 81–98. Also useful are

M. Gelven, *A Commentary on Heidegger's 'Being and Time'* (New York, 1970) and S. Mulhall, *Heidegger and Being and Time* (London, 1996).

For a brief overall account of Heidegger's thought, O. Pöggeler, *Martin Heidegger's Path of Thinking* (Atlantic Highlands, NJ, 1987) can be recommended. *Heidegger: A Critical Reader*, ed. H. L. Dreyfus and H. Hall (Oxford, 1992), and *The Cambridge Companion to Heidegger*, ed. C. Guignon (Cambridge, 1993), contain essays covering the full range of his thought. G. Steiner's *Heidegger* (London, 2nd edn, 1992) also deals with his thought as a whole.

Two recent monographs tackle the whole of Heidegger's thought in a lucid and engaging fashion. H. Philipse, *Heidegger's Philosophy of Being: A Critical Interpretation* (Princeton University Press, 1998) is a long and thorough treatment. R. Polt, *Heidegger: An Introduction* (University of London Press, 1999) covers the same ground more briefly. For useful guidance through the complexities of Heidegger's vocabulary, *A Heidegger Dictionary* by M. Inwood (Blackwell: Oxford, 1999) should be consulted.

Glossary

ableben; Ableben to die or decease as a living organism; demise, biological death

Anwesenheit presence (e.g. of someone at a place or event). Cf. the Greek *parousia*, 'presence' (from *ousia*, 'being, substance')

Augenblick moment, moment of vision

auslegen; Auslegung to spread or lay out, to interpret; interpretation

Befindlichkeit state of mind, how one finds oneself, how one is doing, from *(sich) befinden*, 'to find (oneself)', etc. (as in *Wie befinden sie sich?* (1) 'How do you do?' (2) 'How do you feel?') and *befindlich*, 'to be found' in a place

besorgen; Besorgen to provide, make provision; concern. It applies to one's dealings with tools and equipment

bewusst, Bewusstsein conscious; consciousness (of objects), conscious being, being conscious. Heidegger avoids these words, which were favourites of Hegel and Husserl. But his use of *Dasein is* modelled on *Bewusstsein*, which is also used both concretely and abstractly

da; das Da there, here; the There

damals then (in the past), on that former occasion

dann then (in the future)

dasein; Dasein to be there (in non-Heideggerian German: to exist); *Dasein*, being-there, human being, being human. Heidegger uses *Dasein* to refer *both* to the (concrete) human being *and* to its (abstract) being human. In BT *Dasein* usually refers to an entity, the human being. In lectures Heidegger often speaks of 'human [*menschliche*] Dasein' and 'the Dasein of man'

destruieren; Destruktion to destroy; destruction. But Heidegger uses these words in a sense close to 'deconstruct(ion)' and perhaps to Hegel's *aufheben, Aufhebung*, meaning 'kick(ing) upstairs', at once 'cancelling, preserving, and elevating'

dichten; Dichtung, dichterisch to compose, devise, invent, feign; composition, fiction, invention, poem, poetry; poetic, inventive

eigentlich; Eigentlichkeit authentic, real; authenticity. This is related to the adjective *eigen*, 'own', 'personal'. To be authentic is to be true to one's 'own self', to be one's own person, to do one's own thing

Ekstase; ekstatisch ecstasis; ecstatic. Literally 'standing forth'

entschliessen; entschlossen; Entschlossenheit to resolve; resolute; resoluteness. From *schliessen*, 'to close'; hence literally 'to disclose', etc.

erschliessen; Erschlossenheit to disclose; disclosedness

existieren; Existenz; existenzial, existenziell; Existenzial lit. to stand forth, to exist; standing forth, existence; existential (adjective); *existentiell*; existential (noun). The adjectives *existenzial* and *existenziell* differ in the same way as *ontologisch* and *ontisch*, except that they apply only to Dasein. To choose to be a soldier rather than a cobbler is to make an *existentiell* choice. The capacity to make such choices, and the philosopher's understanding of it, are existential

faktisch; Faktizität factical, facticity; similar to 'factual, factuality' except that they are applied only to Dasein, e.g. the sheer fact that one exists

Fürsorge solicitude, one's attitude to other human beings

Gegenwart; gegenwärtig; gegenwärtigen the present, lit. waiting towards; (in the) present; to make present

Geist; geistig spirit, mind; spiritual, intellectual. These occur rarely in BT

Gerede idle talk, chatter

geschehen to happen, historize

Geschichte; geschichtlich; geschichtlichkeit history; historical;

historicality. In Heidegger's usage, these words concern history as happening or events, not the study of events (*Historie*). *Geschichte* also means 'story, narrative', and this may influence Heidegger's use of it

Geschick destiny (of a group or community)

gewesen; Gewesenheit having been (past tense of *sein*); having-beenness, the (living) past

Gewissen conscience. *Gewissen* is related to *gewiss*, 'certain', but BT, 291 dissociates conscience from certainty

Historie; historisch history, historiography, historiology; historical, historiographical, historiological

Horizont horizon. But as Heidegger uses it, it means the realm bounded by a horizon or the vantage point from which we can survey such a realm

jetzt; das Jetzt now; the now, instant

kehren; die Kehre to turn; the turn(ing), esp. (1) from forgetfulness of being to remembrance of it; (2) from Divisions I and II of BT to Division III; (3) from the early to the late Heidegger

Licht; lichten; Lichtung light, brightness; to clear (e.g. a forest); clearing (of a forest, but, in Heidegger, of openness, the There, etc.), a clearing (in a forest), open space. For Heidegger, *Lichtung* retains its link with light and lighting

man; das Man one, they, etc.; the 'they'

Neugier curiosity, thirst for novelty

ontisch; ontologisch; Ontologie ontical; ontological; ontology. Proper ontology deals not with beings (*das Seiende*), but with being (*das Sein*), either the being of some specific 'region' of beings or, if it is 'fundamental ontology', being as such. A claim, enquiry, etc. is ontological if it concerns the *being* of entities, if, roughly, it is *a priori*. It is ontical if it concerns only beings or entities, if, roughly, it is empirical

Poesie poetry, poem = *Dichtung* in a narrow sense

reden; Rede to talk; talk, discourse

reissen; Riss; Grundriss to seize, snatch, tear; tearing, (a) tear, fissure, rift, draft, drawing, sketch, design; ground-plan, sketch, outline, paradigm

Schicksal fate (of an individual)

sein; das Seiende; das Sein to be; the being, the entity, what is, beings, entities; being, Being. The distinction between *das Seiende* and *das Sein is* crucial for Heidegger. In xxiv and thereafter he called it the 'ontological difference' (*ontologische Differenz*)

sorgen; Sorge to worry, take care of, provide for, see to; care, worry, trouble, careful attention

springen; Sprung; Vorsprung to leap, jump, spring; (a) leap, jump, spring; (a) leap, etc. before, forwards (also a 'projection', and a 'start' or 'advantage')

sterben; das Sterben to die; dying

stiften; Stiftung to found, create, establish, endow; foundation, establishment, endowment, bequest. Hence, for Heidegger, 'founding', with the senses of (1) 'bestowing'; (2) 'grounding'; (3) 'beginning'

stimmen; Stimmung to harmonize, to tune, to put someone into a certain mood; tuning, mood, temper, disposition

Tod; Sein zum Tode; Freiheit zum Tode death; being towards death; freedom towards death

Ursprung, ursprünglich; gleichursprünglich source, origin, lit. leap forth; original, primordial; equiprimordial, equally original

verfallen; das Verfallen to fall, deteriorate; falling, deterioration

Vergehen; Vergangen; tfie Vergangenheit to pass (away), elapse, disappear; past, gone by, bygone; the (dead) past

Volk people, nation. This is an ethnic or cultural concept rather than a biological concept, as 'race' (*Rasse*) is; to be a member of the German *Volk* is to speak German, to follow German customs, and to think of oneself as German

Vorhabe, Vorsicht, Vorgriff fore-having; fore-sight; fore-conception. This 'fore-structure' (*Vor-struktur*) is involved in all interpretation (BT, 327)

vorhanden available, extant, present at hand. In contrast to *zuhanden*, it applies to what is (or is seen as) simply there, neutral, colourless, disengaged from human activities and purposes

Welt; Umwelt; Lebenswelt, in der Welt, innerweltlich; weltlich; Weltlichkeit world; environment, world around (one, us); life-world; in the world (only of Dasein); within the world (only of things other than Dasein); worldly (of the world); worldhood (of the world). Heidegger distinguishes four senses of *Welt*: (1) the aggregate of all present-at-hand entities; (2) the being of such entities, or a particular 'region' of them (e.g. numbers etc. are 'the world of the mathematician'); (3) the world in which Dasein lives, either the '"public" we-world, or one's "own" closest (domestic) *Umwelt*'; (4) worldhood, the basic structure of a world. He generally uses *Welt* in sense 3 (BT, 64f.)

werfen; geworfen; Geworfenheit throw; thrown; thrownness. Cf. *entwerfen; Entwurf*: to throw off, away, to sketch, design; sketch, design, project

Werk work. In OWA Heidegger uses phrases that mean *both* 'put to work, set going' *and* 'put into the work (of art)'

Zeit; zeitlich, Zeitlichkeit; innerzeitig, zeitigen time; temporal (only of Dasein); temporality (only of Dasein); within time (only of what is other than Dasein); to ripen, mature, temporalize (of temporality)

zuhanden ready to hand, handy, available for human use. It applies esp. to *Zeug*, tool(s), equipment, gear

Zukunft; zukünftig the future (as coming towards); future, futural

zweideutig; Zweideutigkeit ambiguous, double-dealing; ambiguity, duplicity

“牛津通识读本”已出书目

德国文学
戏剧
腐败
医事法
癌症
植物
法语文学
微观经济学
湖泊
拜占庭
司法心理学
发展
农业
特洛伊战争
巴比伦尼亚
河流
战争与技术
儿童心理学
时装
现代拉丁美洲文学
卢梭
隐私
电影音乐
抑郁症
传染病
希腊化时代
知识
环境伦理学
美国革命
元素周期表
人口学
社会心理学
动物
项目管理
电影
俄罗斯文学
古典文学
大数据
洛克
幸福
免疫系统
银行学
景观设计学
神圣罗马帝国
大流行病
亚历山大大帝
气候
第二次世界大战
中世纪
工业革命
传记